신화

세상의 조각

신화

세상의 조각

김남석 지음

서문
: 한 줄기 빛처럼 세상을 비추던, 그 조각으로서 신화 이야기

　몇 년 전인가, KTX를 타고 서울 출장을 가다가 횡액을 당한 적이 있다. 출발할 때만 해도, 폭우 속에서도 기차는 늠름하게 출발했고, 퍼붓는 빗줄기나 흘러넘치는 강줄기에도 아랑곳하지 않을 기세였다. 하지만 울산을 지나면서 상황은 돌변했다. 폭우로 인해 서행하겠다는 방송이 지나갔고, 실제로 기차는 1시간 가까이 달려도 울산을 벗어나지 못했다. 넉넉하게 출발하기는 했지만 이쯤 되면 전화기를 꺼내들 수밖에 없었다. 심사처에 사정을 이야기하자, 자신들도 알고 있다는 답변이 돌아왔다. 나와 같은 처지의 사람들이 또 있었던가 싶다. 그 답변을 듣자 안심이 되었다.

　하지만 상황을 그렇게 낙관하면 안 되었다. 기차는 어느새 멈췄고, 나는 굴 안에 갇혔다. 기차는 멈춰 선 이후 몇 시간 동안 움직이지 않았다. 나는 처음에는 심사를 포기했고, 그 다음에는 서울에 가는 것을 포기했다. 그러다가 나도 모르게 이 굴을 나갈 수나 있을까라는 의구심에 빠져들었다. 다시 기차가 움직인 것은 내가 부산을 출발한 지 6시간이 흐른 후였다. 그곳에서 나는 빛과 음식을 갈구했고, 비록 전쟁이나 기아는 아니었지만 죽음에의 공포와도 대면해야 했다.

언제나 그렇듯 국가는 아무 일도 하지 않았다. 가까운 역까지 걸어가겠다는 나를 승무원들은 그럴듯한 명분으로 말렸지만, 그들 자신도 자신들이 하는 말이 진정으로 옳은 지는 확신하지 못하는 눈치였다. 우리-기차 안에 갇힌 승객과 승무원을 그렇게 하염없이, 올 것이라고 믿어지는 그 누군가를 기다려야 했다. 기다리는 것 이외에 다른 방법은 없어 보였다.

국가가 소속 집단이나 구성원인 개인의 삶에 실질적인 도움이 되지 못한다는 생각은 사실 새로운 생각이 아니다. 많은 이들은 상상의 공동체로서 국가가 실제로는 거의 쓸모가 없다는 사실에 암묵적으로 동의하고 있다. 그 생각은 고대로부터 이어져 왔으며, 사실 미래에도 변함없을 것이다. 하지만 인간은 자신들이 혼자 살아야 한다는 사실에 그에 못지않은 두려움을 느껴왔기에, 국가라는 모여 사는 공동체의 최정점(지금으로서는)을 포기할 수 없는 지경에 이른 것이다. 이것은 지금의 인류로서는 어쩔 수 없는 선택일 것이다. 다만 여전히 국가가 아무 것도 해줄 수 없는 상황에 처하면, 그 속의 인간은 궁극적으로 자신의 내면화된 가르침을 따를 수밖에 없는 평범한 진리를 확인하곤 할 따름이다.

신화는 이러한 인간들이 좌절을 겪고 자기 다짐을 확인하면서 나름대로 세상을 관찰하고 그 심득(心得)을 가르침의 형태로 바꾸어 남겨 놓은 기록이자 정신의 흔적이다. 인간으로 산다는 것에 대한 좌절과 분노, 실망과 한탄이 주조를 이루었겠지만, 인간이라는 존재에 대한 넓은 아량이나 이해도 그 중요한 일부로 포함되어 있다고 하겠다.

시간이 얼마쯤 지나자, 나는 호기심이 일었다. 내가 앉은 칸은 터널의 안쪽에 깊이 들어와 있지만(전기 공급이 끊어져 실내조명이 켜지지 않았기 때문에 실내는 무척 어두웠다), 혹 다른 쪽은 다를 수 있지 않을까 하는 생각이 들었기 때문이다. 챙길 수 있는 짐을 챙겨 더듬거리며, 열리지 않은 문을 열며, 앞으로 나아갔다. 다행인지 열차의 가장 앞 칸은 터널 밖으로 삐죽 빠져나와 있었다.

그곳에는 빛이 있었다. 그곳에서 나는 이 책을 구상했다. 사실 구상이라는 말은 어울리지 않을 지도 모른다. 어떠한 일도 할 수 없었으며(심지어는 열차 바깥을 나가는 일도), 약간의 과장을 허용한다면 잠시 동안이나마 어떠한 희망도 없었던 순간도 있었다(꽤 시간이 지난 뒤에는 잠시간의 해프닝으로 끝났지만). 그곳에서 나는 빛이 있음에 감사했다. 그 역시 잠시간의 감사로 끝났고 말았지만. 세상으로 돌아오자 나는 언제 '빛의 있음'에 감사했느냐는 듯, 당연히 빛이 있어야 하는 세상만 인정하고자 했다. 그때 나는 세상에 신화가 존재하는 이유를 알 것 같았다. 경주를 거쳐 간신히 집으로 돌아왔고, 잃어버린 시간에 보상이라도 하듯 이 책을 단숨에 썼다. 어지럽고 거칠더라도 양해해주기를 바란다. 터널에서의 잠시간의 빛처럼, 신화는 그리고 이 책은 어떤 순간에만 필요한지도 모른다는 생각이 든다.

다시 시간이 흐른 후에, 그때의 기억과 기술을 모두 합쳐 하나의 심득(心得)으로 이 책을 그려본다.

시간을 한참 흘려보낸 후에 쓰다

목 차

01

버려진 아이,
자신이 누구인지 묻다

1. 버려진 아이

신화 속 주인공은 근원적인 공통점을 지니고 있다. 버려졌다는 것. 현실에서 실제로 버려졌든, 자신이 그렇게 생각하든 간에, 그들은 버려진 존재였고, 또 그러한 존재여야 한다.

모세는 바구니에 담겨 이집트 왕궁으로 흘러들어왔고, 주몽은 아버지가 누구인지 모르는 채 마구간을 지켜야 했다. 그 위대한 신이라는 제우스도 아버지의 손길을 피해 홀로 살아야 했던 시절이 있었다. 그러고 보니 신화 속 주인공은 아이였을 때 버려지며, 그때 자신이 버려졌다고 생각하는 가장 큰 요인이 '아버지'라는 사실을 알 수 있다.

기독교에서 신성하게 생각하는 예수는 현실적인 관점에서는 아버지가 불분명한 아들이었다. 그의 어머니 마리아는 신의 점지로 아들을 낳았지만, 그렇다고 그 어머니의 남편이었던 요셉이 예수의 친아버지는 아니었다.

주몽의 어머니 유화도 누군가의 아내였지만, 주몽은 어머니의 현재 남편을 결코 아버지로 여기지 않았다. 유화 역시 출신도 분명하지 않고 사는 곳도 분명하지 않고 심지어는 존재하는 지도 분명하지 않은 해모수가 주몽의 아버지(진정한 남편)라고 믿었다.

신화 속의 아들들은 커서 아버지가 되지만, 실제로 자신의 아버지에 대해 좀처럼 풀리지 않은 의문을 간직한 채 성장해야 했다. 코린토스의 한 소년도 그리했다. 이 소년은 왕자였고, 곧 늠름한 청년으로 자라 이에 걸맞은 명성을 얻게 되지만, 주위 사람들은 이 소년을 어린아이로 취급했다. 그래서 뒷전에서는 늘 그 소년이 버려진 자식이었고, 운 좋게 코린토스의 왕궁에 흘러들어왔다고 수군거리곤 하면서도, 막상 이 연유를 추궁하려는 소년에게는 정확하게 대답하지 않고 애매한 태도로 얼버무리곤 했다.

수상함을 느낀 소년은 아버지(양아버지)에게 가서 묻는다. 자신이 누구냐고. 자신이 왕-(양)아버지의 아들이 맞느냐고. 왕은 크게 화를 내면서도 정확한 대답을 하지 않는다. 다만 누가 그런 말을 하는지, 그 사람을 찾아서 자신이 처벌하겠다고 엄포를 놓는다. 소년은 더 이상 물을 엄두를 내지 못한다. 어차피 물어도 속 시원한 답변을 얻지 못할 바에야 더 묻는 것은 의미가 없었다.

소년은 신탁을 이용하기로 한다. 그는 지혜의 신 아폴론에게 묻는다. 자신이 누구인지? 하지만 아폴론은 소년이 궁금해 하는 것에 대해서는 쉽게 답하지 않는다. 소년은 자신이 누구냐는 물음에, 그 누군가가 왕의 아들이라고 답하기를 바랐을 텐데도 말이다.

하지만 아폴론은 그 대답 역시 외면하고, 가장 준엄한 목소리로 소년에게 말한다. "너는 아버지를 죽이고 어머니와 결혼할 운명을 지닌 자이다"라고. 소년의 놀라움은 어떠했을까. 그리스 신화를 비롯해서 전 세계 신화를 찬찬히 살펴보면, 신의 계시나 운명을 거부하는 인물들을 드물지 않게 만날 수 있다. 그들은 범인 이상의 능력을 지닌 자로, 틀림없이 영웅의 반열에 오를 수 있는 인물이지만, 예언과 계시 앞에서 한없이 자유로울 수만은 없었다. 그것이 인간의 운명이라는 듯, 예언은 어떠한 방식으로든 그 인간을 옭아맨다.

소년은 떠나기로 결정한다. 자신이 떠나 다시는 코린토스로 돌아오지 않는다면, 아버지도 어머니도 그리고 자신도 무사할 것이라고 생각한 것이다. 본래 원했던 대답은 얻지 못했지만, 그렇다고 아버지를 죽이고 어머니와 결혼하는 삶을 수수방관할 수는 없었다. 소년은 세상으로 나갔고, 다른 모든 영웅들처럼 모험을 떠났다. 그리고 어른이 되었다. 무언가를 결정하고 누군가를 보호할 수 있는 성인이 된 것이다.

2. 어른은 어떻게 될까

소년이 성인이 되는 과정에서 소년은 몇 가지 경험을 피할 수 없었다. 사실 이 경험은 모험을 떠난 영웅, 자신의 성장을 목격하는 성인들은 누구나 기억하는 것이다.

소년은, 아니 어른이 되고자 하는 소년이라면, 필수적으로 죽음을 만나고 결혼을 해야 한다. 친인 혹은 타인의 죽음은 소년의 의식을 변화시킨다. 세상 속에서 살지 못하고, 세상 바깥으로 나가는 절대적인 하나의 방식을 일깨우기 때문이다.

다른 하나는 결혼. 결혼은 소년과, 또 다른 소년으로서의 소녀가 만나서 이루어진다. 그러나 결혼이 반드시 법률에 의해 이루어지는 것만은 아니다. 법적으로 결혼을 할 수도 있고 안 할 수도 있다. 사회적으로 공인된 결혼이 설령 아닐지라도, 소년을 사랑하는 누군가(대부분은 타 성별)를 만나고 그 혹은 그녀와 사랑을 나누고 상대의 신체를 소유하고 자식을 낳기도 한다. 이 코린토스 출신 소년은 모험을 떠나 테베에 도착하고 고집 세고 교만한 늙은이를 응징하고, 악을 물리친 후 그 댓가로 신분 높은 여인과의 결혼을 허락받을 수 있었다.

이제 이 청년(소년은 테베에 정착함으로써 자신의 한계를 넘어서 한 단계 진전된 상황에 이를 수 있었다)은 이방인으로서는 좀처럼 상상하기 어려운 놀라운 성공을 쟁취했다. 한 나라의 군주가 되었고, 존경 받는 지도자가 되었으며, 한 여인의 지아비이자, 유능한 아들과 딸의 자랑스러운 아버지가 되었다. 무엇보다 그는 현명했으며, 용감했고, 또 열정적이었다. 그에게 성공은 끝이 없을 것 같았다. 남들뿐만 아니라 자신도 그렇게 믿었다.

하지만 시련이 끝난 것은 아니었다. 그가 다스리던 나라에 위기가 닥쳤다. 가뭄과 기근과 전염병이 온 나라를 덮쳤다. 많은 이들이 죽거나 다쳤고, 그들이 부르짖는 원망의 목소리가 하늘에 닿을 듯 했다. 사람들이 몰려왔다. 지도자인 그(더 이상 소년이나 청년이라고 말하기 어려운)에게 호소하기 시작했다. 뛰어난 능력으로 자신들을 도와달라고. 자신들의 어려움을 해결해달라고 간청했다. 그리고 간청은 협박이 되기 시작했다.

왕은 약속했다. 어떠한 어려움이 있어도 자신은 이 문제를 해결할 것이라고. 많은 이들이 이러한 왕의 성격을 두고, 성급한 성격이라고 결론 내린 바 있다. 하지만 그것이 과연 성급한 판단이었을까. 문제의 원인을 찾고자 하고, 그것에 대해 자신이 최선을 다하겠다는 다짐이 잘못되었다면 무엇을 할 수 있을까. 무엇보다 왕과 백성은 서로를 견제하고 의식하기 시작했다. 왕은 백성의 기대에 부흥해야 했다. 더 이상 소년이나 청년이 아닌 왕은 자신의 힘으로 이 문제를 해결해야하는 '삶의 위기'에 내몰린 상태였다.

어느새 끌려온 현자는 맹세하는 왕을 비웃었다. 비웃음이자 조언의 요점은, 왕은 이 위기의 원인을 알 수도 없고 알아서도 안 된다는 것이었다. 왕의 투정 섞인 비난에도, 현자는 의연하게 대처했다. 다만 현재 국가의 위기는 '아버지를 죽이고 어머니와 결혼한 자' 때문이라고는 알려주었지만, 그 자가 누구인지는 알려주지 않음으로써 분란의 불씨를 덮어두려고 했다.

중요한 것은 그의 다짐이 점점 또 다른 위기를 불러온다는 것이다. 오래 전에 죽은 전(前) 왕의 살해 광경이 누설되었다. 고향 코린토스에서는 (양)아버지가 죽었다는 소식도 들렸다. 하지만 동시에 코린토스의 아버지는 진짜 아버지가 아니었다는 정보도 전달되었다.
번민의 시간이 찾아왔다. '괴로운 시간'이었고, '반성의 시간'이었다. 그래서 반성과 내면의 시간이기도 했다. '왕이 된 나'는 자신의 과거와 내면을 뒤져서 찾아내야 했다. 그리고 차츰 왕은 자신이 누구의 자리에 앉아 있는지, 그리고 누구와 결혼했는지 알게 된다. 자신이 그토록 어렵게 운명에서 벗어나고자 했지만 결국 자신은 그 그물 속에서 도망치지 못했다는 사실을.

왕은 다시 한 번 어른이 된다. 선택의 기회가 왔다. 과거 자신이 했던 선택(운명)에 대한 해결이라고 해도 좋았다. 자신이 "아버지를 죽이고 어머니와 결혼할 자"의 운명을 지닌 것에 대한 반성이라고 해도 좋았다. 그는 자신에게 묻지 않을 수 없다. "도대체 내가 누구인걸까? 내면의 나를 향한 물음이었다.

3. Who am I ?

전 세계의 많은 신화와 소설, 역사와 가십, 심지어는 계시나 운명도 결국에는 하나의 물음을 장착하게 마련이며, 결과적으로 이 물음에 대한 폭넓은 변주이거나 이에 대한 하나의 깨달음을 근본적으로 겨냥할 수밖에 없다.

Who am I ?

인류가 만들었고 앞으로 만들어 갈 문학과 예술, 역사와 삶, 그리고 신화에 이르는 길은 결국 이 물음의 변주이다. 코린토스의 젊은이는 그것을 자신이 누구를 피하고 누구와 결혼해야 하는가에 대한 지침으로 삼았다. 물론 아버지를 만나서는 안 되고, 어머니가 아닌 여자와 결혼해야 한다는 마음 속 목표가 그의 삶을 결정했을 것이다. 물론 뜻대로 되지는 않았지만.

비단 그것만이 아니다. 이 젊은이는 일개 개인이 아니었다. 그는 누군가의 남편이었고, 누군가의 아버지였고, 누군가(들)의 지도자였다. 그는 아내의 죽음을 애석해 하며 아내이자 어머니였던 여자에 대한 예우를 다해야 했다. 그는 그녀를 안고 슬피 울었고, 또 미안함을 표현해야 했다. 도덕적인 책임도 자신이 지는 것이 마땅했다. 그는 자신에게 형벌을 가해야 한다고 판단했고, 스스로 맹인만 못하다고 생각하고 '본다는 것의 권리'를 주저 없이 포기했다. 그것은 눈이 있지만 눈앞의 진실을 보지 못한 것에 대한 책임이자 처벌이었고 후대를 위한 경계였다. 그것이 자신이 해야 할 일이었다고, 적어도 그는 믿고 있었다.

동시에 그는 누군가의 아버지이기도 했고 또 그래야 했다. 그래서 그는 자신이 모든 책임을 지기로 결정했다. 아들(들)의 할아버지를 죽였고 결국에는 할머니이자 어머니였던 여인마저 죽음으로 몰아넣은 일에 대해 자신이 전적으로 책임지기로 결정했다. 처벌은 자신 하나로 충분하다고 공표하며, 남은 아들의 삶을 지켜내기로 작정한 것이다. 희생자는 자신 하나로 족했다고 믿었던 것이다. 그는 새로운 거주지 테베에서의 모든 권력을 버렸는데, 그렇다면 스스로에 대한 형벌은 어떠한 측면에서는 자식들에게는 피해가 돌아가지 못하도록 하려는 배려였다. 자신이 모든 것을 책임지고 또 다른 '나(들)'인 '아들(들)'을 살리기로 한 것이다.

그는 넓은 의미에서 지도자여야 했다. 그는 그만 테베를 떠나기로 했다. 권력을 버렸지만 자신을 불편해 하는 이들 곁에서 국가의 질서를 흔들 이유는 없어 보였다. 그는 방황하는 삶을 선택했는데, 이러한 선택은 자신의 나라에 대한 의미 있는 선택이었다.

그-오이디푸스는 선택을 해야 했다. 선택을 할 때는 자신이 누구인지를 감안해야 했다. 누군가의 아들이라고 믿을 때는 그를 해치지 않는 방안을 궁리해야 했고, 누군가의 남편이라는 사실을 인정해야 했을 때에는 결혼을 하고 가정을 이룬 상대에 대한 예의를 갖출 수 있어야 했다. 누군가의 아버지이거나 군주일 때는 자식이자 아랫사람들에게 피해가 돌아가지 않도록 배려해야 했다.

오이디푸스의 모험은 '내가 누구인가?'를 묻는 질문에서 시작해야 했는데, 그 질문에 답하는 폭넓은 과정에서 어떠한 방식으로든 선택을 해야 했다. 그 선택에 따라 그의 삶과 처벌 그리고 종말이 결정되었다.

문학은 기본적으로 '인간'에 대해 질문하는 예술이다. 사실 그것은 문학만의 기능은 아니다. 범위를 넓히면 '예술'이 그러하고, '인문학'이 또한 그러하다. 기본적으로 세상의 모든 '학문' 역시 우리 자신이 누구인지를 묻고 있다. 더 넓게 보면, '삶'이 그러하고 '문명(문화)'이 그러했으며 우리가 공부하는 '신화'도 본래부터 그러했다. 그러니 신화 속의 주인공들이 우리-인간을 대신해서 고민하고 있었던 셈이다.

'과연 인간이란 무엇인가?
아니 무엇이어야 하는가?

4. 신화의 정체성과 물음의 확장

신화 속의 많은 일화들은 정체성을 묻는 이들을 주인공으로 내세우고 있다. 그리고 이러한 질문에 대한 근본 대답은 자신이 누구의 아들인지에 대한 기초적인 질문으로 이어진다. 그리스 신화나 고대 동아시아의 자기 소개(법)는 자신이 어떠한 가문과 혈통을 따르는지를 장황하게 늘어놓는 것이었다.

자신이 자신 혼자로만 존재하는 것이 아니라, 아버지는 누구이고, 할아버지는 어떠한 신에게 속한 자이며, 가문 시조는 누구이고, 어느 민족이며, 어떤 신을 믿고, 보살핌을 받는지를 구구하게 늘어놓을 수도 있다. 발터 옹은 이러한 자기 소개법이 일종의 리듬감을 획득할 정도로 소리의 울림을 미묘하게 반영하고 있다고도 했다. 그만큼 이러한 소개법에 익숙하다는 뜻일 것이다.

고대 한국도 족보로 자신을 규정했다. 자신의 시조가 누구이고, 중시조는 누구이며, 어떠한 선조가 가장 큰 공을 세웠고, 어느 할아버지 대에서 가장 흥했는지를 일일이 기록하고 또 기억하려 애썼다. 여인들도 예외는 아니었다. 서양과는 달리 한국의 여인들은 시집을 가도 성 씨를 바꾸지 않았다. 춘향은 이(몽룡) 씨 가문의 며느리가 되고자 했지만, 궁극적으로 성참판의 반쪽 핏줄을 이은 반 양반이기를 포기할 생각이 없었다. '그녀-춘향'에게는 자신이 반쪽일망정 양반이어야 할 필연적 이유가 존재하고 있었다. 그래서 그 반쪽을 채우는 일을 자신을 '진정한 춘향'으로 만드는 핵심적 사안으로 삼았다. 춘향뿐만 아니라, 한국의 적지 않은 이들이 이러한 방식을 승계했다.

신화는 고대 사회에서 통용되던 자기 소개법이 핏줄과 가문 그리고 일족의 맥락에서 온다는 사실을 알려준다. 하지만 이것만이 최종 답이 될 수 없었다. 엄격하게 말해서, 그것은 하나의 출발점이라고 하는 편이 보다 온당한 견해일 듯하다. 그들은 자신이 누구의 아들인지를 먼저 알고자 했다. 이것은 아이들의 성장 과정을 지켜보면 어렵지 않게 확인되는 사항이다. 그들에게 부모, 특히 성 씨를 주고 규범을 내면화하도록 하는 아버지의 존재는 매우 중요했다.

아들들은 떠나고 그 아들을 잃은 아버지들은 섭섭하고 힘든 나날을 보냈을 것이다. 반면 아들은 아버지의 간섭을 넘어, 아버지가 만든 세상을 넘어, 자신이 만들어 갈 어떤 세상의 조각과 대면할 운명이었다. 그들에게 세상은 비록 조각일지언정 온전히 자신만의 것이어야 했다.

오이디푸스는 왕자였고 영웅이었지만, 누군가의 절대적인 보호와 간섭을 받아야 하는 아들이기도 했다. 그는 신탁을 듣고 아버지(어머니도 포함)를 위해 자신의 집이자 고향이자 전부였던 도시를 떠나기로 결심하지만, 다른 한편으로는 세상의 모든 아들이 가야 할 길을 가게 된 것에 속 시원하고 후련하게 생각했을 것이다. 이것은 아마 틀림없을 것이다. 세상의 모든 아들들이 그러하기 때문이다.

그 아들(들)은 새로운 아버지가 되기 위해서 여행을 시작 한다. 과거의 오이디푸스도 신화 속의 숱한 영웅들과 모험을 함께 모험을 한 바 있었다. 그러나 시간이 흐른 이후에는, 나머지 영웅들과 떨어져야 했으며, 자기 홀로 남아 누군가의 아버지가 되는 길을 걸어야 했다. 그-오이디푸스와 헤어진 다른 영웅들도 마찬가지여서, 그들도 결국에는 아버지가 되었고 어른이 되었으며 사회의 일원이 되었다. 범박하게 말하면 그들 역시 아버지가 되는 길을 택했다. 아버지가 되기 위해서는 사랑을 해야 했고, 결혼을 해야 했다. 정착도 필요했고, 책임과 의무에 대한 이행도 필요했다. 무엇보다 더 이상 혼자이지 않기를 바라는 마음과 함께 해야 했다. '버려진 아이'는 외로움을 더 이상 고수하지 못하고 누군가를 돌보는 존재로 변해야 했다.

이 땅의 많은 사람들처럼 오이디푸스는 악을 물리치는 투사가 되고, 국가를 다스리는 왕이 되고, 한 여자의 남편이 되고, 주옥같은 자식들의 보호자가 되면서, 점차 버려진 아이에서 벗어난다. 오이디푸스만이 아니라 많은 이 땅의 청년들이 어른이 되면서 이 길을 걷는다. 그리고 자신이 이 길을 걷도록 유도한 질문에 대한 답을 하나씩 얻어간다.

'나는 누구인가.'

"나는 어른이고, 투사이고, 지도자이고, 아버지이고, 남편이며, 누군가를 위해 희생할 수 있는 자여야 한다."

신화가 가르치는 진실은 명백하다. 처음부터 신화는 사실 명확하게 하나의 진실을 가리키고 있다고 해도 무방하다. 다만 우연한 질문과 개별적인 대답으로 나열된 것처럼 보이도록 자신의 외피를 가리고 있을 따름이다. 질문을 던지고 질문에 대한 대답을 찾는 과정이 삶이고, 그 과정을 기록한 세상의 조각이 신화이다. 물론 신화만이 이러한 가르침의 근원을 기록하는 것은 아닐 것이다. 세상의 많은 잠언과 기록, 문학과 예술은 조각일지언정 이 가르침의 어떤 파편에 접근하고자 한다. 그러니 신화만이 정체성을 묻고 답한다고는 말할 수 없다.

하지만 신화는 독특한 방식으로 이 정체성에 대한 질문과 대답을 이어왔고, 그래서 유효적절한 보존과 전수(승계) 방법을 궁리해낼 수 있었다. 비슷하지만 조금씩 다른 영웅들을 등장시키고, 그 영웅들이 모험을 떠나고 성패를 경험하고 귀환하고 결국에는 사라지는 어떠한 과정을 역시 조금씩 다르지만 틀림없이 반복적으로 보여주고자 했다. 그리스 사람들도, 로마 사람들도, 이집트 사람들도, 북구의 사람들도, 중국의 사람들도, 고대 신라와 고려의 사람들도, 심지어는 현대 뉴욕의 거주자들과 열대 밀림의 원시부족의 구성원들도 매우 비슷하고 그 의미가 유사한 이야기를 끊임없이 반복적으로 듣고 말하고 기억하려고 한다.

이 이야기는 후대로 내려가며 기억되고, 언젠가는 문자로 기록되기도 한다. 다른 장르나 문법으로 변환되기도 하고, 그 진실을 찾는 이들에 의해 간파되기도 한다. 심지어는 이러한 이야기를 인공적으로 창조하고 그 효과를 나누려는 사람들도 등장하기에 이른다. 기록자, 예술가, 영화감독, 신화학자, 연설가, 심지어는 창조자들이 그러하다. 그들은 오랜 동안 누적된 가르침의 끝을 어떻게 해서든 참고하여, 그 일단이라도 활용하여 유의미한 성과를 내고자 한다.

희곡 <오이디푸스>가 쓰여 지고, 연극 <오이디푸스>로 공연되고, 그 이야기가 사람들 사이에 회자되고, 이를 객관적으로 분석하는 『시학』이 집필되고, 이 저술을 연구하여 다양한 이론을 만드는 이들이 생겨나고, 문학과 예술의 다양한 지파가 파생되고, 다시 <오이디푸스>의 담긴 진실을 탐구하려는 일련의 움직임이 확장되는 일련의 행위가 모두 그러하다.

5. 현대의 문학과 예술에서

<오이디푸스>를 넘어 우리 주변에 있는 작품에서 이러한 정체성의 문제를 살펴보자. 현대의 문학과 예술의 근원에 이 질문이 있다는 막연한 발언만으로는 아직 이 질문의 실효성을 의심하는 이들이 적지 않기 때문에, 이러한 확대된 기술로 반드시 실행해야 할 증빙 과정이라고 할 수도 있다.

어느 시대를 골라 볼까? 일제 강점기는 한국의 예술사에서 중요하니 포함시키도록 하자. 그 이전의 질문도 중요할 수 있으니, 조선시대나 고려시대에서도 동일한 질문을 찾아보자. 그리고 광복 이후 현대의 시작이라는 1960년대 이후도 괜찮을 것이다. 외국의 사례도 골라보자.

이렇게 고른 시대와 지역에 따라 한 작품 씩 추려보자. 조선시대의 고전 소설 <홍길동전>, 일제 강점기의 영화 작품 <미몽>, 1960년대의 기념비적인 작품 <무진기행>, 외국 작품으로는 <고도를 기다리며>가 좋을 듯 하다.

<홍길동전>은 아버지와 아들의 문제에서 출발한다. 아들은 고민

에 빠져 있다. 왜 자신은 '아버지'를 '아버지'라고 부르지 못하고, '형'을 '형'이라고 부르지 못하는가에 대해 깊이 고민하다가 이러한 질문 자체를 문제적으로 제기한다. 그러니 이 질문은 이 소설을 읽은 이들에게는 매우 중요한 문제일 수밖에 없다. 이 소설의 첫 번째 백미는 아들의 고민을 이해했던 아버지가 '호부호형을 허'하는 대목이다. 당대의 인습과 규율에 의거한다면 이러한 아버지의 결정은 거대한 반항이자 역류이다. 신분제를 굳건하게 지켜야 하는 정부의 고위 관료이자 당대의 지식인으로서는 선택할 수 없는 일이다.

하지만 길동의 부친은, 그 어떤 것보다 길동의 고민을 이해했고, 이를 순간적이지만 들어주기로 한다. 길동은 아마 이러한 부친의 고민을 역시 이해했던 것으로 보인다. 그래서 그-홍길동이 내린 결정은 아버지를 떠나는 것이었고, 자신을 속박하는 (넓은 의미에서의) 감옥에서 벗어나는 일이었다. 아버지를 떠나고 정든 집을 벗어나는 일은 아마 쉽지 않았을 것이다. 홍길동이 영웅이라고는 하지만, 아직 '아해'라고 할 때, 그는 길을 떠남으로써 어른이 되고, 스스로 판단을 내림으로써 자신의 운명의 주인이 된다는 사실은 주목되지 않을 수 없다.

<홍길동전>은 "나는 왜 아버지의 아들이 아니고, 형의 동생이 아닌가" 라는 질문에 대한 대답을 얻고자 하는 아들의 가출에서 시작하며—이러한 측면에서 '홍길동의 가출 사연'은 오이디푸스의 코린토스 탈출과 그 당시 품었던 의문과 그 이후 결과와 무관하지 않다—이에 대한 대답을 찾는 과정을 그리고 있다. 홍길동은 누구도 함부로 하기 어려운 독립적인 개체가 되었고, 어떤 이들의 지도자가 되었으며,

두 여인의 남편이 되었다. 물론 그는 그 이전에 누군가의 아들이고, 신하이기도 했지만 말이다. 홍길동이 자신의 정체성을 묻고 그 대답을 얻는 과정이 율도국의 건설이었고, 조선시대 신분제에 대한 기본적인 물음이었다.

<미몽>은 한 여인의 가출기이다. 이 여인은 결혼한 여인으로 딸까지 두고 있는 유부녀이다. 하지만 그녀는 자신이 '새장에 갇힌 새'의 처지와 다를 바 없다고 생각하고 있었고, 이러한 생각은 1930년대 중반 조선에 불기 시작한 여권에 대한 상식에 부합되어 가고 있었다. 즉 여인은 자신이 남편이 있는 가정에서 행복할 수 없으며, 자신이 어떤 사람일 수 있는가를 찾는 과정이 필요하다고 생각한다. 그녀는 이 대답을 찾아 집을 나갔고, 차례로 남자들을 만나게 된다.

여인은 이 과정에서 자유로움을 느끼고 현대의 문명을 즐긴다. 구속되지 않는 자유뿐만 아니라, 선택할 수 있는 자유도 만끽한다. 물론 영화의 마무리는 이러한 여인이 남자에게 속고 자식을 죽게 만들면서 내적으로 뉘우치는 듯한 '문학적 포즈'를 취하고는 있다. 아마도 이러한 포즈는 또 다른 검열이었던 사회적 시각을 다분히 염두에 둔 설정으로 보인다.

하지만 이러한 결말을 제외한다면, 우리는 자신 있게 대답할 수 있다. '나는 누구인가?' 라는 대답을 얻기 위해서 이 여인은 집을 나섰고, 남편을 떠났고, 자신을 버렸으며, 다른 남자를 만나 사랑을 하는 대담한 발상을 실현시킬 수 있었다고. 그러니 그녀는 속박을 떠나 자신을 찾아나서는 모험이자 여행으로서의 가출을 몸소 실행한 여인이었던 셈이다.

　김승옥의 <무진기행>은 잃어버린 자신을 발견하는 과정을 그리고 있다. 윤희중(영화 <무진기행>에서는 윤기준)은 대제약회사의 고위 간부로, 소위 말하는 재벌가의 사위이다. 단순한 사위가 아니라 이후 회사를 물려받을 유력한 처자의 후계자 일 순위이다. 그에게는 장밋빛 미래가 펼쳐져 있고, 그 미래는 화려한 도시의 불빛처럼 꺼질 줄을 몰랐다.

　그러던 어느 날, 더 높은 자리로의 승진을 위해, 그는 잠시 어디론가 떠나야 했다. 그래서 그는 고향으로 돌아가는 여정을 선택했다. 그의 절대적인 후원자인 아내가 권유한 행보였다. 그는 아무 말 하지 못하고 고향 무진으로 가는 차에 오른다. 하지만 흥미롭게도 무진의 초엽에서 그는 당당함이나 자신감이 아닌, 부끄러움을 거론한다. 부끄럽다는 것이다. 왜 부끄러울까.

　그 해답은 그가 무진에서 만나는 사람들 면면에서 찾을 수 있다. 그와 비슷한 입장에 있는 출세한 '조'(동창)는 속물에 불과했다. 한 여인의 사정쯤은 관심 없고 어떻게 하면 섹스를 할 것인가에만 매달려 있다. 후배 '박'은 그 옛날의 자신처럼 순진한 얼굴로 세상의 표피적인 길만 보고 있다. 윤희중이 박의 인생을 선택했다면, 제약회사 전무이사 윤희중은 존재하지 않을 것이다. 하나는 너무 속물이어서 자신과 같지만 싫었고, 다른 하나는 너무 과거의 자신과 닮아서 어리석고 불쌍해 보였다.

윤희중은 그들을 보면서 묻는다. '지금-나는 어떤 모습일까'. 이 질문을 바꾸면, '나는 누구인가'가 될 것이다. 그때 한 사람의 모습이 보인다. '하인숙', 조와 박 사이에서 시계추처럼 흔들리는 여자. 현실의 영욕은 조에게서, 삶의 순진함은 박에서 얻으려는 여자. 하지만 그로 인해 그 어떤 것도 놓칠 수 없고, 그 어떤 것도 제대로 가질 수 없는 처지.

그 처지가 윤희중의 처지였다. 윤희중은 세 사람을 보면서 '자신이 누군인지'를 직감할 수 있었다. 작가도 그러한 윤희중 태도를 통해, 작가 자신이 누구인지를 확인할 수 있었다. 하지만 윤희중이 자신이 누구인지를 안다고 해서, 변할 수 있는 일은 거의 없었다. 하인숙과 섹스를 하고 그녀를 다독이고 지킬 수 없는 약속을 했지만, 그 역시 무기력하게 다시 서울로 돌아가야 했고 누군가의 남편이나 사위로 돌아가야 했다. 그것이 원하든 원하지 않든 간에, 그렇게 될 수밖에 없는 일이었다. 그리고 그렇게 될 수밖에 없는 모습이 자신이었다. 그리고 그 자신의 모습을 판박이처럼 닮은 여자가 하인숙이었다.

윤희중은 자신의 모습을 확인하고 무진을 벗어난다. 오기 전부터 알고 있었지만 구체적으로 확인하고 벗어나는 길은 쓸쓸함으로 가득했다. 오이디푸스가 테베를 떠나야 했듯 그렇게 무진을 떠났다. 떠나는 것밖에는 답이 없었다.

사무엘 베케트의 <고도를 기다리며>는 표면적으로 아무도 떠나지 않는 연극이다. '고고'와 '디디' 두 사람은 기다림 자체로 일관하는 만큼, 영웅의 모험이나 청년의 성장 혹은 시련과 극복이라는 과정

자체가 생략된 것처럼 보인다. 주인공 격인 오스트라공과 블라디미르는 오늘도 기다리고 내일도 기다린다. 무려 오십 년을 기다렸는데, 아직도 더 기다려야 할 것으로 보인다.

그들은 죽은 나무(가끔 꽃을 피우기도 하지만) 옆에서 만나 하루를 보내고 어디론가 사라졌다가 다시 만나는 일을 경험하고 있다. 그 사이에 매일 만나지만 새롭기만 한 럭키와 포조와의 시간도 겹쳐진다. 때로는 두 사람이, 때로는 네 사람이 있기도 하며, 아주 가끔은 고도의 심부름꾼 소년과 세 사람이 되기도 한다. 물론 한 사람일 때도 있다.

하지만 여러 사람이 되는 것은 결과적으로 어떠한 문제도 해결하지 못한다. 블라디미르가 나타나서 오스트라공을 위로하거나, 럭키와 포조의 황당한 놀이에 동참하거나, 고도의 전갈을 전해 듣는 것만으로는 어떠한 변화도 일어나지 않는다. 오히려 매일 매일이 같다는 전언만 지겹도록 확인할 따름이다.

그래서 그들의 기다림은 절대적인 시련과 다르지 않다. '나는 누군인가'라는 질문은 '나는 언제 바뀔 것인가'라든지 혹은 '고도는 언제 나에게 올 것인가'의 질문으로 변주되어 있지만, 그 대답이 부재한다는 점에서 이미 정체성에 대한 확고한 결론은 내려질 수밖에 없었던 셈이다.

그러니까 '나-인간은 기다리는 존재이다'라든가 '고도는 오지 않음으로써 나의 현존을 증명하는 존재이다'라는 대답이 그러하다. 간단하게 말해서 나는 기다림으로써 내가 나임을 증명할 수 있고, 고도는 오지 않음으로써 우리가 우리일 수 있는 이유를 만들어준다고나 할까.

질문이 곧 대답이고, 대답이 곧 질문 안에 들어있는 문학(예술)의 형식을 만들어냄으로써, 사무엘 베케트는 특별한 작가들 중에서도 더욱 특별한 작가가 될 수 있었다. 하지만 그의 질문 역시 고전 소설의 작가 허균이나 페미니즘 연출가 양주남(<미몽> 감독) 혹은 시나리오 작가 겸 단편소설가 김승옥의 질문(소설과 영화 <무진기행>의 (극)작가)과 다르지 않으며, 결국에는 옛 사람이나 현대인 나아가서는 미래의 어떤 이들과도 다르지 않다. 신화는 이러한 질문이 과거부터 이어져 왔으며, 현재에도 여전히 유효하고, 결국에는 미래에도 끊임없이 제기될 것이라는 잠언을 남긴다. 역사만 과거/현재/미래를 담당하는 것이 아니라, 신화 역시 과거부터 시작한 인간의 반복적인 질문이 미래로 이어질 것이라는 확신을 담고 있다. 그 근원적인 질문과 반복의 요체가 "나는 누구인가"였던 것이다. 사실 이 질문은 지금 누구도 피해갈 수 없는 질문이라는 점에서 현실의 질문이기도 하다.◆

02

모험을 떠나며 :
모험은 시련이고 시련은 성장이다

1. 버려진 아이가 선택한 모험

앞에서 확인한 사실에 따르면, 신화는 소년들이 어느 순간이 되면, 모험을 떠나야 한다는 계시를 담고 있는 기록물이다. 적어도 출발은 그러하다. 이러한 계시는 다양한 방법으로 전달되지만, 본질적으로 한 가지 공통점은 존재한다. 그것은 자신이 머물던 곳(집)에서, 더 이상 머물 수 없게 되는 어떤 사정이다. 이 사정은 소년을 움직이도록 만든다. 그러한 소년이 향하는 곳은 자신의 근원이다.

전 세계의 많은 신화, 전래 설화, 동화 등은 이러한 모티프를 응용하여 아이들이 떠나는 모험을 환상적으로 그리고자 했다. 그 모험은 곧 신화를 읽는 주요한 동기가 되고, 또 이유가 된다. 한국의 신화 가운데 동명왕 주몽 신화는 대표적인 신화라고 할 수 있다. 아름답고 전형적인 이 신화의 전반부를 우선 읽어보자.

"한(漢) 신작(神雀) 삼년 임술(壬戌)에 천제는 아들 해모수를 부여왕의 옛 도읍터에 내려 보내어 놀게 하였다. 해모수가 하늘에서 내려올 때에는 오룡거(五龍車)를 탔고 종자 백 여 인은 모두 백곡(白鵠)을 탔으며 채색 구름은 위에 뜨고 음악은 구름 속에 들리었다. 웅심산(熊心山)에 머물러서 십 여일이 지난 후에야 비로소 내려왔는데 머리에는 가마귀 깃으로 된 관[烏羽冠]을 쓰고 허리에는 용광이 빛나는 칼[龍光劍]을 찼다. 아침에 정사(政事)를 듣고 저녁이면 하늘로 올라가니 세상에서 이를 천왕랑(天王郎)이라 하였다.

성북(城北) 청하(靑河)에 하백(河伯)의 세 딸이 아름다웠는데 장녀는 유화(柳花), 차녀는 훤화(萱花), 계녀는 위화(葦花)라고 하였다. 그녀들이 청하로부터 웅심연(熊心淵) 위로 놀러 나가니 신같은 자태는 곱고 빛났으며 수식한 패옥이 어지럽게 울려 한고(漢皐)와 다름이 없었다. 왕(해모수)은 이들을 보고 좌우에게 말하되 "얻어서 왕비를 삼으면 아들을 두리로다." 하였다. 그녀는 왕을 보자 즉시 물속으로 들어가 버렸다. 좌우가 말하기를 "대왕께서는 어찌 궁전을 지어 여자들이 들어가기를 기다렸다가 마땅히 문을 닫지 않으십니까?" 하니 왕이 그렇게 여겨 말채찍으로 땅을 그으니 동실(銅室)이 문득 생기어 장관이었다. 방 가운데는 세 자리를 마련해 놓고 동이술을 두었다. 그 여자들이 각각 그 자리에 앉아서 서로 권하며 술을 마시고 크게 취하였다. 왕은 세 여자가 크게 취하기를 기다려 급히 나가 막으니 여자들이 놀라서 달아나고 장녀인 유화만이 왕에게 붙들린바 되었다.

하백은 크게 노하여 사자를 보내 말하기를 "너는 어떤 사람인데 나의 딸을 머물게 하였는가?" 하니 왕은 대답하되 "나는 천제의 아들로 이제 하백에게 구혼하고자 한다." 하였다. 하백이 다시 사자를 보내 말하기를 "네가 천제의 아들로 나에게 구혼을 하려 한다면 마땅히 중매를 보내야 될 터인데 이제 갑자기 나의 딸을 붙잡아 둔 것은 어찌 실례가 아닌가?" 하였다. 왕은 부끄럽게 여겨 장차 하백을 가서 보려 하고 방으로 들어가지 못하고 그 여자를 놓아 주려고 하였으나 여자는 이미 왕과 정이

들어서 떠나가려고 하지 않았다. 그리고 왕에게 권하기를 "오룡거(五龍車)만 있으면 하백의 나라에 도달할 수 있다."고 하였다. 왕이 하늘을 가리켜 고하니 문득 오룡거(五龍車)가 공중으로부터 내려왔다. 왕과 여자가 수레를 타니 풍운(風雲)이 갑자기 일어나며 그 궁(하백의 궁전)에 이르렀다. 하백은 예(禮)를 갖추어 이들을 맞이하고 자리를 정한 뒤에 말하되 "혼인하는 법은 천하에 통용하는 법인데 어찌하여 예를 잃고 나의 가문을 욕되게 하였는가? 왕이 천제의 아들이라면 무슨 신이함이 있는가?" 하니 왕이 말하되 "오직 시험해 볼 따름이다."라고 했다. 이에 하백이 뜰 앞의 물에서 이어(鯉魚)가 되어 놀자 왕은 수달로 변화해서 이를 잡았다. 하백이 다시 사슴이 되어 달아나니 왕은 늑대가 되어 이를 쫓고 하백이 꿩으로 변화하니 왕은 매가 되어 이를 쳤다. 하백이 이 사람은 참으로 천제의 아들이라 여기고 예로써 혼인을 이루고 왕이 딸을 데려갈 마음이 없을까 겁내서 잔치를 베풀고 술을 왕에게 권해서 크게 취하게 한 뒤 딸과 함께 작은 혁여(革輿)에 넣어서 용거(龍車)에 실어서 승천하도록 하였다. 그 수레가 물을 채 빠져 나오기 전에 왕은 바로 술이 깨어서 여자의 황금 비녀를 취해서 혁여를 찌르고 그 구멍으로 홀로 나와 하늘로 올라갔다.

하백은 크게 노하여 그 딸에게 말하되 "너는 나의 가르침을 따르지 않고 나의 가문을 욕되게 했다." 하고 좌우에게 명령해서 딸의 입을 잡아 늘려 그 입술의 길이가 삼척이나 되게 하고 다만 노비 두 사람을 주어 우발수(優渤水) 가운데로 귀양 보냈다."[1]

위의 신화(구비설화)는 천제의 아들 해모수가 지상으로 내려오는 이야기에서 출발한다. 사실 이 신화의 진짜 주인공은 해모수의 아들로 인정받는 주몽이지만, 신화는 주몽 이전에 그의 아버지 해모수부터 우선 집중하고 있다. 우리도 이러한 신화의 의도에 따라, 해모수의 이야기에 잠깐 주목해 보자.

---

[1] 신동흔 추천, 「이규보의 <동명왕편>」, 서대석 편, 『구비문학』, 해냄출판사, 1997.

해모수는 천제의 아들이었지만 어떤 일인지 하늘을 다스리지 못하고 지상으로 내려와야 했다. 그 이유는 분명하게 기술하고 있지 않지만, 이것은 해모수가 자신의 집(천상)을 떠나 일종의 여행을 하고 있다는 인상을 전한다. 이 여행은 점차 모험의 성격을 띤다.

이 모험의 중심은 한 여인을 만나는 이야기가 흐르고 있다. 소년이 여인을 만나 통정(섹스)을 하고 그 여인을 아내로 맞이하는 사건은 모험에서 겪게 되는 중요한 사건 중 하나이다. 해모수는 신분이 높은 자의 딸을 억지로 취하는데, 그 과정에서 딸의 아버지인 하백과 언쟁과 다툼도 발생한다.

소년이 성장하기 위해서는 아버지와의 다툼이 필연적이라고 할 때, 비록 해모수는 친아버지는 아니지만, 법적으로 아버지의 반열에 오르는 또 다른 아버지와 심리적 투쟁 과정을 대변하고 있다고 할 수 있다. 이러한 과정은 흔히 '아버지의 이름'을 내재화하는 과정으로 이해되며(라캉), 아이들이 성장하기 위해서 필연적으로 겪는 '오이디푸스 콤플렉스'의 절차로 이해된다(프로이트).

즉 아이들은 자신을 절대적으로 보호하고 성장시키는 어머니와, 각종 규율과 사회성을 심어주는 아버지를 목격하게 되고, 본능적으로 어머니에 대한 심정적 지향성을 버리지 못하면서도, 아버지가 세운(대표하는) 집단과 사회라는 세계로 나아가야 한다는 통찰을 확인하게 된다. 이러한 통찰은 인간이 모여 살기 위해서는 욕망을 자제해야 한다는 기본적인 이해에서 출발하여, 자신이 또 다른 남자가 되고 세상의 일원이 되기 위해서 타자와 그들에게 해야 할 의무를 상기하면서 절차상으로 완성되어 간다.

해모수는 이러한 측면에서 자신의 본성을 완전히 통제하지 못하는 성장 이전의 자아에 해당한다. 그래서 하백이 자신의 딸을 유혹하고 정당한 절차 없이 취한 것에 대해 항의할 때(꾸짖을 때), 그만 유화를 포기할 뻔 한다. 해모수는 하백이 제시하는 사회성(관습과 이에 따른 결혼 절차)을 수용하려는 단계에 처해 있었기 때문에, 사회적 합의를 지키지 못하고 자신의 본성(성적 본능)에 따라 행동한 것(유화와 통정한 것)에 대한 부끄러움이 발생할 수밖에 없다.

주목해야 할 점은 유화의 반응이다. 유화는 아버지 하백이 자신의 남편 해모수를 압박하는 행동을 지켜보면서도, 이제는 아버지의 품으로 돌아가려고 하지 않는다. 그녀는 오히려 자신을 돌려보내려는 해모수를 만류하며, 하백을 돌파할 방법을 마련한다.

유화의 모습은 아버지를 떠나 새로운 인생의 반려자를 찾은 여인의 그것과 크게 다르지 않다. 동아시아에서는 이러한 여성의 선택을 '삼종지도'로 설명하고 규정하고자 한 적도 있다. 어려서는 아버지를 따르고, 결혼을 해서는 남편을 따르며, 남편을 잃은 후에는 아들을 따른다는 이 삼종지도는 현대의 여성들에게는 대게 속박이고 폐해로 여겨진다. 이 '따른다.'는 말의 의미를 인생의 동반자를 선택한다는 의미로 파악한다면, 여성의 성장과 사회화에서 필요한 요건을 설명하는 말로 이해할 수도 있다.

신화 속의 유화는 해모수를 만나 그를 사랑하게 되고, 자연스럽게 아버지의 영향력을 벗어나려 하고 있었던 여인이다. 하지만 이러한 선택은 결과적으로 아버지와 남편(반려자)의 충돌까지 막지는 못한다. 그것은 딸을 사이에 둔 경쟁이고, 남자로서 간과할 수 없는 심리적 대결이기 때문이다.

해모수는 오룡거를 아버지(천제)의 힘으로 구한다. 자신이 가진 강력한 배경(가문의 힘)으로 이 오룡거를 구하는 과정 역시 아직 해모수가 자신의 아내를 온전히 건사할 능력을 가진 성인이 아님을 보여준다. 하지만 해모수는 오룡거를 통해, 처가에 통혼을 요구할 수 있게 된다.

다시, 입장을 바꾸어보자. 하백은 어떠했을까. 어느 날 문득 자신이 소중하게 여기던 딸이 새로운 남자를 데리고 온 어느 집안의 가장의 처지와 다를 바 없게 된다. 그는 그토록 사랑하던 딸이 남자 친구에게 온갖 정성을 쏟고 있는 모습을 보면서 섭섭함을 느꼈을 것이다. 더구나 자신의 딸이 선택한 남자는 아직 세상을 자신의 힘으로 살아가기 힘든 미숙한 청년에 불과하다. 이 애송이 청년이 구했다는 멋진 탈것은 청년의 아버지의 것이지, 아직 그의 것은 아니었다. 그럼에도 이 애송이 청년은 그 차이를 구분하지 못하고 있다. 그것은 미숙함의 증거이다. 이러한 미숙한 소년에게 딸을 내줄 수 있을까.

고민 끝에 하백은 그 애송이 청년을 시험하기로 한다. 하백은 문제를 내기로 결심했고, 미래의 사위는 그 문제를 풀어야 했다. 문제는 대단히 큰 시련이자 대결로 번질 수밖에 없었다. 사실 문득 자신이 최고라고 믿고 있는 청년에게 자신이 그 가치를 제대로 이해하지 못하는 시련이 닥친다면 이 청년은 이 상황을 어떻게 받아들일까? 하백은 미숙한 해모수에게 도술을 제안한다. 신화 속의 도술 대결은 흥미이지만, 사실 이러한 대결은 사회의 구성원들 사이에서 흔히 일어나는 일의 은유이기도 하다.

사위는 어떻게든 장인의 요구와 물음을 해결해야 했다. 현재의 세상으로 바꾼다면, 사위는 장인의 물음에 대답해야 했을 것이다. "내 딸을 어떻게 행복하게 해 줄 것인가?" 더 직접적으로 물었을 수도 있다. "과연, 자네는, 자네가 공언하는 것처럼 내 딸의 행복을 건사할 능력을 가지고는 있는 건가? 만일 있다면 그 능력을 증명해 보게."

사위는 어떻게 해서든 이 물음에 답해야 했다. 하백과 해모수의 도술 대결은 이러한 장인과 사위의 심리적 메커니즘으로 이해될 수 있다. 해모수는 하백에게 자신의 능력을 정도 이상으로라도 보여줄 수 있어야 했다. 한 마디로 하백의 능력을 넘어서야 했다. 사실 신화 속의 도술 대결은 해모수의 승리로 끝나는 듯 했다. 하지만 하백은 안심하지 않았다. 그래서 서둘러 결혼을 합법적으로 마무리 짓고, 딸과 사위의 관계를 공식화하고자 한다.

신화에서 그 방안은 둘을 한 곳에 두고 이를 세상에 공표하는 것이었고, 시댁으로 보내서 사위의 가문에서 인정하도록 하는 것이었다. 이를 거부한 이는 해모수였고, 도리어 반발한 해모수는 결국 혼자 집으로 돌아가고 만다. 하백이 술을 먹이고 여행을 떠나 강제로 시댁으로 들여보내려 했던 술책은, 현대의 결혼식의 제도와 기본적으로 다르지 않다. 세계 유수의 결혼식에서는 축하의 술은 빠지지 않기 마련이고, 신혼여행을 통해 두 사람만의 시간이 보장되어야 하며, 이러한 일련의 과정은 시댁이라는 새로운 관계를 공식화하려는 절차에 해당하기 때문이다.

하지만 해모수는 이 과정과 절차와 공식화를 거부했고, 결국 하백의 딸을 버렸다. 하백이 우려했던 일은 현실화되었다. 딸이 버려지는 것도 우려했던 일이지만, 사위가 자신이 예상했던 대로 자신의 인생조차 온전히 책임질 수 없는 미성숙한 청년이었다는 점을 확인하고 말았다. 이것이 하백의 관점에서 본 해모수였다.

해모수가 어떠한 인물인지는 더 이상 알기 어렵다. 그가 어떠한 사연으로 하백을 떠났는지, 왜 그렇게 급히 아버지의 세상으로 돌아가야 했는지도, 이 신화로는 확인할 길이 없다. 중요한 것은 그는 돌아갔고, 적어도 유화를 책임지지는 않았다는 사실이다.

1930년대 많은 지식인들은 조혼을 했고 그 결과 자유연애를 신봉하는 사상을 조선에 들여왔다. 2000년대의 젊은이들은 연애를 하지만 결혼을 기피하는 생각을 공유하고 있다. 출산에 대한 두려움과 가정에 대한 압박감을 이겨내기 어렵기 때문이다. 상황은 다르지만, 남자는 여자를 아내로 맞이하기를 꺼려했다. 1930년대에는 이미 조혼한 아내가 있었기 때문이며, 2000년대에는 아내가 아닌 여자 친구나 섹스 파트너가 더 필요하다고 여기고 있을 지도 모르기 때문이다.

전통적인 관념에서는 두 세상 모두 이해되기 어려울 것이다. 한가지 공통점은 남성들은 아내와 가정을 예전처럼 당연한 사회화의 과정으로 받아들이지 않는다는 점이다. 즉 결혼하지 않고 자식을 갖지 않아도 어른이 될 수 있다고 생각하는 셈이다. 아니, 결혼과 양육의 조건이, 성장과 무관하다고 치부하는 것이다. 해모수도 어쩌면 그러했을 수도 있다. 적어도 해모수는 유화를 아내로 맞이할 생각은 없었던 것 같다.

홀로 남은 유화는 하백의 고통이 되었다. 하백은 자신이 우려했고, 세상의 딸을 키우는 많은 아버지들이 했던 걱정이 현실로 닥친 것에 대해 더욱 분노했다. 하지만 정작 그 분노를 퍼부어야 할 대상은 찾을 길이 없었다. 정확하게 말하면 항의할 수 없는 곳으로 가버렸다. 그는 어린 딸에게 그 분노를 돌릴 수밖에 없었다.

그러한 측면에서 보면 하백 역시 완전한 어른은 아니었다. 하백 역시 아버지의 품을 떠났던 시기가 있었을 것이고, 유화의 모친을 반려자로 맞이하는 순간이 있었을 테지만, 새롭고 강력한 경쟁자 앞에서 미숙한 청년처럼 실수를 반복한 것이다. 치기가 솟아나고 경쟁심이 마음을 덮쳐, 너그럽고 포용력 있게 처리해야 할 일을 그만 성급하고 일방적으로 강행한 셈이다. 그 결과 딸이 홀로 남겨지는 비참한 고통을 겪게 된다. 아버지로서 이만한 고통도 좀처럼 찾기 힘들 것이다.

아직 우리가 원하는 주몽의 이야기에는 접근도 하지 않았지만, 우리는 한 가지 사실을 이해하게 된다. 그것은 주몽의 아버지도, 주몽의 외할아버지도 모두 사회의 구성원이 되기 위해서 노력하는 어떠한 과정을 겪고 있거나, 이미 겪었다는 점이다. 그렇다면 주몽 역시 이 길을 가야 할 것이다.

2. 신화는 길 떠나는 이유와 과정을 상세하게 그리려고 한다.

주몽의 이야기에는 길 떠나는 과정과 이유가 분명하게 그려져 있다. 해모수 이야기가 주몽 신화의 전사(前史)로서 중요하기는 하지만, 그것 자체로 메인 테마가 될 수 없는 이유가 여기에 있다. 신화를 계속 읽어보자.

> "어사(漁師) 강력부추(强力扶鄒)가 (금와왕에게) 고하기를 "요즈음 양중(梁中)에 고기를 가져가는 자가 있는데 어떤 짐승인지 알지 못하겠다."고 하였다. 왕은 이에 어사를 시켜서 그물로써 이것을 끌어내게 하였더니 그물이 찢어졌다. 다시 쇠 그물을 만들어 끌어내니 비로소 한 여자가 돌 위에 앉아서 나왔다. 그 여자는 입술이 길어서 말을 할 수가 없으므로 그 입술을 세 번 자른 뒤에야 말을 했다. 왕은 천제자의 비(妃)임을 알고 별궁(別宮)에 두었는데 그 여자는 햇빛을 받고 그 때문에 임신을 해서 신작(神雀) 사년 계해(癸亥) 하사월(夏四月)에 주몽(朱蒙)을 낳았는데 울음소리가 매우 크고 골표가 영웅답고 기이했다.
>
> 처음 주몽을 낳을 때 왼편 겨드랑이로 한 알을 낳았는데 크기가 닷되[五升]들이쯤 되었다. 왕이 이를 괴이하게 여겨 말하되 "사람이 새알을 낳은 것은 상서롭지 못하다." 하고 사람을 시켜서 이 알을 마목(馬牧)에 버렸으나 여러 말들이 밟지 않았고, 깊은 산에 버렸으나 백수(百獸)가 모두 보호했다. 구름이 긴 날에도 그 알 위에는 언제나 일광(日光)이 있으므로 왕은 알을 가져다가 그 어미에게 보내고 기르도록 했다.
>
> 알은 마침내 열리고 한 사내아이를 얻었는데 낳은 지 한 달이 못 되어 말을 하였다. (주몽은) 어머니에게 여러 파리들이 눈을 물어 잠을 잘 수 없으니 어머니는 나를 위하여 활과 화살을

만들어 달라고 했다. 그의 어머니가 갈대로 활과 화살을 만들어 주자 이것으로 방거(紡車) 위에 파리를 쏘아서 화살이 날면 모두 맞았다. 부여에서 활 잘 쏘는 사람을 주몽이라고 하였다.

나이가 장대해지자 재능도 겸비하였다. 금와왕에게 아들 일곱이 있었는데 항상 주몽과 같이 사냥하였다. 왕자 및 종자 사십여 인은 겨우 사슴 한 마리를 잡았으나 주몽은 사슴을 쏘아 잡은 것이 아주 많았다. 왕자는 이를 질투해서 주몽을 잡아 나무에 매어 놓고 사슴을 빼앗아 가 버렸는데 주몽은 나무를 뽑아서 돌아왔다. 태자(太子)인 대소(帶素)가 왕에게 말하되 "주몽은 신용(神勇)이 있는 사람이고 눈길이 남다르니 만약 일찍 도모하지 않으면 반드시 뒷근심이 있을 것입니다." 하였다. 왕은 주몽에게 말을 기르게 하여 그 뜻을 시험코자 하였다. 주몽은 속으로 한을 품고 어머니에게 말하되 "나는 천제의 손(孫)으로 다른 사람을 위해서 말을 먹이고 있으니 사는 것이 죽는 것만 못합니다. 남쪽 땅으로 가서 국가를 세우고자 하나 어머니가 계시기로 감히 마음대로 못합니다." 하였다. 그 어머니가 말하되 "이것은 내가 밤낮으로 속 썩이던 것이다. 내가 듣기로는 먼 길을 가는 사람은 모름지기 좋은 날에 힘입는다고 했으니 내가 말을 골라 주겠다." 하고 드디어 말 기르는 데로 가서 긴 말채찍으로 마구 치니 여러 말이 모두 놀라서 달리는데 한 누른 말이 두 길이나 되는 난간을 뛰어 넘었다. 주몽은 그 말이 준마임을 알고 몰래 말 혀끝에 바늘을 찔러 놓았더니 그 말은 혀가 아파서 물과 풀을 먹지 못하고 야위어 갔다.

왕이 마목을 순행하다가 여러 말이 모두 살찐 것을 보고 크게 기뻐하며 마른 말을 주몽에게 주었다. 주몽이 이를 얻어서 바늘을 뽑고 더욱 잘 먹였다. 주몽은 오이(烏伊), 마리(摩離), 협보(陜父) 등 삼인(三人)과 같이 남쪽으로 행하여 개사수(蓋斯水)에 이르렀으나 건널 배가 없었다. 추격하는 병사들이 문득 닥칠까 두려워서 이에 채찍으로 하늘을 가리키며 개연히 탄식하되 "나는 천제의 손이요 하백의 외손으로서 지금 난을 피해 여기이르렀으니 황천후토(皇天后土)는 나를 불쌍히 여겨 급히 주교

(舟橋)를 보내소서." 하고 활로써 물을 치니 고기와 자라들이 떠올라 다리를 이루어서 주몽이 건널 수가 있었다. 얼마 안 있어 추병(追兵)이 이르렀는데 추병이 물에 이르자 물고기와 자라들의 다리는 곧 없어지고 이미 다리로 올라섰던 자는 모두 몰사하였다.

주몽이 어머니와 이별에 임하여 차마 떨어지지 못하니 그 어머니가 말하되 "너는 어미의 염려는 하지 말아라." 하고 이에 오곡의 씨앗을 싸서 주었는데 주몽은 생이별하는 마음이 간절해서 보리 씨앗을 잃고 말았다. 주몽이 큰 나무 아래서 쉬더니 한 쌍의 비둘기가 날아왔다. 주몽은 "응당 이것은 신모(神母)가 보리씨를 보내는 것이다."라고 말한 후 이에 활을 다려 이를 쏘아 한 살에 함께 잡아서 목구멍을 열고 보리씨를 꺼낸 다음 비둘기에게 물을 뿜으니 비둘기는 다시 살아나서 날아갔다. 왕(주몽)은 스스로 띠 자리 위에 앉아서 임금과 신하의 위계를 정했다."[2]

주몽은 어려서부터 비범했지만 분명 '버려진 아이'였다. 그가 버려진 아이가 되는 가장 중요한 이유는 '아버지의 부재'에서 비롯되었다. 사실 위의 신화(대목)만 놓고 본다면, 유화가 낳은 아이인 것은 분명하지만 그 아버지가 해모수인지 금와인지 확정적으로 답하기 어렵다.

신화에서는 유화의 신분을 금와가 알았다고 했고 그래서 궁전의 일각에 모신 것처럼 묘사했지만, 이 말을 뜯어 읽어보면 그 반대로 해석할 수 있다. 유화는 두 남자에게 버려진 여자였다. 그가 믿었던 남자 친구는 결혼이 두려워서 그녀를 버렸고, 이에 분노한 아버지도 자신을 유폐시켰다. 남자들은 그녀를 부끄러워했고, 세상의 외곽으로 추방했다.

---

2) 신동흔 추천, 「이규보의 <동명왕편>」, 서대석 편, 『구비문학』, 해냄출판사, 1997.

사실 유폐된 유화를 다시 세상으로 데리고 간 이가 금와였다. 유화가 금와의 현실적인 첩이 되었는지, 손님이 되었는지, 노비가 되었는지는 모호하게 처리되어 있다. 그것은 태어날 주몽의 신이한 출생과 단일한 가계(핏줄) 그리고 신성성을 위해서 일부러 모호하게 만들 필요성 때문이었을 것이다.

하지만 냉정하게 말해서, 주몽은 금와의 아들이거나 노비가 되어야 했다. 그만큼 천한 신세를 감수할 수밖에 없었다. 이러한 주몽은 실의에 사로잡혀 세상을 살 수밖에 없었을 것이다. 그와 함께 자랐다는 금와의 아들들은 영예로운 자리를 누리고 있었을 것이지만, 기껏해야 금와의 서자에 불과한 주몽은 현실적으로 그러한 영화를 기대하기 어렵다.

주몽은 각고의 노력을 통해 신분상의 제약을 이겨내고자 했다. 신화에서는 그가 활을 잘 쏘고, 안목이 좋으며, 무엇보다 때를 기다릴 줄 아는 인물로 그려진다. 무력이 강하고, 인재를 발탁할 수 있으며, 어려운 시절을 감내하면서 자신의 재능을 드러낼 수 있는 시간을 기다리는 것은 분명히 영웅이 갖추어야 할 자질이다. 실제 역사에서도 동아시아의 현명한 군주나 지도자라면 대개 이러한 능력을 갖추고 있었다.

주몽은 그렇게 자신을 도야했고, 때를 기다려, 자신이 성장한 나라를 벗어나, 자신이 세울 나라를 찾아 떠났다. 떠나는(벗어나서 독립하는) 과정은 험난했다. 자신이 움직일 수 있는 말을 준비해야 했고(그것도 천하 명마로), 자신과 함께 행동할 수 있는 동지도 구성해야 했다(그것도 믿을 만한 신하로). 또 자신을 추적하는 이들을 물리칠 수 있는 대비(책)도 필요했고, 그 후에 어디로 가서 무엇을 할 것인가에 대한 목표도 세워두어야 했다.

거사일이 다가왔고, 주몽은 그렇게 세상으로 나왔다. 탈출 과정에서 아버지와 형제들의 추적을 물리칠 수 있는 지혜를 발휘했는데, 이러한 지혜는 함께 '작은 세상'을 탈출하는 이들(동행자)에게 확신을 심어주었을 것이다. 그들은 그들을 속박하는 '지금까지의 세상'과 근본적으로 '다른 세상'을 만들기로 작정한다.

주몽이 금와의 나라(아버지의 나라)를 탈출하는 과정은 오이디푸스가 코린토스(양아버지의 나라)를 탈출하는 과정과 점점 흡사해진다. 오이디푸스는 자신이 코린토스에 살아서는 안 되는 이유를 찾아냈고, 그 이유에 따라 도망치듯 세상으로 나갔다. 하지만 그 이유는 비단 아버지를 위해서만은 아니었다. 아버지의 속박으로부터 벗어나고자 하는 욕구도 크게 작용했다. 자신이 자신으로서 살지 못하고, 아버지의 아들로 살아야 하는 불편함을 넘어설 필요가 있었다고 해야 한다.

현대의 많은 가정에서도 아버지와 아들의 관계는 여전히 불편한 경우가 적지 않다. 실상은 서로에 대한 강력한 애정과 집착을 이루고 있지만, 이것이 표면적으로 소통되지 못하면서 다툼과 언쟁 심지어는 폭력과 가출로 이어지는 경우도 심심치 않다. 오이디푸스도 때가 되면 아버지의 영향력에서 벗어나려는 세상의 아들들처럼, 그렇게 코린토스를 떠났을 것이다.

주몽의 경우에는 더욱 노골적으로 그 이유를 제시하고 있다. 주몽은 금와가 자신의 아버지가 아니라고 생각한다. 당연히 금와의 아들들도 자신의 형제가 아니라고 단정한다. 그는 천제의 손자이고, 하백의 외손으로, 금와 따위가 접근할 수 있는 신분의 인물이라고 규정한다. 이러한 규정의 옳고 그름을 떠나서, 소년이 아버지를 부정하고 자신의 근원을 새롭게 설정하는 이 대목은 주목된다.

B. 베텔하임은 어린 날의 아이들이 자신이 이해할 수 없는 요구를 하는 어머니를, 매우 잠시일지라도 '마녀'로 환치하여 혼란을 해결했다는 사실을 밝혀낸 바 있다. 전래동화 속에 나오는 마녀는 다름 아닌 '엄마'였다. 어릴 적에는 그리고 평소에는 모든 것을 자신을 위해 해 줄 것처럼 보이던 어머니가 어느 순간 돌변해서 청결과 정리를 강요한다고 해보자. '방을 치워야 한다', '옷을 얌전하게 입어야 한다.', '남들에게 어떻게 보일지 신경 써라' 등의 잔소리를 하는 어머니를 생각하면 이해하기 편할 것이다.

아이들에 눈으로 보면, 이전까지 무한한 사랑으로 자신을 보호하던 어머니가 사라지고, 이해할 수 없는 분노와 두려움을 가하는 낯선 여자(동화 속의 마녀 같은)가 그 자리에 나타나는 셈이다. 본능과 억제, 감성과 이성, 욕망과 규율이라는 서로 모순되는 두 가지 척도를 이해할 수 없다면, 이러한 동시성(어머니와 마녀)은 이해할 수 없는 변신으로 해명될 수밖에 없을 것이다. 어머니가 떠난 자리에 마녀가 찾아온 것이다.

만일 주몽이 이러한 아이의 단계에 있었다면, 금와를 이해할 수 있을까. 신분적 차별은 차치하고라도, 규율과 노동 그리고 책임감을 강조하는 아버지의 태도는 아들에게 착취와 편애 그리고 불평등과 위협으로 수용될 수밖에 없었다. 주몽은 금와의 아들이 아닌 독립된 개인이 되기로 결정하고 금와의 나라를 떠난다.

떠나는 과정은 일견 관계없는 듯 하지만 그 이후 작품들에 적지 않은 영향을 끼치고 있다. 대표적인 한국 작품이 <홍길동전>이다. 신화 속 주몽은 <홍길동전>의 길동을 닮아 있다. 아니, 주몽은 길동의 먼 선조 격 인물이고, 길동의 성장은 주몽의 성장을 모태로 하고 있다. 후대의 이야기가 그 이전의 이야기를 닮는 일은 그 자체로 낯선 일이 아니다. 더구나 그 이전의 이야기가 원론적인 이야기라면 말할 필요도 없다.

그(주몽과 길동)는 아버지의 집안(혹은 국가)에서 설 자리가 없었기 때문에 자신이 자신의 이름을 온전히 보존하고 삶의 이상을 펼수 있는 곳은 새롭게 건설되는 가정(국가)라고 판단했다. 오이디푸스도 그 길을 갔고, 홍길동도 그 길을 갔다. 이 땅의 젊은이들도 자립이라는 이름으로 그 길을 가고, 또 갈 것이다. 주몽도 그 길을 따라갔다.

결국 그 길의 끝에는 아버지의 나라(가정)를 대체하는 자신의 국가(가정)가 있기 마련이다. 이것이 아들들이 길을 떠나는 이유이다. 물론 그 길의 끝에 도달하기 위해서는 시련이 적지 않을 수 없었다. 이미 아버지의 나라를 떠날 때 겪었던 시련도 있었지만, 그 후에도 시련은 계속남아 있기(나타나기) 때문이다.

아주 가끔씩은 궁금하다. 그 시련이 완벽하게 끝나는 시점이 있을까. 신화는 그 '시련의 끝'을 '모험에의 완수'로 정의하는데, 과연 그러한 완수가 현실에서 존재할 수 있을까. 이 물음은 예로부터 많은 이들이 던져온 것 같다. 왜냐하면 그토록 많은 신화들이 만들어졌기 때문이다. 그 끝에 대한 궁금함이 신화를 만들었다. 신화는 어쨌든 세상의 끝이라는 또 하나의 조각을 찾아가는 여행이기 때문이다.

3. 시련은 계속되고, 모험 역시 계속된다.

자신의 왕궁을 세운 주몽은 성공한 인물이다. 여기서의 왕궁을 실질적인 왕궁으로도 해석할 수 있겠다. 하지만 이 왕궁은 다른 의미도 지니고 있다. 인생의 차원으로 확대하면, 이 왕궁은 성장의 다음 단계에 해당한다. 소년에서 청년으로, 그리고 종속된 한 존재에서 스스로 설 수 있는 자립적인 존재로의 이동이 성장이라고 한다면, 왕궁의 건설은 더욱 큰 성취에의 접근을 의미한다고 하겠다.

문제는 앞에서도 지적한 대로, 이러한 성취가 아직은 끝나지 않았다는 점이다. 시련은 계속되고, 그 시련은 모험을 연장한다. 하나의 모험이 끝나는 곳에 소명의 완수(모험의 끝)가 기다리고 있다면, 아직은 갈 길이 멀다고 해야 한다. 그래서 주몽이 걷는 길을 계속 따라가 볼 필요가 있다.

> "비류왕(沸流王) 송양(松讓)이 사냥을 나왔다가 왕의 용모가 비상함을 보고 불러서 자리를 주고 말하되 "바닷가에 편벽되게 있어서 일찍이 군자를 본 일이 없더니 오늘날 만나 보니 얼마나 다행이냐. 그대는 어떤 사람이며 어디에서 왔는가?" 하니 왕이

말하되 "과인은 천제의 손으로 서국의 왕이거니와 감히 묻겠는데 군왕은 누구를 계승한 왕이냐?" 하자 송양은 "나는 선인(仙人)의 후예로서 여러 대(代) 왕 노릇을 했는데 이제 지방이 아주 작아서 두 왕으로 나누는 것은 불가하니 그대가 나라를 세운지가 얼마 안 되었으니 나에게 부용(附庸)함이 옳지 않겠느냐?" 하니 왕이 말하되 "과인은 천제를 계승했고 이제 당신은 신(神)의 자손이 아니면서 억지로 왕이라고 하니 만약 나에게 돌아오지 않는다면 하늘이 반드시 죽일 것이다."라고 했다. 송양은 왕이 여러 번 천손(天孫)이라고 일컫자 속으로 의심을 품고 그 재주를 시험코자 하여 말하되 "왕으로 더불어 활쏘기를 하자."고 하였다. 사슴을 그려서 백보 안에 놓고 쏘았는데 그 화살이 사슴의 배꼽에 들어가지 못했는데도 힘에 겨워하였다. 왕은 사람을 시켜서 옥지환(玉指環)을 백보 밖에 걸고 이를 쏘니 기와 깨지듯 부서졌다. 송양이 크게 놀랐다. 왕이 말하되 "나라의 창업을 새로 해서 아직 고각(鼓角)의 위의(威儀)가 없어서 비류국의 사자가 왕래하되 내가 능히 왕례로써 영송(迎送)하지 못하니 이것이 나를 가볍게 보는 까닭이다." 하였다. 종신 부분노(扶芬奴)가 나와 말하되 "신이 대왕을 위하여 비류국의 북을 취해 오겠습니다." 하니 왕이 말하되 "타국의 감춘 물건을 네가 어떻게 가져 오겠느냐?" 하니 대답하되 "이것은 하늘이 준 물건인데 어째서 취하지 못하겠습니까? 대왕이 부여(扶餘)에서 곤(困)할 때 누가 대왕이 여기에 이를 줄 알았겠습니까? 이제 대왕이 만 번 죽을 위태로움에서 몸을 빼내어 요수 왼쪽[遼左]에서 이름을 드날리니 이것은 천제가 명해서 된 것인데 무슨 일이든지 이루지 못할 것이 있겠습니까?" 하였다. 이에 부분노 등 세 사람이 비류국에 가서 고각을 가져왔다. 비류왕은 사자를 보내 고했으나 왕은 고각을 와서 볼까 겁내서 색을 어둡게 칠해서 오래된 것처럼 하였더니 송양은 감히 다투지 못하고 돌아갔다. 송양은 도읍을 세운 선후(先後)를 따져 부용(附庸)시키고자 하므로 왕은 궁실을 짓되 썩은 나무로 기둥을 하니 오래됨이 천년이 된 것 같았다. 송양이 와서 보고 마침내 감히 도읍 세운 것의 선후(先後)를 다투지 못했다.

왕이 서쪽으로 사냥을 가서 흰 사슴을 잡아 이것을 해원(蟹原)에 거꾸로 매달고 주술을 행해 말하되 "하늘이 만약 비를 내려서 비류의 왕도(王都)를 표몰(漂沒)시키지 않으면 나는 너를 놓아 주지 않을 것이다. 이 난관을 면하려면 네가 능히 하늘에 호소하라." 하니 그 사슴이 슬피 울어 그 소리가 하늘에 사무쳤다. 장맛비가 칠일이나 와서 송양의 도읍이 떠내려가 버렸다. 왕이 갈대 새끼줄을 가로질러 늘이고 압마(鴨馬)를 타니 백성이 모두 그 줄을 잡았다. 주몽이 채찍으로 물을 그으니 물이 줄어들었다. 6월에 송양은 나라를 들어 와서 항복하였다.

7월에 검은 구름이 골령을 덮어 사람은 그 산을 볼 수 없고 오직 수천 명의 사람 소리만 들리며 나무 베는 소리만 들렸다. 왕이 말하기를 "하늘이 나를 위해 성을 쌓는다."고 하더니 칠일 만에 구름과 안개가 스스로 걷히고 성곽과 궁대(宮臺)가 스스로 이루어졌다. 왕은 하늘에 절하고 나아가 살았다.

추구월(秋九月)에 왕은 하늘로 올라가고 다시 내려오지 않으니 그 때 나이가 사십이었다. 태자(太子)는 왕이 남긴 옥편(玉鞭)으로써 용산(龍山)에 장사를 지냈다."[3]

나라를 세우고 자신만의 터전을 닦은 주몽 앞에 강력한 적이 나타났다. 그 적은 이미 세워진 나라 비류국의 왕 송양이었다. 젊은이가 소년에서 청년으로, 아이에서 어른으로 나아갈 때, 필연적으로 선참 혹은 선배와 대면하게 되는데, 인생의 과정과 기본적으로 동일하다고 하겠다. 많은 조직은 이러한 선배를 우대하고 후배가 양보해야 한다고 가리키고 있다. 이러한 지침은 동양의 장유유서(長幼有序)라는 계율로 정해져, 훈령(訓令)처럼 작용하곤 한다.

---

3) 신동흔 추천, 「이규보의 <동명왕편>」, 서대석 편, 『구비문학』, 해냄출판사, 1997.

주몽과 송양의 관계를 장유유서의 관계로 보자. 송양이 요구하는 바는 이러한 관점에서 동아시아의 보편적 규율에 어긋나지 않는다. 송양은 갑자기 나타난 주몽에게 자신을 소개하고 권리를 양도하라고 요구한다. 그에게는 자신의 땅(영역)을 무단 침입한 이가 주몽이었으며, 자신의 규율을 따르고, 존장으로서의 예의를 갖추어야 하는 후배로서의 주몽이 먼저 보일 따름이다.

하지만 신생 영웅인 주몽에게는 이러한 송양익 요구가 타당하지도 합당하지도 않다. 주몽은 아버지의 구속으로부터, 자신을 얽매는 옛 시대의 규율로부터 벗어나고자 하는 의지로 충만한 상태이다. 그러한 그에게 다시 '선배'를 모시고, '기존 질서'를 받들고, 누군가의 '예속'을 받아들이라는 요구는 가당치도 않은 요구였다.

사회에 나가는 초년병들은 자신만의 열정으로 충만하다. 자신이 배워야 할 것을 이미 배웠고, 갖추어야 할 것을 모두 갖추었다고 믿는 경우도 허다하다. 누구보다 잘 할 자신이 있고, 누구에게도 지지 않을 자신감으로 충만하다. 혹 주몽의 상태는 이러한 초년병의 경우와 유사하지 않은가.

시련은 시작된다. 신화에서는 주몽이 과연 천제의 후손인지(막강한 영향력과 배경을 가지고 있는지)를 시험하고, 계속되는 시험을 통해 얼마만큼의 잠재력과 힘을 가지고 있는 측정하고자 한다. 물론 주몽은 송양을 압도하는 패기와 기예를 보여주고 있고, 전반적인 면에서 모자람이 없는 인물로 설정된다. 계략을 쓰기도 하고, 상대의 계략을 역이용하기도 한다. 충성스러운 협력자의 도움을 받기도 하

고, 행운을 얻기도 한다. 남의 어려움을 자신의 이로움으로 바꿀 줄
도 알고, 적당히 남을 협박하거나 동시에 도울 줄도 안다.

세상을 살아가는 지혜를 갖추고 이를 활용할 줄 아는 어떤 젊은이
의 변모를 보는 듯 하다. 회사를 오래 다니고, 여러 사람들의 속성을
이해하고, 가족과 친지의 요구를 들어주고, 때로는 자신의 욕망을
실현하기 위해서 사람들은 타인과의 관계에서 일정한 '밀고 당기기'
를 시행한다. 주몽은 자신의 나라(영역)을 빼앗길 위기에서 벗어나
오히려 상대의 권익과 장점을 흡수하는 단계에 도달하게 되었으며
더 나아가서는 상대의 모든 것을 이어받는 결과를 얻는다.

신화는 이 단계와 절차를, 대결과 싸움으로 그리고 있다. 이것은
현실에서도 통용될 수 있는 진리이다. 직장에 다니고 사회생활을 하
고 승진을 하거나 사업체를 유지하기 위해서 우리는 끊임없이 상대
와 타협하고 경쟁하고 때로는 그 노하우를 흡수하고 경우에 따라서
는 상대를 파산시키기도 한다. 말단 직원은 대리가 되고, 과장이 되
고, 이사가 되고, 임원이 되면서, 점차 남들이 갖지 못한 것을 갖게
된다. 오를 수 없었던 것 같은 지위로 올라서기도 한다.

주몽이 사생아이고, 마구간지기이고, 미천한 신분이었지만, 그는
한 무리의 수장이 되고, 작은 기업체의 사장이 되고, 인수합병을 통
해 더 큰 기업체를 인수하여 회장이 되고, 결국에는 아무도 넘볼 수
없는 지위에 오른다고 할 때(하늘이 그를 위해서 성을 쌓는다는 구
절을 보면, 그는 당대에 일반인이 오를 수 없는 자리까지 올랐다고
볼 수 있다), 그에게 남은 영광은 그야말로 끝이 없어 보인다.

하지만 그러한 그에게도 끝은 있었다. 하늘로 오를 듯이 성공하던 그도 결국에는 죽음을 피해갈 수는 없었다. 그는 영면하듯 하늘로 올랐고, 다시는 돌아오지 않았다. 주몽의 성취로 역시 남다른 위치에 오른 아들(태자)은 아버지의 죽음을 인정하고 장례를 치른다.

흥미로운 것은 이 아버지의 시체가 묘연하다는 점이다. 아들은 아버지의 권위를 살려 '옥편'을 장사지냈지만, 정작 자신의 아버지에 대한 추모의 징은 남기지 않았다. 신화 안에 그러한 구절이 없기 때문에 정을 남기지 않았다고 하는 것이 아니다. 아들은 당연히 아버지의 죽음을 슬퍼하고 기억한다. 하지만 동시에 아들은 아버지의 죽음이 오는 시점을 기다릴 수밖에 없다. 왜냐하면 주몽처럼 아버지를 떠날 수 없었던 아들이라면, 아버지의 부재(죽음)이 속박으로부터 벗어나 온전히 자신을 찾을 수 있는 자립을 저절로 가져오기 때문이다. 인정상의 슬픔은 있겠지만, 영웅의 탄생과 어른으로의 등극은 그러한 인정 너머에 있다.

주몽의 성공 과정은 그에게는 또 하나의 길이다. 그는 자신이 세운 왕궁을 크게 벗어나지는 않았지만, 다른 왕국(영토)을 병탄하고 자신의 왕국을 넓히는 일을 통해 새로운 세계로 뛰어든다. 새로운 세계는 그에게는 자극이었고, 스릴이었고, 그래서 짜릿한 어떤 모험이었고, 결국에는 또 다른 성장이었다.

어른이 된 이들이 더 이상 성장하지 않는다고 믿는 것은 속단이다. 어른들도 끊임없이 모험을 갈구한다. 한 분야에서 충분히 성공했다고 믿는 사람이 갑자기 직업을 바꾸거나, 인생 자체를 새롭게

도모하는 일도 종종 발생한다. 그렇게까지 극단적이라고 할 수 없지만, 이혼을 하거나 취미를 갖거나 이민을 떠나거나 심지어는 자살을 시도하면서 그 동안 자신이 쌓아놓은 모든 것을 획기적으로 바꾸려는 이들도 있다.

이것을 삶의 권태라고 해도 좋고, 무분별한 방종이라고 해도 좋다. 그것은 신화 속에서 끝없는 타인과의 만남이나 전쟁 혹은 모험으로 나타나고 있다. 비록 신화는 아니지만, 신화의 반열에 오를만한 알렉산더의 원정을 보자. 알렉산더는 그리스를 넘어 이집트를 넘어 페르시아를 넘어 인도를 넘어 계속 동쪽으로 향했다. 아마 그가 병들지 않고 죽지 않았으면 계속 동쪽으로의 진군을 포기하지 않았을 것이다.

그렇다면 물어보자. 그가 동쪽으로 간 까닭은? 패망한 페르시아의 왕을 찾아서, 인도라는 나라를 구경하기 위해서, 어쩌면 어릴 적부터 자신을 옭아맨 아버지와 어머니로부터 벗어나기 위해서. 어떠한 것이든 이유는 될 수 있을 것이다. 단순한 호기심도 이러한 측면에서는 충분한 이유가 될 수 있다.

문제는 그 어떤 대답도 절대적으로 신뢰하기 어려운 것처럼, 신화 속의 대답도 그 유일한 대답이 될 수 있다는 점이다. 아이는 성장한다. 그리고 성장은 모험으로 나타난다. 앞에서 말한 대로 모험은 시련이고, 시련은 성장이다. 성장한다는 것은 시련을 겪는 것이고, 기꺼이 모험을 감수하는 것이고, 그래서 한 단계 새로운 단계로 나아가는 것이다. 이것이 싫다고 해도 시련은 삶의 여러 층위에서 '납짝

엎드린 조사관'처럼 언제든지 '나-자아'에게 온다. 우리가 이를 거부하거나 외면할 도리가 거의 없다.

그렇다면 주몽처럼 그 길을 가야하고(사실 어떠한 영웅이든 처음에는 이 길을 가지 않으려고 한다), 가지 않을 핑계를 수도 없이 댈 수 있지만(주몽의 경우에는 어머니를 떠나야 하고 생명의 위협을 감수할 수밖에 없다), 어쩔 수 없이 가야한다. 그 길을 가는 길밖에는 다른 도리가 없기 때문이다.

앞에서 자문한 것처럼, 시련의 끝은 어디일까? 시련은 계속된다고 했는데, 과연 그 끝은 존재할까? 주몽 신화에서는 그 끝이 죽음이라고 넌지시 일러준다. 주몽을 죽음으로써 자신이 건설한 세계에서 사라졌다. 그리고 어떠한 시련이나 고난을 겪은 흔적도 함께 소멸했다.

하지만 자세히 보면, 다른 흔적도 보인다. 과연 그를 위해서 지었다는 천상의 건물은 영예로운 건물이었기만 할까. 이 건물로 들어간 이후부터 주몽은 현실적인 고난을 겪지 않는다. 그 말은 모험을 하지 않았다는 뜻이기도 하다. 또한 세상의 이권에도 개입한 흔적이 없다. 혹 그렇다면 유폐나 감금은 아니었을까? 그렇다면 그 사람은 누구일까? 그의 아들은 유력한 용의자가 아닐 수 없다.

여기서의 유폐나 감금은 반드시 물리적, 신체적 유폐나 감금만을 의미하는 것은 아니다. 부모가 나이 들고 병들면 자식은 부모의 유업을 이어야 하고, 부모를 어떠한 방식으로든 세상으로부터 보호해야 하며, 적정한 시점에서는 부모를 떠나보내야 한다. 자신을 위해서이기도 하지만, 상대인 부모를 위해서이기도 하다. 부모도 자신이 예전만 못하다는 사실을 이해해야 한다. 모든 것을 넘겨주어야 할 시점도 찾아온다. 그 시점은 아마도 죽는 순간이 아닐까 싶은데, 주몽 역시 그 시점을 맞이했다고 볼 수 있다. 그렇다면 모든 것을 이어받은 아들의 시련은 이어질 것이고, 넓은 의미에서 그 시련은 아버지의 시련으로부터 유래한 것이다. 그렇다면 인간의 시련과 모험은 끝나지 않으며, 결국에는 그 다음 세대로 이어져 갈 수밖에 없다는 결론에 이른다. 모험은 끝나지 않는 것이다.

4. 모험은 다시 시작되고, 길 떠나는 아들이 또 생겨난다.

주몽이 죽고 난 이후의 세상은 어떠했을까. 사람들은 자신들의 후손을 남김으로써 자신 이후의 세상을 대비한다고 생각한다. 하지만 정작 자신 이후의 세상은 자신이 걱정할 필요는 없다. 어쩌면 이미 그 세상의 모습은 정해져 있기 때문이다.

아마도 길 떠나는 아들이 생겨날 것이다. 또 다른 아버지가 되고자하는 아들은 자신만의 영토를 찾아 이 세상을 떠돌 것이며, 결국에는 세상의 어떤 귀퉁이에 자신만의 자리를 만드는 데에 일단 성공할 것이다. 하지만 끝이 없는 시련이 밀려 올 것이고, 보다 온전한 아버지가 되기 위해서 싸워야 할 것이다. 주몽의 아들도 예외는 아니었다.

"유리(類利)는 어려서부터 기절(奇節)이 있었다. 어렸을 때 새를 쏘아 잡는 것으로 업을 삼더니 한 부인이 인 물동이를 보고 쏘아 깨뜨렸다. 그 여자는 노해서 욕하기를 "아비도 없는 아이가 내 동이를 쏘아 깼다."고 했다. 유리는 크게 부끄러워 진흙 탄환으로 동이를 쏘아 구멍을 막아 옛것같이 하고 집에 돌아와 어머니에게 나의 아버지는 누구냐고 물었다. 어머니는 유리가 나이가 어리므로 희롱해서 말하되 너에게는 정해진 아버지가 없다고 하였다. 유리는 울면서, "사람이 정해진 아버지가 없다면 장차 무슨 면목으로 다른 사람을 보리오?" 하고 드디어 자결하려고 하였다. 어머니는 크게 놀라 이를 말리며 말하기를 "앞의 말은 희롱이다. 너의 아버지는 바로 천제의 손자이고 하백의 외손자이며 부여의 신하됨을 원망하고 남쪽 땅으로 도망가서 처음으로 국가를 세웠으니 너는 가서 뵈옵지 않겠느냐?"고 하니 대답하기를 "아버지는 다른 사람의 임금이 되었는데 아들은 다른 사람의 신하가 되니 제가 비록 재주는 없으나 어찌 부끄럽지 않겠습니까?" 하였다. 어머니가 말하되 "너의 아버지가 떠날 때 말을 남긴 것이 있으니 '내가 일곱 고개 일곱 골짜기 돌 위 소나무에 물건을 감춘 것이 있으니 이것을 얻은 자라야 나의 아들이라' 하였다."고 했다. 유리는 스스로 산골짜기로 다니면서 찾았으나 얻지 못하고 지치고 피로해서 돌아왔다. 유리는 집 기둥에서 슬픈 소리가 나는 것을 듣고 보니 그 기둥은 돌 위에 소나무였고 나무의 몸은 일곱 모였다. 유리는 스스로 이를 해석하되 일곱 고개 일곱 골은 일곱 모요 돌 위에 소나무는 곧 기둥이라 하고 일어나서 가보니 기둥 위에 구멍이 있어서 부러진 칼 한 조각을 얻고 매우 기뻐했다. 전한(前漢) 홍가(鴻嘉) 4년 하사월(夏四月)에 고구려로 달아나서 칼 한 조각을 왕에게 바치니 왕이 가지고 있던 칼 한 조각을 꺼내어 이를 맞추자 피를 흘리며 이어져서 하나의 칼이 되었다. 왕이 유리에게 말하되 "네가 실로 나의 아들이라면 어떤 신성함이 있는가?" 하니 유리는 소리에 응해서 몸을 들어 공중으로 솟으며 창을 타고 해에 닿아 그 신성의 기이함을 보였다. 왕은 크게 기뻐하며 세워서 태자를 삼았다."4)

태자의 이야기는 또 다른 흥밋거리이다. 아마도 주몽은 '아버지의 나라'를 탈출하기 전에 결혼을 했었던 것으로 보이며, 그때 자식이 있었던 것으로 보인다. 아들 유리는 주몽이 그러했던 것처럼 아버지의 진정한 신분(정체)을 모른 채 성장한다. 그리고 아버지의 부재는 성장의 중요한 걸림돌이자 자극제가 된다.

그러던 어느 날 그는 자신의 신분을 의심하며 자신의 정체성을 부정하는 한 인물을 만난다. 오이디푸스가 자신이 친아들이 아니라는 소문에 충격을 받고 "내가 누구인가"를 심각하게 고민했던 것처럼, 유리 역시 같은 고민에 빠지게 된다. 사실 자세한 설명을 생략했지만, 주몽도 자신의 아버지로 인해 "나는 누구인가?"라는 심각한 고민을 했던 것으로 보이며 그 대답으로 자신만의 왕국을 세울 수 있었던 것으로 보인다. 더 거슬러 올라가면서 해모수 역시 그러했을 것이다. 그가 외출을 하고 하늘에 돌아가지 않다가, 결국에는 하늘로 돌아가고 그곳에서 다시 유화를 찾지 않은 까닭은 아마도 자신의 정체성을 그곳에서 발견할 수 있었기 때문은 아닐까.

해모수와 주몽의 관계에서, 주몽과 유리의 관계를 볼 수 있다면, 유리는 부재하는 아버지의 자리를 메우기 위해서 여행을 해야 한다. 여행은 단순한 여행이 아니라, 자신의 아버지와 자신의 근원 그래서 자신의 정체성과 미래를 찾는 여행이다.

이러한 여행의 사례는 전술할 대로 수도 없이 많이 발견된다. 트

---

4) 신동흔 추천, 「이규보의 <동명왕편>」, 서대석 편, 『구비문학』, 해냄, 1997.

로이 전쟁에서 돌아오지 않는 아버지 오이디푸스를 찾아 그의 아들 텔레마쿠스는 여행을 떠나야 했다. 아들의 영행은 아버지의 그것을 기본적으로 닮았다고 해야 한다. 마찬가지로 유리 또한 아버지의 길을 따라 간다(그렇다고 그 길과 그 길에서 겪는 일이 완전히 같다는 뜻은 아니다. 정확하게 말하면, 길을 떠난다는 사실이 근원적으로 동일하다는 뜻이다).

유리는 아버지가 남긴 지혜의 관문을 넘어야 했다. 수수께끼로 즐겨 형상화되는 이러한 암시는 아들이 아버지의 위엄과 권위를 인정하고 그의 가르침에 기본적으로 따를 것인지를 결정한다. 물론 세상의 모든 아들은 그 아버지의 규율과 사회화를 내면화한다고 할 때, 아버지의 위엄과 권위를 인정하는 행위는 사회로 나갈 준비를 의미한다고 할 수 있다.

유리는 어렵게 그 관문을 넘는다. 아버지가 남긴 관문에는 지혜를 활용해야만 세상으로 나갈 기본적인 준비를 마칠 수 있다는 가르침도 포함되어 있다. 하지만 지혜만으로 모든 문제가 해결되지 않는다. 주몽도 누군가의 도움을 얻어야 했던 것처럼(명마, 어머니, 부하들), 유리도 자신을 돕는 누군가를 필요로 했다. 신화는 그것을 스스로 세우는 기둥으로 형상화했다. 유리가 길을 잘못 들고 엉뚱한 곳을 헤매고 있는 것을 한탄하는 목소리, 그 목소리는 내면의 것일 수도 있고 타인의 것일 수도 있다. 하지만 분명한 것도 있다. 그것은 그것을 얻을 준비가 되어 있는 이에게만 온다는 점이다. 그러한 측면에서 운이나 요행은 없다고 해야 한다. 소년은 이 점을 깨달았을까.

소년 유리는 다시 여행을 한다. 유리의 가출과 탈출 그리고 길 위에서의 시련은 크게 부각되지 않는다. 왜냐하면 주몽을 통해 이미 확연하게 드러난 바 있기 때문이다. 다시 가정을 해보자. 해모수는 시련이 없었을까. 있었을 것이다. 그렇다면 해모수의 시련은 무엇이었을까. 아마도 유화를 만나고, 장인과 대결하고, 유화를 떠나고, 다시 돌아오지 못하는 일련의 과정이 시련이었을 것이다. 하지만 그 역시 신화에서 크게 부각되지는 않는다. 왜냐하면 그의 아들 주몽의 이야기 속에 이미 들어있기 때문이다.

해모수의 모험과 시련, 마찬가지로 유리의 모험과 시련은, 주몽처럼 분명하게 그 이유와 과정을 보여주지는 않는다. 정확하게 말하면, 보여주지 말아야 한다. 주몽의 이야기 속에 이미 있다는 전언을 전달하기 위해서이다. 신화는 이미 있는 이야기이다. 모르는 이야기가 아니라 익히 알고 있는 이야기이다. 과거에도 있었고 현재에도 있다. 그래서 신화가 특별할 수 있다. 왜냐하면 과거에는 어떠했을까를 질문하는 이들이 그 대답을 꺼내 가질 수 있기 때문이다. 주몽의 이야기를 보면 해모수의 시련을 알 수 있고, 더 거슬러 올라가면서 어떻게 해모수의 아버지가 천제일 수 있는가도 알 수 있다. 그 천제 역시 자립의 길을 걸어 누군가의 침략을 물리치고 자신만의 영역을 구가할 수 있었을 것이다.

거꾸로 말하면 유리는 어떻게 아버지가 되고, 새로운 영역의 주인이 될 수 있을지 알 수 있다. 유리는 아버지를 찾는 모험을 떠났고, 그것은 결국에는 아버지를 거부하고 자신을 찾는 모험으로 끝날 것이다. 그 예측대로 주몽은 어느새 사라졌고, 아버지의 모든 것(옥편)

을 손에 쥔 또 하나의 남자가 나타났다.

그 증거는 옥편에 있다. 옥편은 왕홀이고, 왕홀은 왕의 상징이자 권력이다. 더구나 주몽의 채찍은 경쟁자이자 선배이자 이전 지도자였던 송양의 국가를 뺏을 때 사용되면서, 권력과 탈취 그리고 새로운 왕의 탄생을 예고하는 비범한 상징이었다. 그 상징이 비류왕 송영에서 그의 경쟁자인 주몽으로 넘어왔고, 결국에는 주몽에서 아들 유리에게로 넘어왔다. 옥편의 이동은 유리가 그 어떤 경쟁자보다 무서운 경쟁자일 수 있음을 알려준다. 아버지와 아들 사이에만 존재하는 주고받는, 쫓고 쫓기는, 그리고 물려주고 물러나야 하는 기묘한 경쟁과 시련을 의미한다.

한 가지 확실한 것은 아버지와 아들이 걸어서 만나는 지점에서 아버지는 사라지고, 아들은 남는다는 것이다. 그것은 아버지에게는 현재의 시련이고, 아들에게는 미래의 시련이 된다. 그러니 시련은 계속될 것이고 모험 역시 계속될 것이다.◆

03

짝을 구하고 적을 나누다. :
내가 도울 이들을 돕고 내가 가야 할
길에서 적과 상봉하다.

1. 적을 찾는 모험

그리스 로마 신화의 영웅 중에서 페르세우스는 손꼽히는 매력을 지닌 영웅이다. 그-페르세우스도 매력적이지만, 그가 수행하는 모험도 매력적이기 이를 데 없다. 모든 신화가 그러하듯 그 역시 버려진 아이였는데, 그의 모험을 이해하기 위해서라도 출생 내력을 살펴볼 필요가 있다. 그리스 로마 신화의 집대성자이자 현대 신화의 근간을 마련한 토마스 불핀치의 정리를 이용하겠다.

"페르세우스는 제우스와 다나에 사이에서 난 아들이다. 페르세우스의 외조부 되는 아크리시오스는 자기가 외손자 손에 죽게 될 것이라는 신의 뜻을 읽고는 딸 다나에와 외손자 페르세우스를 상자에 가두어 바다에 띄워 버렸다. 상자가 세리포스 섬으로 떠내려가자 한 어부가 이를 발견하고는 건져냈다. 이 어부는 다나에 모자를 섬의 왕 폴뤼덱테스에게 데리고 갔다. 왕은 이 모자를 따뜻하게 맞아 주었다. 페르세우스가 장성하자 폴뤼덱테스는, 예부터 그 섬을 위협하는 무서운 괴물 메두사를 퇴치해 줄 것을 요구했다. 메두사는 원래, 머리 결이 특히 곱기로 소문

난 아름다운 처녀였었다. 그런데 이 메두사가 감히 아테네 여신과 그 아름다움을 겨루려 한 것이 그만 아테네를 몹시 노하게 했다. 아테네는 메두사의 아름다움을 거두고 그 머리카락이 올올이 쉭쉭 소리를 내는 뱀으로 만들어 버렸다. 메두사는 이렇게 해서 잔인한 괴물이 되었는데, 사람이든 짐승이든 한 번 보기만 해도 모두 돌이 되어 버릴 만큼 그 얼굴이 그렇게 무시무시했다. 메두사가 사는 동굴 근처에는 석상이 즐비했는데 이 모두가 그 얼굴을 보고 돌이 된 인간들의 석상이었다. 페르세우스는 아테네와 헤르메스의 총애를 받던 처지라 아테네로부터는 방패를, 헤르메스로부터는 신기만 하면 마음먹은 대로 날 수 있는 신발을 빌릴 수 있었다. 페르세우스는 이런 비기(秘器)로 무장하고 메두사가 잠자고 있는 동굴로 숨어들었다. 그리고는 그 얼굴을 보지 않도록 조심하면서, 빛나는 방패에 비치는 메두사의 모습을 겨냥하여 목을 잘라 버렸다. 페르세우스는 이 메두사의 머리를 아테네에게 바쳤다. 아테네는 이것을 자기 아이기스 방패 한 가운데에다 붙였다."[5]

페르세우스는 자신을 경계하는 할아버지의 손에 의해 유기된 아이였다. 흥미로운 점은 어머니 다나에 역시 함께 유기된 점이다. 페르세우스 모녀가 상자에 갇혀 바다로 버려졌다는 설정만 제외한다면, 하백에 의해 유기된 유화의 설정과 매우 흡사하다고 하겠다. 임신한 유화(주몽이 해모수의 아들이라면)가 하백에 의해 감금당했다면, 출산한 다나에는 아버지 아크리시오스에 의해 버려진 것이다. 어떠한 상황이든 페르세우스는 버려졌고, 그 역시 자신을 버린 그 누군가를 처단할 운명을 물려받는다.

페르세우스 역시 모험에의 소명을 납득하고 적과 상대하기 위해

5) 토마스 불핀치, 최혁순 옮김, 『그리스 로마 신화』, 범우사, 1991, 160∼161면.

서 자신이 살아온 정든 집을 떠나야 했다. 그가 상대해야 할 적은 그리스 신화에서도 손꼽히는 괴물 메두사이다. 그런데 한 가지 흥미로운 점이 있다. 그것은 메두사의 진짜 신분인데, 그녀는 최초에는 아름다운 여인이었다. 그것도 아테네와 미모를 겨룰 정도로 아름다운 여인이었고, 아테네는 인간의 교만을 핑계로 그녀를 괴물로 만들었다. 아름답던 머리카락은 뱀이 되었고, 다른 인간뿐만 아니라 모든 세상의 창조물을 꼼짝 못하게 하는(돌로 만드는) 저주를 부여했다.

하지만 늘 그렇지만 메두사는 아테네에게 두려움을 안겨주는 존재였다. 그리스 신화의 아름답고 재주 많은 여인들이 그러했듯, 그녀들은 평탄하지 않은 인생을 살게 된다. 자수가 뛰어났던 아라크네는 거미가 되어야 했고, 아름다운 머리칼의 메두사는 천하의 둘도 없는 추물이 되어야 했다. 아라크네나 메두사를 벌준 이가 지혜의 여신 아테네라는 점은 묘한 반항심을 불러일으킨다.

이성이 지혜이고 이 지혜를 관장하는 신이 아테네라면, 이 아테네는 여성의 여성다움과 아름다움 그리고 그 교만을 용서하지 않는다는 잠언으로 해석된다. 뿐만 아니라, 여성의 아름다움은 영원하지 않으며 곧 그 만큼의 추함으로 변형될(추락할) 수도 있다는 뜻으로 해석된다.

그렇다면 우리는 메두사를 신화 속의 손꼽히는 추한 괴물로 볼 것이 아니라, 원래의 아름다운 처녀 그 자체로 해석할 수도 있다. 섬에는 너무나 아름다운 여인이 살았다고 할 수 있다. 이 여인은 그 아름다움으로 인해 적지 않는 평지풍파를 불러왔을 것이다. 위의 신화에서는 그 상황이 생략되어 있지만, 헬레나를 생각하거나 황진이의 예를 참조하면 대충 짐작할 수 있을 것이다.

메두사를 향한 남성들의 열정은 도가 지나쳐 뭇 여인들의 미움을 샀을 것이고, 메두사는 육체적 아름다움을 지닌 여인이지만, 마음이 사갈 같고 평판이 좋을 수 없는 악녀로 전락했을 것이다. 그녀의 아름다운 머리칼은 세인의 입과 귀를 타면서 뱀의 사악함으로 물들었다. 페르세우스는 이 여인의 문제를 해결해야 했다.

하지만 이 여인은 너무나 아름다워서 접근하는 사람들의 이성을 마비시킬 정도이다. 신화 속에서 돌이 되었다는 사람들의 모습은, 이성적 판단과 잣대로 평가하거나 수정할 수 없는 그녀의 미모나 매력을 상징한다고 하겠다. 페르세우스는 이러한 미모에 현혹되지 않기 위해서 그녀의 얼굴을 똑바로 쳐다보지 않으려 한다.

아무리 마음을 다 잡아 먹는다고 해도 그녀의 화려한 미모 앞에서 저항할 엄두를 내지 못했다고 해야 할 것이다. 이 피 끓는 남자는 그녀의 미모에 현혹되지 않으려고 애쓰며, 자신에게 수행된 업무를 완수했다. 프시케에게 접근한 에로스마저 실패했던 '이성 마비'의 관문을 넘은 셈이다.

신화 속에서 페르세우는 메두사의 머리를 베는 용사로 나오지만, 아마 현실 속의 그는 아름다움과 유혹에도 불구하고 마음의 평정을 찾을 수 있으며 그래서 미모 그 자체보다는 그녀의 진정한 실체를 구경하려는 노력을 하는 인물로 보는 편이 보다 온당한 해석일 것이다. 그는 메두사를 보고 그녀와 함께 세상의 중요한 임무를 도모했지만, 그녀의 미모로 자신-페르세우스의 인생을 망치는 우를 범하지 않았다. 사실 이것은 남성들에게 대단히 힘든 일이 아닐 수 없다는 점에서, 내면의 평정을 찾은 성장한 인간(어른)의 상태를 가리킨다고 볼 수 있다.

2. 짝은 찾는 모험

페르세우스의 모험은 메두사의 시련으로 끝나지 않는다. 왜냐하면 메두사의 의미가 완전히 실현될 수 없기 때문이다. 메두사는 괴물이지만, 모험을 만나야 할 어떤 대상의 반쪽이거나 1/3에 불과하기 때문이다.

> "페르세우스는 비행을 계속하여 에티오피아 인들이 사는 나라인 케페우스의 왕국에 이르렀다. 케페우스의 아내 카시오페이아는 제 미모를 뽐내면서, 감히 바다 요정들의 아름다움에다 비교한 일이 있었다. 이 때문에 단단히 화가 난 바다 요정들은 거대한 괴물을 보내 이 나라 해안을 아주 못쓰게 만들었다. 이 바다 요정들의 노기를 가라앉히기 위해 케페우스는 신탁을 청했는데, 신탁에 따르면 딸 안드로메다를 바쳐야 요정들의 분노가 가라앉겠다는 것이었다. 케페우스는 신의 뜻대로 했다. 하늘에서 아래를 내려다보던 페르세우스의 눈에, 사슬로 바위에 묶인 채 바다 괴물인 큰 뱀을 기다리는 처녀가 보였다. 얼굴이 창백한 이 처녀는 사슬에 묶인 채 미동도 하지 않았으니, 뺨에 흐르는 눈물과, 바람에 나부끼는 머리카락이 아니었더라면 페르세우스도 그저 대리석상이라고 여겼을 터였다. 페르세우스는 처녀의 아름다움에 어찌나 놀랐는가 하면, 비행화의 날갯짓하는 것까지

<u>잊을 뻔 했을 정도였다.</u> 페르세우스는 안드로메다의 머리 위를 선회하면서 말을 걸었다.

"오, 처녀여! 사랑하는 이들을 하나로 묶는 사슬에 묶여 있어야 마땅한 그대가 그런 사슬에 묶여 있다니. 말해 주오, 그대가 사는 이 나라 이름을, 그리고 왜 이 지경이 되었는지 그 까닭을."

안드로메다는 처음에는 처녀답게 아무 말도 하지 않았다. 할 수만 있었다면 두 손으로 얼굴까지 가렸으리라. 그러나 페르세우스가 되풀이해서 묻자, 잠자코 있으면 상대가 제 입으로는 차마 말 못할 잘못이라도 저지른 줄 오해할까 봐 자기 이름과 나라와 그리고 어머니가 아름다움을 뽐내다 그런 일을 당하고 있다고 밝혔다. 그러나 처녀의 이야기가 채 끝나기도 전에 바다 저쪽이 시끌벅적해졌다. 괴물이 나타난 것이었다. 나타난 괴물은 머리를 바다 위로 불쑥 내민 채 넓은 가슴으로 물결을 가르며 돌진해 왔다. 처녀는 비명을 질렀다. 아버지 어머니도 그 곁에 있었으나, 딸을 구할 수 없는지라 발을 구르며 애만 태웠는데 특히 어머니 쪽이 더 그랬다. 두 사람은 어떻게 손을 써볼 수 없어, 그저 통곡하며 딸을 껴안으려 했을 뿐이었다. 페르세우스가 외쳤다.

"눈물은 나중에 얼마든지 흘릴 수 있습니다. 지금 급한 것은 한시바삐 처녀를 구하는 일입니다. 나는 제우스신의 아들이며, 고르곤의 정복자이니 처녀에게 구혼할 자격은 이로써 넉넉하지 않겠습니까. 나는 신들께서 은총을 내리신다면, 기왕의 내 공훈에다 덧쌓을 공훈으로 처녀를 얻고자 합니다. 내 공훈으로 처녀가 구조될 경우 나는 상으로 바로 저 처녀를 요구하는 바입니다."

청년 페르세우스는 몸을 솟구쳐 하늘로 날아올랐다. 그리고는 하늘 높은 데서 햇볕을 쬐다가 뱀을 발견한 독수리가 수직으로 내리꽂아 그 목을 물고 비틀어 뱀에게 독니 쓸 기회를 주지 않는 것처럼, 청년 페르세우스도 그렇게 괴물의 등줄기로 날아내려 그 겨드랑이를 칼로 찔렀다. 상처 입은 괴물은 미쳐 날뛰다 못해 하늘 높이 몸을 솟구쳤다가는 바다 속으로 쑥 들어가곤 했다. 괴물은 낭자하게 짖어 대는 사냥개 무리에 둘러싸인 멧돼지처럼 좌우로 몸을 돌리며 페르세우스를 공격했다. 그러나 청년은 날개 덕분에 그런 공격을 쉬 피할 수 있었다. 청년 페르세우스는 비늘 사이로 맨살이 보일 때마다 옆구리, 배 그리고 등에서 꼬리 쪽으로 내려가며 닥치는 대로 푹푹 찔러 상처를 입혔다. 해변에 모여 있던 군중은 산이 울릴 만큼 큰 소리로 환성을 울렸다. 딸의 부모는 기쁨에 겨워 이 장래의 사위를 껴안고는 '케페우스 일문(一門)의 구주(救主)이며 구제자'라고 부르기까지 했다. 이렇게 해서, 괴물과 벌이게 된 싸움의 꼬투리이자 승리의 상품이기도 한 처녀는 사슬에서 풀려나 바위에서 내려올 수가 있었다."6)(밑줄:인용자)

메두사라는 희대의 괴물을 물리친 페르세우스는 일시에 귀환하지 않는다. 다른 신화(서)에서는 귀환하는 길로 묘사하고 있는 경우도 있지만, 사실 그렇게 명확하게 규정할 정도의 귀환로는 아니었던 것 같다. 그는 여기저기를 떠돌면서 방황과 방랑을 일삼았는데, 이 글에서는 소개하지 않았지만, 아틀라스를 만나 그를 메두사의 머리로 석화시키는 사건을 저지르기도 한다. 중요한 삽화이기는 하지만 꼼꼼하게 들여다보는 일은 다음으로 미루기고 한다.

더욱 중요한 방황이자 방랑은 위의 에티오피아에서 찾을 수 있다. 공중을 날던 페르세우스는 눈에 띌 정도로 아름다운 미녀가 줄에 묶여 고초를 겪고 있는 것을 목격한다. 위의 신화에서도 기록했듯이, 줄 밑에는 그녀의 무사귀환을 기다리는 왕과 왕비가 걱정스러운 얼굴로 지켜보고 있고, 백성들도 초조와 불안으로 사태의 추이를 주시하고 있다. 최근 할리우드에 이 대목을 수용한 <타이탄(Clash Of The Titans, 2010)>에서는 형틀에 묶인 안드로메다를 침범하는 괴물을 직접적으로 형상화하여 적수(괴물)과의 대결(모험)을 재조명했다.

---

6) 토마스 불핀치, 최혁순 옮김, 『그리스 로마 신화』, 범우사, 1991, 163~165면.

그 만큼 위기에 처한 공주와, 여체를 침탈하는 괴물의 선명한 대조가 관심을 끄는데, 이러한 구도는 신화에서 즐겨 차용하는 붙잡힌 공주와 이를 구하는 기사의 구조를 따르고 있다. 아름다운 공주가 괴물에게 붙잡혀 가고, 그녀를 구하려는 용감한 남성(기사)가 천신만고 끝에 공주가 있는 곳에 도착하여, 괴물(주로 용)을 물리치고 여성을 구해 결혼에 이른다는 '잠자는 숲속의 공주' 류의 신화 구조인 셈이다.

페르세우스는 하늘을 나는 신발과, 천하의 명검, 그리고 세상을 비추어 볼 수 있는 방패, 심지어는 비밀 명기인 메두사의 머리까지 가지고 이 엄청난 괴물(바다괴물)과 사투를 벌인다. 여인을 구하고 왕국을 얻기 위해서이다. 사실 신화나 영화(<타이탄>)에서 그리고 있는 바다 괴물은 뱀과 용의 형상을 닮아 있다. 서양의 기사 전설에서도 공주를 지키는 자는 용이고, 심지어는 할리우드 애니메이션 <슈렉>에서도 이러한 모티프를 반복될 정도로 전형적이라고 하겠다.

이러한 구도는 현대의 서사물에서도 사실 수도 없이 반복되고 있다. 일일연속극에 등장하는 하녀형 여자와, 재벌 2세의 만남과 결혼. 여기서 용의 역할을 맡은 이들은 재벌 2세의 부친이나 모친이고, 사회적 편견이다. 하지만 재벌 2세의 용기는 기사의 창처럼, 가난과 멸시의 탑에서 공주가 될 하녀를 구출한다. <귀여운 여인>은 재벌 2세를 기업가로, 하녀형 여자를 거리의 창녀로, 기사가 탈 말을 하얀색 리무진으로, 여성이 갇힌 탑을 빈민가의 싸구려 아파트로 바꾸었다. 심지어는 클로징 씬(closing scene)에서 꽃을 든 신사가 '고소공포증'이라는 엄청난 상대(위협)를 물리치고 결국 비상계단을 올라가 여인을 포옹하는 것으로 탑에서의 공주 구출을 변용하고자 했다.

정리해서 말하면, 갇힌 여인, 등장하는 괴물, 속수무책인 주변 사람들, 그때 등장하는 용감한 영웅(기사)는, 아름다운(가치를 지닌) 여성을 얻는 신화 속 대표적인 이야기이고, 반복되는 구조이며, 현실을 반영하는 모티프이다. 그 이야기의 틀과 신화의 구조와 삶의 모티프는 지금도 반복되고 있으며, 앞으로도 반복될 것이다. 페르세우스의 모험―굳이 귀환로라는 핑계를 대면서까지 에티오피아를 들려야 했던 필연적 이유는 안드로매다를 얻는 과정이 필요했기 때문이다. 영웅에게는 적도 필요하지만, 짝도 필요했던 것이다. 그래서 신화는 적을 구할 필요도 있고, 짝을 구할 필요도 있었다고 해야 한다.

천하의 유명한 괴물 메두사는 다시 주목된다. 메두사는 사실 페르세우스를 미혹시킬 수 있었던 어떤 여인의 형상에서 출발했다고 말한 바 있다. 지금은 이그러진 신체로 인해 추물이 되었다고 몰아붙이고 있지만, 사실 메두사는 미인이었고 그것도 세상의 최고를 다툴 정도의 미녀였다.

안드로메다도 마찬가지이다. 그녀의 어머니가 이미 여신의 반열에 오를 정도 탁월한 미모를 자랑했으니, 그녀의 미모는 불변이었을 것이다. 신화도 페르세우스가 소명되지 않는 모험에 뛰어들 정도로 그녀의 미모가 압도적이었다고 말하고 있다.

그렇다면 왜 페르세우스는 메두사의 생명은 뺏어야 했고, 안드로메다의 생명은 구해야 했을까. 아테네의 당부를 상기해보자. 아테네는 페르세우스를 총애하는 여신이었다. 그녀는 페르세우스의 부친 격인 제우스의 분리될 수 없는 영혼을 가진 신이었다. 제우스의 머리가 갈라지면서도 탄생했다는 신화상의 설정은 그녀가 페르세우스의 또 다른 부모의 반열에 오른 인물임을 암시한다. 무엇보다 아테네 자신이 페르세우스의 모험을 지시했고, 또 후원했다.

그러한 존재가 누구일까. 혹 아테네는 페르세우스의 실질적인 어머니라고 해도 무방하지 않을까. 이 어머니는 페르세우스를 살뜰하게 돌보는 어떤 보모라고 해도 좋을 것이다. 그런데 아테네는 메두사를 싫어했고, 용납할 수 없었다. 현실에서 아들이 사랑하는 여인을 용납하지 않는 어머니도 있고, 아들을 사랑하는 여인을 수용하지 않으려는 어머니도 있다. 물론 두 가지 성향을 다 가진 어머니도 있다.

아테네는 아들이나 마찬가지인 페르세우스에게 적당하지 않은 메두사를 용납하지 않았고, 지참금과 막강한 배경을 가진 안드로메다는 반대로 수용할 수 있었던 것은 아닐까. 이것은 가정이지만, 메두사와 안드로메다는 아름다운 여성이고 페르세우스를 어떠한 방식으로든 놀라게 한 여인이지만, 선택을 받고 안 받고의 극단적인 대립 양상을 보였다. 물론 선택을 받지 않는 쪽의 메두사는 비천한 신분이었다는 점에서 아테네의 마음에 들지 않았음이 거의 확실하다.

페르세우스에게는 어떠했을까. 페르세우스는 메두사를 죽이고 나서 아틀라스와 겨룰 때 복잡한 쟁투를 거치지 않고 메두사의 머리를 활용해서 아틀라스를 물리친다. 메두사의 머리는 페르세우스 본연의 능력은 아니라고 할 때, 그는 그 싸움에서 자신의 모든 것을 보여줄 필요는 없었다고 해야 한다. 이기기만 하는 싸움이었다.

하지만 안드로메다와 그녀의 부모 앞에서 벌어지는 싸움은 양상이 달랐다. 페르세우스는 편리한 메두사를 끝까지 활용하지 않는다(안드로메다를 구해내고 난 이후에 벌어진 구 약혼자와의 다툼에서는 사용한다). 그는 칼로 그 거대한 괴물의 여기저기를 상처내면서 오히려 어려운 싸움을 진행한다. 왜 일까? 적어도 그는 안드로메다를 자신의 본연적 능력으로 구해야 했으며, 그를 통해 남편의 자격을 증명해야 했다. 그 이유까지는 확실하게 증명할 수 없었지만, 페르세우스에게 안드로메다를 둘러싼 모험은 짝을 찾기 위한 모험이었다고 해야 한다.

3. 짝이 적이 되기도 하고, 적이 짝이 되기도 한다.

그런데 실상 적과 짝은 다른 존재가 아니다. 메두사가 짝이 될 수도 있고, 안드로메다가 적이 될 수도 있다. 만일 메두사를 페르세우스가 짝으로 골랐다면, 그는 아테네와의 불화와도 감수해야 했을 것이다. 실제로 이러한 신화는 다양하게 분포한다. 입장만 바꿀 수 있다면, 아프로디테/에로스/프시케의 관계는 '변화된 메두사'에 의한 구도를 보여주는 미래형신화일 것이다.

앞에서 페르세우스가 안드로메다를 사랑하게 된 이유를 정확하게 모른다고 했지만, 사실 그 이유는 보편적인 차원에서는 존재하지 않는다고 보아도 무방하다. 사랑에 대한 많은 진실을 다룬 작품을 보면, 사랑이 가변적이고 또 무목적적이라는 사실을 인정하지 않을 도리가 없다. 오늘 안드로메다를 사랑했다고 해서 내일도 사랑하라는 법은 없다. 마찬가지로 어제까지는 둘도 없는 괴물이며 악당이며 천하의 재앙이지만, 그러한 메두사가 아내가 되지 말라는 법도 없다.

사랑의 이유는 개별적으로 존재하지, 보편적으로 존재한다고 보기 어렵다. 페르세우스의 선택(그렇게 말할 수 있다면)은 이러한 사랑의 가변성과 결혼의 유동성을 잘 설명한다. 아름다운 머릿결로 남자를 남편으로 만들었던 여인이 어느 날 남편을 공포로 떨게 만들 수 있는 것이 결혼이며, 객관적으로 사랑할 이유가 없음에도 불구하고 연민을 느껴 그 자리에서 목숨을 걸게 만드는 것이 연애일 수 있다. 페르세우스 신화에서 삽화 간의 고리가 느슨한 것도 이러한 연애와 결혼의 가변성 때문일 것이다.

만일 이러한 가정을 수용하고 짝과 적이 뒤바뀌거나 변동할 수 있다는 전제를 허용한다면, 페르세우스의 모험은 짝이 될 사람을 구하는(돕는) 이야기이면서 동시에 인생의 적이 될 사람도 구하는(찾는) 이야기일 수 있다.

신화는 넌지시 일러준다. 짝과 적이 기실 다르지 않다는 사실을 말이다. 영화 <슈렉>은 페르세우스나 중세 기사의 설화 혹은 백마 탄 왕자의 서사류에서 한 가지 변형을 가해, 상당히 흥미로운 결론과 변화를 이끌어내었다.

그것은 신화의 변형으로 일단 설명할 수 있다. 괴물 슈렉은 탑에

간힌 기막힌 미모의 공주를 구하지만, 그 공주는 결국 슈렉을 왕자로 만들지는 못한다. 개구리 왕자 류의 서사에서 공주는 마법에 걸린 왕자에 의해 구출되고, 그 구출로 왕자는 본래의 외모를 되찾아야 한다. 혹은 마법에 걸린 공주의 잠이 깨듯, 공주는 더욱 아름다운 존재로 바뀌어야 한다.

하지만 '슈렉'은 괴물에서 인간으로, 못 생긴 존재에서 잘 생긴 존재로 변화하지 않는다. 그렇다고 공주가 아름다워지지도 않는다. 공주가 괴물이 되고, 그 마법은 깨어지지 않는 환상이 아니라 현실이 되고 만다. 공주는 '처녀'가 아닌 '아줌마'가 되고, '아름다움'이 아닌 '현숙함'으로 평가되고 만다.

페르세우스는 이러한 서사의 변형에 도달하지는 못한 단계의 신화이다. 페르세우스는 권력자이자 영웅으로, 안드로메다는 미인이자 처녀이자 보물로 남게 된다. 다만 메두사와 아테네 그리고 안드로메다가 형성하는 미묘한 여성의 삼각형은 그녀들의 선택이 곧 현실의 강한 영향력 아래에서 형성된 결과임을 말해준다. 그 말은 곧 페르세우스는 모험을 통해 짝을 만났고, 그 과정에서 세상 많은 남자들이 그러하듯 적도 만들어갈 수밖에 없었음을 알려준다. 헤어진 여자들, 결합할 수 없는 여자들, 상처 입히거나 입은 여자들, 잘못과 관련 없이 상처 받은 여자들이 있을 수밖에 없으며, 그로 인해 페르세우스의 선택이 때로는 연애의 적이자 필생의 적인 메두사를 탄생시킬 수도 있었고, 현숙함의 상징이자 온유함의 상징인 안드로메다를 탄생시킬 수도 있었다.

그 모든 짝과 적은 사실 종이 한 장 차이도 나지 않고, 모두 인생의 과정에서 어떠한 방식으로든 구하고(찾고), 구해야 하는(돕는) 존재여야 한다는 사실을 기억할 필요가 있다. 오히려 적은 갈수록 가까워지고, 짝은 갈수록 멀어지는 기묘한 아이러니를 경험하게 되기도 한다.◆

04

나를 만나기도 하고
아버지를 죽이기도 하다.

1. 현대의 신화 〈스타워즈〉

죠셉 켐벨은 〈스타워즈〉가 '20세기의 신화'에 해당한다고 말한 바 있다. 의미를 넓힌다면 영화(장르) 자체가 20세기의 신화에 해당하는 것도 부인할 수 없는 사실이지만, 그중에서도 〈스타워즈〉는 신화의 구조와 요소를 너무나 명확하게, 그래서 때로는 너무나 분명하게 보여주는 사례인 것 역시 부인할 수 없다.

〈스타워즈〉는 어릴적 외톨이였던 조지 루카스가 공상으로 만들어 놓은 초벌 이야기에서 연원한다. 조지 루카스는 또래 친구들과 잘 어울리지 못하는 성격의 인물이었고, 그래서 자신만의 공상을 펼칠 공간이 필요했다. 이러한 유년의 배경은 버려진 아이에서 출발하는 신화의 구조와 어딘가 유사하다. 물론 더 중요한 것은 조지 루카스가 신화의 인물을 담고 있느냐 그렇지 않느냐에서 벗어나, 조지 루카스 역시 인간이면 응당 겪게 되는 심리적 외로움에서 이를 벗어날 방법으로서의 모험을 강구했다는 점이다. 기원전 그리스의 이야기꾼들이나, 고대 동양의 기록자들, 저 멀리 아메리카에서 '케찰코아틀 (Quetzalcoatl)'의 발자취를 언급한 이들은 모두 영웅의 어떠한 형상을 그려내고 있다. 그것은 신화가 인간의 원형성을 바탕으로 하고 있기 때문에, 지리적으로 분리되고 시대적으로 유리된 문명에서도 비슷한 유형이 나타날 수밖에 없다.

<스타워즈>는 미국 영화이고, 가장 상업적인 영화이고, 또 블록버스터의 대명사이지만, 동시에 그러한 일반성이 생겨나는 이유 역시 존재한다고 해야 한다. 그것은 <스타워즈>가 일반인이 요구하고 염원하는 신화의 보편성을 따르고 있고, 그로 인해 신화가 부재하는 시대에 '신화의 힘'을 구현하는 실질적인 사례가 되었기 때문이다. 사실 이러한 <스타워즈>의 위치 자체는 흥미로운 사안이 아닐 수 없다.

하지만 <스타워즈>를 일반적인 상업영화로 간주하는 시선은 막강하다. 박스 오피스에 어떠한 순위를 차지했건, 전 세계적으로 얼마만큼의 사람들이 열광하건, 영화의 고유성과 완성도 그리고 작가적 전언을 따지는 이들에게 이 영화는 대중들이 즐기는 상업영화 그 이상은 아닐 것이다.

그럼에도 이러한 반응을 섭섭하게 생각할 필요는 없다. 왜냐하면 신화 역시 동일한 위상을 지니기 때문이다. 신화는 고급스러운 이야기이기 때문에 중요한 것이 아니고, 독창성이 보존되었기 때문에 주목되는 것이 아니다. 오히려 신화는 쉽고, 간단하고, 즉각적이고, 그래서 누구나 알 수 있고, 동시에 알고 있다고 믿기 때문에(비록 그러한 믿음이 착각일망정), 신화로 남을 수 있었다. 그래서 신화는 그 이후에 오는 문학이나 예술, 혹은 연극이나 영화, 심지어는 그림, 음악, 공예, 문장, 디자인 등에 활용될 수 있다. 신화에 대해 많이 알고 있는 사람들이, 역시 많기 때문이었다.

2. 〈스타워즈〉의 충격

〈스타워즈〉는 전체 시리즈를 통어하는 영화의 대표 제목이기도 하지만, 에피소드 별로 본다면 서사 상으로 네 번째 작품에 해당하는 각 편의 제목이기도 하다. 실제로 〈스타워즈〉 에피소드 1~3은 아나킨 스카이워커의 성장과 다스 베이더로의 변모에 초점을 맞추고 있다. 사실 이 시리즈가 먼저 구현되어야 했음에도, 당대의 많은 이들(제작자, 연기자, 관람자)이 주인공이 악으로 물드는 스타일은 기피했기 때문에, 〈스타워즈〉는 그 이후의 이야기인 에피소드 4부터 만들어진다.

〈스타워즈〉 에피소드 4~6은 아나킨 스카이워커의 아들인 루크 스카이워커의 이야기에 해당한다. 전쟁으로 아버지를 잃은 젊은 루크는 외삼촌 가족과 함께 우주의 외곽에서 농사를 짓고 살고 있는 젊은이로 소개된다. 부모에게서 버려졌고, 신분이 낮으며, 인생과 세계의 중대한 흐름으로 편입하지 못한 상태로 외곽과 주변과 경계에서 살아야 하는 소외된 처지를 적극적으로 그려내고 있는 설정인 셈이다.

하지만 루크는 우주에서 벌어지는 전쟁에 관심을 가지고 있었고, 그로 인해 자신의 고향별을 벗어나고 싶어 하는 욕구로 가득했다. 하지만 삼촌은 이를 허락하지 않았다. 아직은 모험에의 소명이 작동하지 못하는 상태인 셈이다. 하지만 그 기회는 의외로 급작스럽게 찾아왔다. 적군의 침입으로 (외삼촌) 가족이 죽고 홀로 남은 루크는 그를 가르치는 스승 케노비의 인도 하에 우주로 나와야 했다.

신화의 가르침대로 하면, 버려졌던 소년은 모험을 떠나야 한다는 계시를 받고 세상의 한 복판으로 나아가 모험을 하게 되는 것이다. 이러한 모험은 제다이가 되는 과정으로 형상화되어 있고, 우주를 지배하려는 제국과 악의 세력에 대항하는 전쟁으로 형상화되어 있다. 그러니까 루크는 저항군(제국군의 입장에서는 반란군)의 편에 서서 악의 세력과 맞서야 한다. 이 악의 세력을 이끄는 주축이 다스 베이더였다.

<스타워즈> 에피소드 4는 집을 떠나 제다이의 길로 들어서는 루크를, <스타워즈> 에피소드 5는 본격적인 수련의 길로 접어드는 루크를 그리고 있다. 특히 <스타워즈> 에피소드 5는 놀라운 반전을 숨긴 시리즈물로, 중도에 나타나는 하나의 대사는 영화사의 놀라운 발견으로 즐겨 언급될 정도이다.

"I am your father."

이 말은 루크에게 큰 혼란을 불러일으키고, 관객들에게는 에피소드 4부터 다시 영화적 설정을 점검해야 하는 필요성을 인식시킨다.

루크는 아버지가 죽었다고 알고 있었고, 루크를 우주를 끌어들이는 과정에서 케노비는 아버지를 죽인 사람이 다스 베이더라고 말하며 루크의 복수심을 불러일으키고자 했다. 이 말은 루크를 움직이는(모험하고 상상하는) 중요한 동력으로 작용한다. 그에게 어둠의 포스는 절대 악이었는데, 그러한 악에 대항해야 하는 이유 중에는 아버지의 복수도 포함되어 있었던 것이다.

하지만 다스 베이더는 자신이 친아버지이고, 자신과 함께 황제를 죽이고 권력을 쟁취하자는 제안을 하는 악덕한 자였다. 함께 할 수 없는 적이었고, 물러설 수 없는 남이어야 했다. 하지만 실제로 그는 아버지였고, 자신의 근원이자, 전신이었다고 해야 한다.

아들은 고민에 빠진다. 하지만 결론은 이미 준비되어 있었다. 아버지를 죽여야 한다는 것, 그것만이 그가 세상에서 할 수 있는 일들을 수행할 수 있도록 만드는 유일한 전제였고 그가 모험을 떠나야 하는 이유였으며 이 세상에서 살아가야할 선결 조건이었다. 루크는 아버지를 죽임으로써만, 그토록 염원하던 우주 전쟁에서 승리할 수 있는 여건을 만들 수 있었다. 하지만 이 길은 정말 쉽지 않았다.

아들의 고민은 이미 예견된 것이었다. <스타워즈> 에피소드 5에서는 다코바 행성에서 마지막 남은 제다이 마스터 요다에 의해 수련되는 루크 스카이워커의 모습이 제법 상세하게 그려져 있다. 루크는 상당한 나이에도 불구하고 어쩌면 자신에게 주어진 마지막 기회를 성장의 계기로 활용하고자 안간힘을 쓰고 있었다.

하지만 시련은 만만하지 않았다(언제나 시련은 만만하지 않다). 특히 그 시련은 중요한 두 사람과의 대면을 예비하고 있었다. 자신의 깊은 마음속에 감추어진 또 다른 나와, 나의 전신이자 시작인 아버지가 그들이다. 신화는 이 두 사람을 별개로 생각하지 않는다. 어떠한 경우에는 '내면 깊숙한 곳의 나' = '아버지' = '필생의 숙적' = '사악함'이 모두 하나로 여겨지기도 한다. <스타워즈>는 이를 단적으로 보여주는 20세기의 신화(영화)였다.

다코바 행성에서 수련 중인 루크에게 요다는 한 가지 제안을 한다. 어둠의 동굴로 들어가라고 한 것이다. 그곳에 무엇이 있는지, 왜 들어가야 하는지, 어떻게 그 동굴을 빠져나와야 하는지에 대해 일절 함구하고, 요다는 무작정 루크의 동굴 탐사를 종용한다.

루크가 어둠의 끝에서 만난 사람은 필생의 적으로 생각했던 다스 베이더(환영)이었다. 당황하고 긴장한 루크는 광선검으로 대항하고자 했고, 상대 역시 동일한 폭력으로 응수해왔다. 사실 <스타워즈>에서 폭력은 절대적인 매력을 지니는 요소로, 광선검이라는 전근대적 무기를 사용하는 방식은 신선하기까지 하다. 하지만 제다이의 수련 과정에서 이 중요한 무기는 가장 중요한 무기로 인정받지는 못한다. 제다이가 갖추어야 할 가장 중요한 요소는 평정심인데, 이 평정심이 궁극적으로는 싸움 없이 문제를 해결하는 지혜와 다르지 않다.

그러한 측면에서 적과 그 의사를 알아보지도 않고, 먼저 광선검과 폭력성을 드러낸 루크는 완성되지 못한 자아를 뜻한다. 문제는 그 자아가 바라보는 긴장의 대상이다. 비록 환영이지만 그 환영이 내면의 윤곽을 보여준다고 할 때, 루크는 다스 베이더라고 하는 절대적 악에 대한 경계를 내면의 기준과 동력으로 삼고 있음을 알 수 있다. 절대 악을 만나는 순간 자신은 그 악을 물리쳐야 하고, 그 대상이 누구인지를 확인하는 작업은 그다지 중요하지 않게 된다.

흥미로운 것은 그렇게 시작된 싸움에서 궁극적인 패자는 자신이었다는 점이다. 가면 뒤에서 발견된 얼굴은 그 누구도 아닌 자신이었다. 페르소나라는 개념은 사회적 가면으로 해석할 수 있으며, 자아가 자아 내부에 숨겨둔 실체를 가리키는 용어로 변형될 수 있다. 루크의 내면에는 악에 대한 경도가 숨어 있으며, 그 경도는 폭력성과 광선검 그리고 어두운 포스와 아버지로 표상된다.

물론 어두운 포스의 대명사인 다스 베이더가 아직은 자신의 아버지라는 사실을 모르는 채, 루크는 자신 안에 분명하게 존재하는 어떠한 실체와 대면하게 되었고, 그것을 적으로, 검으로, 어둠으로, 결과적으로는 아버지로 인식하게 된다(아버지로 이해하는 것은 클라우드 시티에서의 첫 번째 광선검 대결 직후이며, 그때 아버지이자 적으로서의 다스 베이더의 결정적 한 마디를 듣게 된다).

이러한 인식의 순간을 주목할 필요가 있다. <스타워즈>는 이러한 인식의 순간—아버지가 적이고 그 적이 자아의 내면에 웅크리고 있으며 그 어두운 자아를 향해 달려가고자 하는 마음이 또한 살아 있다는 느낌을 심리적으로 그리고 이성적으로 인정해야 하는 순간—을 얼버무리지 않는다. 영화의 특성상 폭발적으로 그 장면을 드러내고 있으며, 그로 인해 모호하게 처리되는 기존의 신화와 차별점을 갖는다.

그렇다면 기존의 신화는 이 대목을 어떻게 처리했는지 다시 한 번 살펴볼 필요가 있다. 오이디푸스는 청년으로 성장한 이후 아버지를 만날 때, 아버지라는 인식도 하지 못한다. 그는 길을 두고 시종을 거느린 귀족과 말다툼을 하게 되고, 그 말다툼이 번지면서 결국 충돌과 살인이 발생한다. 그러니까 도적적으로 오이디푸슨 타인을 살해한 죄는 있을지 몰라도, 상대가 아버지인 줄 몰랐다는 이유로 친부 살해의 직접적인 죄목은 물을 수 없는 상태이다.

신화는 오이디푸스가 자신의 운명을 완성해가는 과정을 그렸지만, 아버지를 만나고 맞서고 살해하는 대목에서는 정직하게 그 과정을 그리지 않았다. 아들과 아버지가 맞서야 한다는 것이 인류와 문명의 주어진 숙제였다면, 이 대목을 교묘하게 회피함으로써 자신이 갈 수 있는 길에서 실수로 아버지와 대면하고 아버지를 죽인 것처럼 묘사하고 만다. 사실 이러한 접근 방식은 불만족스러운 기술이 아닐 수 없다.

주몽 신화에서는 아들 유리가 아버지를 만나러 가는 대목을 예로 들 수 있겠다. 유리는 자신의 아버지가 부재하다는 생각으로 자살까지 염두에 두었지만, 막상 아버지의 신분과 유훈과 부절을 손에 넣은 순간에는 더할 나위 없이 기쁜 마음으로 아버지를 찾아 나선다. 그리고 아버지가 요구하는 마지막 관문—자신의 아들임을 능력으로 입증하라—에서 초인적인 재능(하늘로 높이 뛰어오르는 이전까지는 볼 수 없었던 초능력)까지 발휘하며 아버지의 후계자가 된다.

주몽 신화에서는 분명하게 언급하고 있지는 않지만, 유리의 등장

이후 주몽은 쇠퇴하고 일선에서 사라지게 된다. 신화에서는 그 나이를 40대라고 했는데, 사실 이것은 이른 시점이 아닐 수 없다. 아들이 등장하면서 나타난 아버지의 은퇴와, 이어지는 죽음은, 아무래도 신화에서 말하는 부자대결의 결과가 아닌가 한다. 주몽 신화 역시 이 대목에서는 함구하는 인상이다.

유리가 왕이 되었지만 어떻게 왕이 되었는지는 명확하지 않으며, 주몽이 죽었지만 그 죽음이 유리와 어떻게 연결되는지도 명확하지 않다. 아들이 아버지의 죽음을 슬퍼했고 아버지의 옥편(왕홀)을 이어받는다는 표면적인 사실만을 기술하고 있다. 아무래도 그 아래 놓여 있는 의식의 심연, 혹은 무의식의 저편은, 문자 기술 아래로 숨은 것으로 보인다.

하지만 기존의 신화와 역사적 흐름을 감안하면, 유리의 등극은 주몽의 쇠퇴와 밀착되었을 가능성이 높으며, 유리의 등극이 주몽의 죽음 이후에 일어난 것이 아니라 유리의 등극이 추진되는 과정에서 주몽의 죽음이 파생되었을 가능성도 함부로 배제할 수 없다.

신화는 역사 그 자체는 아니므로(설령 역사적 사실이 신화로 변모되었다고 해도), 그 본연의 진실(성)이 사실 여부와 반드시 합치될 필요는 없으며, 그렇게 바라볼 필요도 없다. 그 작업(사실 합치 여부)은 역사의 영역에서 수행되어야 할 작업일 것이다. 대신 신화는 사실과의 부합이 아니라, 보편성과의 일치 혹은 인간의 무의식적 동향과의 합치로 판단되어야 한다.

세상의 아들들은 아버지를 밀어내 자리에서 자신의 자리를 만들 수밖에 없다. 세상은 이미 기득권을 가진 자들로 상태이므로 그 세계 안으로 새롭게 진입하려는 이들은 이러한 기득권과의 쟁투를 필연적으로 감수할 수밖에 없다. 아이는 어른이 되기 위해서 성인식을 치러야 하고, 미성숙한 개체는 성숙한 구성원이 되기 위해서 사회의 인정(성인식)을 거쳐야 하고, 신참은 고참의 인정을, 관료는 관리자의 선택을 필요로 한다. 아들들의 세상은 아직 형성되지 않았지만, 다른 세상 자체를 만들 수 없기 때문에, 만들어진 세상에서 자리를 차지하고 그 귀퉁이로부터 시작할 수밖에 없다.

오이디푸스는 아버지의 나라 코린토스에서 아버지가 죽지 않고는 왕이 될 수 없으며, 아버지가 죽기를 바라는 마음 자체가 불경하다는 경고를 들어야 했다. 세상을 떠돌았고, 떠도는 세상에서 자신이 설 자리를 찾아야 했다. 그가 안착한 나라는 비록 무의식적일지라도 자신이 살해한 기존의 군주를 밀어내고 세운 땅이었다.

주몽 역시 자신의 양아버지가 죽거나 형제들이 모두 죽지 않고는 그 어떠한 사회적 출세도 바랄 수 없는 입장이었다. 그는 아버지의 나라에서는 잉여의 인물이고 경계의 대상일 수밖에 없었다. 무엇보다 그 나라에서는 자신이 할 일이 없었고, 자신이 나아가야 할 방향도 명확하지 않았다. 그는 기존의 집단(아버지의 나라)을 이탈하기로 결정한다. 이것은 분명 어려운 결정이지만, 주몽에게는 이를 무릅써야 할 이유가 충분했다. 비록 양아버지이지만 그를 물리칠 수도 없었고 이길 수도 없었기 때문이다.

대신 그는 다른 아버지를 죽이기로 결정한다. 주몽이 자리 잡은 나라에 이미 살고 있던 또 하나의 군주이자, 선참이자, 지도자이자, 기성세대를 대표하는 송양이 '그-또 다른 아버지'이다. 주몽은 적극적으로 송양을 무너뜨리려고 한다. 처음에는 양립이 불가능하다는 송양의 위협을 거절하는 선이었지만, 점차 자신의 나라를 송양의 나라와 대등하게 만들고, 송양의 나라를 혼란에 빠뜨리는 계교를 시행한다. 결국에는 송양의 나라를 접수하는 데에 성공했는데, 이것은 새로운 신참자의 세력 장악을 뜻한다. 아마 주몽의 아들이 다스리는 후대에는 주몽의 양아버지의 나라 역시 장악하고 말았을 것이다. 왜냐하면 아들들은 아버지의 것을 소유하지 않고는 아무 것도 가질 것이 없기 때문이다.

<스타워즈>에서 정의하는 다크 사이드(dark side, 인간 본성의 어두운 측면)는 기본적으로 '악'이고 '폭력'이고 '침탈'이고 '지배욕'과 다르지 않겠지만, 그 근원에는 남의 것을 소유하지 않고는 온전히 자신의 것을 만들 수 없는 인간의 근원적인 숙명과 한계 역시 도사리고 있다. 아버지의 명성을 능가하지 않고는 아들은 진정한 왕이 될 수 없으며, 왕이 된다고 해도 진정한 자격을 갖추었다고 할 수 없기 때문이다. 아버지 세대의 땅과 재산과 권력을 나누어 받지 않고는 자식들의 땅과 재산과 권력은 온전하지 못할 것이다. 아들들의 내면에는 이 사실을 추동하는 강력한 힘이 있고, 그 힘은 점차 힘이 없고 늙어가는 아버지의 것을 합법적으로 가져올 수 있다는 자기변호의 논리를 동반하게 된다.

아버지는 결국에는 적이고 타인이고 어떠한 방식으로든 물리쳐야

할 장애물인 셈이다. 이러한 생각은 동아시아의 전통적 윤리에서는 극도로 위험한 생각이었다. 절대로 수행해서는 안 되는 행위이며, 입으로 발설해서는 안 되는 논리였다. 이를 위해 부자유친은 삼강오륜 중에서도 가장 중요한 계율에 속하는 덕목으로 격상된다. 사실 군신유의나 장유유서의 논리는 부자유친의 기본적 도덕 위에서 확장된 개념이라고 할 수 있다.

여기서 금기의 중요한 비밀을 끄집어 낼 필요가 있다. 부자유친이 모든 이가 시행해야 할 윤리의 근본이고 자연스러운 인간성의 발로라면, 왜 굳이 금기에 가까운 계율로 이의 집행을 강요했던 것일까. 아버지에 대한 불경은 가문과 존장에 대한 도전과 함께 처벌해야 할 강력한 죄목으로 다루어져 왔다. 왜 그럴까. 인간이라면 아버지와 친하고, 아버지를 해치지 않는 존재여야 한다면서, 왜 강력한 계열과 처벌로 이를 강제하는 것일까.

금기는 그 자체로 강력한 욕망의 실현을 지시하고 있다. 잔디밭에 들어가려는 이가 없는 곳에 "잔디에 들어가지 마세요"를 설치할 필요는 없을 것이다. 아무도 넘지 않는 곳에서는 금기를 설치할 필요가 없다. 아버지를 넘어서려는 아들들의 욕망이 위험하고 보편적이기 때문에, 인간들은 이 대목을 강력하게 규제할 필요가 있었다. 그렇지 않다면 인간(계)의 유력한 질서가 무너질 것이라고 믿었고, 이러한 확산 현상은 인간의 무의식이나 본성에 따라 증폭될 여지가 충분하다고 믿었기 때문이다.

요다의 거처에서 본 환영은 이를 보여준다. 루크는 수련의 일종으로 동굴로 들어갔다. 거기에는 필생의 숙적으로 변모한 다스 베이더(결과적으로 환영)가 서 있었고, 그 숙적을 향한 루크의 충동을 자제할 필요가 있었다. 루크가 그 환영을 베고 싸우는 것은 요다가 바라는 궁극적인 선택은 아니었다.

요다 역시 아나킨 스카이워커를 아끼고 선택했던 인물이었다. 인류사적인 관점에서 보면 아나킨 스카이워커를 아들 세대로 인정한 아버지 세대인 셈이다. 하지만 이 아버지는 아나킨이 가진 중대한 위험이자 위협을 인지하고 있는 아버지이기도 했다. 그래서 주저했고 망설이기도 했다. 그럼에도 요다는 아나킨의 마음 속에 있는 아들로서의 최소 자격을 인정하기로 했다. 하지만 그 결과는 배신이었고, 반란이었다.

자신이 가진 모든 것을 아나킨으로 인해 잃었으며, 자신은 재기불능의 타격을 받고 숨어 살아야 하는 처지로 전락했다. 요다의 몰락과 그의 가문(제다이 공동체를 상상의 집이라고 한다면)의 몰락은 아들의 잘못된 욕심 때문이었다고 해야 한다. 물론 이것은 아버지의 관점이다.

아들의 관점은 근본적으로 다를 수밖에 없다. 아나킨은 제다이 사회의 숨 막히는 질서와 경직된 상하 관계를 혐오했다. 그는 자신이 압도적인 재능과 능력을 지니고 있음에도 불구하고 선배들(선참 세대)의 미적거리는 태도와 인색한 인정으로 인해, 마땅히 가져야 할 것(지위)을 갖지 못한다고 생각했던 것이다. 이러한 생각은 자신이 누려야 할 것을 강제로라도 뺏어야 하며, 그것을 갖는 것이 자신의 고유 권한이라고 정당화했다.

아버지 요다와, 아들 아나킨은 이렇게 숙명적으로 대결했다. 물론 요다를 대신해서 광선검을 든 이는 케노비인데, 케노비 역시 아나킨을 키우다시피 했다는 점에서 또 다른 아버지였다고 하겠다. 첫 번째 대결에서는 아들이 진다. 아들은 일정한 성취를 이루고 성숙의 단계에 이르기 전까지는 아버지를 넘어설 수 없다. 용암이 흘러넘치는 뜨거운 격정장에서 부지(父子) 아닌 부자는 생사를 건 결투를 벌였고, 그 결투는 내면에서 흘러나오는 증오나 분노 같은 뜨거운 것들의 표출이었다. 그래서 이 결투장은 화염과 용암의 별이였을 것이다.

<스타워즈> 에피소드 3은, 인간의 아들이 가진 불같은 요구와 이에 대한 아버지의 처벌이 살아 있는 대결장이어야 했다. 우리는 이 장면에서 흘러넘치는 '용암'이라는 객관적/물리적 현현물을 내면적/무의식적 욕망의 부산물 혹은 등가적 비유로 바라보게 된다. 그리고 어떠한 신화에서도 분명하게 묘사되어 있지 않은 어떤 장면을 상상할 수 있다. 오이디푸스와 라이오스가 만나는 장면. 그 대결에서 번져나갔을 분노와 증오, 그리고 욕망의 흔적들이 그것이다.

아들은 아버지를 쉽게 이기지는 못한다. <스타워즈> 에피소드 3에서 아나킨이 간신히 목숨만 건지는 결과는 이를 말해준다. 아버지들은 노련하고 아들들의 마음을 이해하고 있다. 왜냐하면 그 아버지들도 과거에는 아들들이었기 때문이다. 하지만 아버지의 노련함에도 불구하고 인생이라는 긴 시간에서 결국 아버지는 물러나게 된다.

제국의 발흥은 공화국이라는 아버지의 시간이 끝나는 곳에서 생겨난 아들들의 시간이다. 물론 다시 나타날 새로운 아들들이 어느새 아버지가 된 어른들의 제국(의 시간)을 또 위협하고 언젠가는 끝내게 될 것이다. 가는 시간이 있으면 오는 시간이 있기 마련이기 때문이다.

한 가지 변하지 않는 것이 있다면, 아들들의 시간은 언젠가는 오는 시간이고, 아버지의 시간은 필연적으로 가는 시간이라는 사실이다. 참고로 벤 케노비의 시간도 그렇게 갔고, 요다의 시간도 그렇게 갔다. 다스 베이더는 그들의 아들이 되어 그 시간을 가져갔고, 결국에는 또 다른 아버지(양아버지에 해당하는) 황제의 시간도 가져갔다. 하지만 다스 베이더의 시간도 영원하지 못했고, 그의 시간은 아들 루크의 시간으로 이어졌다. 아직 완결되지 못했지만 루크의 시간도 점차 그의 제자나 조카의 시간으로 옮겨갈 것으로 보인다.

신화는 아버지와 아들의 대결이 필연적이라는 사실을 납득시키고자 하며, 결과적으로 어떠한 결론에 도달하는지도 알려주고자 한다. 이러한 아버지의 시간과 아들의 시간, 그리고 그 이후에 올 또 다른 아버지와 아들의 시간은 결과적으로 교체되고 반복되고 순환된다. 이 순환의 체제에서 자유로울 수 있는 인간은 아무도 없으며, 신도 운명도 거대한 문명도 결국에는 어떠한 강력한 시스템도 예외일 수 없다고 말한다. 그래서 신화의 시간은 세대 교체의 시간이며, 반복의 시간이고, 순환되는 시간일 수밖에 없다.

3. 새로운 스타워즈의 등장, 부친살해(父親殺害)'의 반복

2016년 전 세계는 '요다의 시간'에서 '아나킨의 시간'으로, 다시 '루크의 시간'으로 변모했던 <스타워즈>에 새로운 아들의 시간이 결합되는 것을 목격했다. 그토록 궁금해 했던 <스타워즈> 에피소드 7~9에 이르는 징검다리가 놓인 것이다.

동일한 세계관을 공유하며 세상의 모습을 조각이 아닌 계통으로 담으려는 일련의 노력이 다시 <스타워즈>에 새로운 주인공들, 새로운 자식들(여성 영웅의 등장까지 포함), 그리고 새로운 시간들을 도입하도록 허락했다. 물론 이러한 도입들은 끝을 궁금하게 하고 영화의 흥행을 기다리는 여러 사람들의 의지가 결합되어서 이루어진 결과이겠지만, 신화의 시간을 연구하고 이해하는 이들에게는 필연적인 결론이기도 하다. 시간은 순환하지만 동시에 앞으로 가고 있고, 뒤에서 오는 세대는 과거를 넘어 현재를 염원하기 때문이다. 결과적으로 '미래의 과거가 현재'일 수밖에 없고 '미래의 현재'가 현재가 될 수밖에 없기 때문에, 해당 현재를 살아가는 이들에게는 당장 자신들의 신화가 필요하지 않을 수 없었다. 2010년대 새로운 신화를 필요로 하는 이들에게 <스타워즈(7)>는 새로운 신화의 자리를 차지하는 힘을 발휘할 것이다.

예상대로 <스타워즈> 에피소드 7의 중심도 아버지와 아들의 전쟁이었다. 황제와 다스 베이더를 물리친 아들 세대—루크와 솔로와 레아—는 자신의 아들 세대를 통제할 수 있다고 믿었다. 황제를 물리침으로써 제다이의 전설과 부흥의 전도사로 격상되었던 루크가 있었고, 인간이지만 최고의 능력과 통찰력을 지닌 솔로도 있었다. 하지만 결론부터 말하면, 아들에 대한 통제는 실패했다. 솔로도 실패했고, 레아도 실패했으며, 루크도 실패했다. 앞으로 <스타워즈>가 어떻게 흘러갈지 모르겠으나, 아들들에 대한 통제만큼은 분명 실패했다고 보아야 한다.

아들들은 아버지의 규율을 내면화하면서 사회화된다. 라캉이 말한 '아버지의 이름'은 아들이 최초로 받아들여야 하는 공유된 정체성이다. 자신이 누구인지를 묻는 순간 이전에 그-아들은 자신이 누구인지를 물어야 하는 대상과 질문 이유를 먼저 배우는데, 그것이 규칙과 규율을 따라야 한다는 아버지의 존재감 때문이다. 이러한 아버지의 이름은 그 자체로 상처인데, 이 상처를 치료하는 과정이 성장이라고 할 수 있다.

아들들은 이 최초의 지상 명령을 내린 자에게 복종하는 듯 하지만, 결국에는 자신의 정체성을 찾는 순간 가장 먼저 제거해야 할 대상이라고 기억한다. 아들들은 멀고 험한 모험을 통해 자신을 완성하고, 그 모험을 여행으로 변모시켜 귀환하면서 그토록 오랫동안 자신에게 상처를 남겼던 그 대상을 제거한다. 물리적이든 심리적이든 정신적이든 그 대상을 제거하는 순간 그는 아버지가 되고, 주인이 되고, 지도자가 되고, 인생을 홀로 책임질 수 있는 완성자가 된다. 그 순간 그는 새로운 아버지가 되며, 세상의 가장 높은 지위에 오른다고도 할 수 있다. 하지만 도전이 끝난 것은 아니다. 그는 이제 그 지위에서 내려올 어떤 길을 걸어가야 한다.

권력과 세상의 정점에서 내려오지 않으려는 발버둥은 더 이상 설명할 필요가 없을 듯하다. 다만 그 추락을 이끄는 힘이 아들에게서 발원한다는 사실만큼은 다시 강조해도 부족하지 않을 것이다. 아들들은 아버지의 권력과 자리를 원하고, 아버지는 그 자리와 권력을 내주지 않으려고 한다면, 남은 과정은 명약관화하지 않겠는가.

솔로와 루크는 그러한 싸움에서 처음에는 빗겨가려고 한다. 솔로는 집을 나왔고, 루크는 은거했다. 그 어떤 후계자도 키우지 않고, 자신들의 실패를 곱씹고 있다고 해도 과언이 아니다. 퍼스트 오더로 변신한 제국의 잔당은 솔로와 루크의 '공동 아들'이 이끌고 있다(카일로 렌). 더구나 이 카일로 렌은 스승 루크의 가르침을 벗어났을 뿐만 아니라, 끝내 찾아내서 죽이려 하고 있다. 그리고 <스타워즈> 에피소드 7에서 카일로 렌은 친부인 솔로마저 살해하고 만다.

아나킨이 아버지 격인 오비완 케노비를 죽였고, 황제를 죽였지만, 루크는 아버지를 죽이지 않음으로써 도덕적 인륜을 보존할 수 있었다. 하지만 루크 역시 다스 베이더라는 한 악인을 내면에서 죽도록 유도함으로써, 아나킨 스카이워커로 바꾸었다. 이러한 행동은 케노비에게 왜 자신의 아버지가 죽었다고 거짓말을 했냐고 물었을 때, 케노비가 "너의 아버지는 죽었다"고 대답한 것과 동일한 맥락이다. 성장기의 루크가 친부는 어떠한 방식으로든 '죽어' 있는 상태였으며, 다스 베이더마저 루크가 무너뜨림으로써(물론 회개의 방식이었지만), 루크 역시 아버지를 죽이고 올라선 영웅(성인)의 반열에 오를 수 있었다.

카일로 렌은 그러한 연장선상에 있다. 표면적으로 카일로 렌이 악의 세력인 퍼스트 오더에 포함되어 있고, 선의 편에 서 있는 솔로를 죽이고 루크를 배신함으로써 결과적으로 다른 살부의식(殺父儀式)을 자행하고 있다고 믿을 수도 있다. 사실 그러한 측면도 간과할 수 없다. 하지만 근원에서 느끼는 아들들의 살부의식은 결국 신화에서 말하는 아버지 살해로 연결될 수밖에 없다. 세상의 아들들은 비운의 피를 이어받았고, 인류와 문명은 이러한 비운의 피를 합법적인 것의 테두리 안에 두려는 노력을 기울여왔다고 할 수 있다. 법률이 강제하는 힘도 그러하고, 도덕을 통해 선한 살해와 악한 살해를 구분하는 기준도 그러하지만, 직접적인 메시지를 신화에 담아 은근히 전달하려는 노력도 그러하다고 해야 한다. 어쩌면 신화는 아버지를 죽여야 한다는 아들들의 내면적 울림을 교묘하게 숨긴 암호 같은 것인지도 모른다.

4. 아버지를 무너뜨린 자리에서 만나 '나'

아버지 살해는 아들들에게 큰 충격을 준다. 그 이유는 첫째 아버지를 살해하려는 자신의 욕망이 얼마나 큰 것인가를 스스로 확인할 수밖에 없기 때문이다. 살부의식은 자신의 욕망을 확인하는 자리이다. 새삼스럽지만 분명하게 이 자리는 아들을 놀라게 한다.

두 번째 이유는 앞으로 닥쳐 올 또 하나의 살인을 예감하기 때문이다. 자신의 아들—그러니까 또 다른 자신—이 자신을 해치는 상상은 상상하기도 끔찍한 어떠한 경각심을 불러일으킨다. 살해는 물리적이고 신체적인 죽음만을 뜻하지 않는다. 자신이 가진 모든 것을 내주어야 한다는 압박감도 동반한다. 재산, 권력, 명성, 그리고 어쩌면 아내까지.

<오이디푸스>에서 인류 최악의 저주라는 "아버지를 죽이고 어머니와 결혼할 운명"은 사실 아들 이전에 그 아들의 출생을 염두에 둘 수밖에 없는 아버지의 예언이라고 해야 한다. 아버지를 죽이고 올라선 자리에서 아들은 다시 아버지가 될 자신의 미래를 상상할 수밖에 없고, 그 자리를 언젠가는 내주어야 한다는 강력한 예감을 벗어날 수 없게 된다. 누구에게?

그 대답은 당연히 한 사람을 지시한다. 한 사람이 아닐 수도 있지만, 여러 아들이 있다고 해도 결국에는 아들이라는 공통 개념으로 묶일 수 있을 것이다. 각자의 아들이 다르지만 아버지에게 원칙적으로 편애란 있을 수 없기 때문이다.

라이오스는 깊은 고민에 빠졌을 것이다. 자신에게 얽힌 저주를 염두에 둔 자라면 당연히 그럴 수밖에 없을 것이다. 현대의 젊은이들에게 '당신이 라이오스라면?'이라는 가정을 던지면, 그들 역시 고민스러워하는 것을 목도하지 않을 수 없었다. 그만큼 이 저주는 불길하고 또 위험한 것이다.

하지만 신화의 저주가 반드시 저주로만 그친다고는 할 수 없다. 신화는 현실의 풍경을 다소 일그러뜨려 기록하는 상징적 체계이기 때문이다. 우리는 우리의 미래가 어떨지에 대해 확신하기 힘들다.

하지만 끊임없이 이를 확인하고자 한다. 그리스 사람들은 신탁을 이용했고, 전 세계의 1/3에 해당하는 사람은 크리스트교의 영험함을 이용하고 있으며, 한국의 많은 사람들은 점(집)을 이용하고 있다. 사실 이것은 동일한 차원에서 이해될 수 있다. 불확실한 미래를 보다 확실한 것으로 만들고 싶어 하는 욕망. 그 욕망은 자신과 아들과 아내의 운명이 어떻게 전개될 것인가에 대한 앎의 욕구도 포함되어 있다. 그러니 어떻게든 그 대답을 얻어야 했을 것이다.

많은 세상의 아버지들은 자신의 아들들이 자신의 것을 가져갈 것이라는 사실에 원칙적으로 동의한다. 아무리 다른 이들에게 물려줄 것이 없는 존재라고 해도 아들의 쟁취를 막을 수는 없다. 아들은 기본적으로 아버지의 신체(DNA)부터 가져가는 존재이기 때문에, 이 점은 의심의 여지가 없다고 해야 한다. 기꺼이 물려주겠다는 생각도 있겠지만, 동시에 물려주는 시점과 방법이 자신이 원하는 방식이어야 한다는 생각을 가진 이도 많다. 어쩌면 물려주는 행위 자체를 거부하는 이들도 있을 수 있다.

라이오스는 물려주는 것 자체를 거부하는 유형에 가깝다. 그는 자신의 것을 아들에게 나누어주는 것을 거부하고 있는데, 이러한 유형의 인물들은 상속을 두려워하는 인물들의 대표자라고 해도 좋을 것이다. 그는 아들을 낳지 않기로 결심했고, 설령 낳는다고 해도 경쟁 상대가 되지 않도록 하기로 결심했다.

신화 속의 세부 이야기를 참조하면, 라이오스는 저주의 내용을 알고 난 이후에 아내 이오카스테와의 동침을 거부했다고 전하고 있다.

그러다가 이오카스테의 계략에 의해, 혹은 술에 취해서 동침하고 말았는데, 그때 임신이 되고 아들 오이디푸스가 태어났다고 한다. 그러자 라이오스는 아들을 죽이기로 결심하고 구체적으로 실행한다.

일반인도 그럴 수 있을까. 신화는 현실의 일그러진 체제이기 때문에, 몇 가지 장치를 제거하면 일반인으로서의 라이오스의 선택을 알아낼 수 있다. 청년 시절 라이오스는 아버지의 유산, 가문의 권리를 빼앗기고 이웃 나라를 떠돌아야 하는 망명객이었다. 그의 가문은 테베를 건설한 카드모스에서 기원하는데, 라이오스는 카드모스의 당당한 증손자였다. 하지만 아버지 라브다코스 대에 이르러 요절하는 비운을 겪고 자신이 가져야 할 왕위를 외가에게 빼앗기는 불운을 겪는다. 외가의 섭정이 억지로 끝나갈 무렵에도 다시 왕위를 돌려받지 못했고 한동안 외국으로 피신해야 했다. 이러한 망명 생활은 라이오스에게 긍정적인 가치관으로 작용하지는 않았다.

가장 대표적인 사건이 망명지를 제공했던 왕의 아들과 동성애 관계에 빠지면서 결과적으로 이 상대(크리시포스)를 죽도록 만든 사건이다. 그는 자신의 것(왕위와 자격)을 빼앗긴 후에 이를 만회하기 위해서 노력했음에도 불구하고, 빼앗긴 자가 그러하듯 자신 역시 남의 것을 마음대로 빼앗을 수 있다는 통념에 휩싸인 것처럼 보인다. 결국 크리시포스의 죽음과 정상적인 가정 파괴를 이유로 라이오스는 헤라의 끔찍한 저주를 받게 된다.

사실 저주를 현실의 층위로 바꾸면, 불명예와 조소 그리고 비난이라고 할 수 있다. 라이오스는 자신의 잘못으로 인해 사랑받는 임금이나 아버지 혹은 친구가 되지 못할 것이라는 의심에 사로잡혔고, 이러한 내면의 미혹은 저주처럼 강력한 불신을 생성했다. 그리고 자신의 잠재적 경쟁자인 아들을 용납할 수 없는 지경에 이르렀다고 추정할 수 있다.

라이오스는 미래의 아들에게서 자신을 본 것이고, 그 자신이 자신의 현재를 짓밟을 것에 대한 두려움에 말도 안 되는 친자 살해까지 도모한 것이다. 분명 이것은 극단적인 선택이다. 그러나 이러한 라이오스를 정신 이상자로 바라보는 것에 이 글의 목적이 있지 않다. 아들(들)이 아버지의 자리를 어렵게 확보한 뒤에 그 자리를 내줄 수 없을 때, 그 아버지가 된 아들에게서 나타나는 보편적인 현상을 말하고자 하는 것이다. 아버지는 미래의 아들들에게서 자신의 모습을 본다. 자신이 저지른 잘못과, 자신이 경험했던 욕망, 자신이 궁극적으로 차지했던 자리에 대해 생각하게 된다. 그 생각은 또 다른 자신을 만나는 과정이다. 모험은 짝과 적을 만나면서 일목요연해지지만, 자신과의 대면은 늘 그렇지만 혼란스럽다. 무엇이 '나'이고, 무엇이 '내'가 아닌지 헷갈리기 때문이다. 세상이 온전한 상으로 존재하지 않고 부분적으로 깨어진 조각으로 존재하기 때문에, 그러한 조각에 담긴 '나' 역시 파편적일 수밖에 없다. '아버지였던-나', '아버지가 되는-나', '아들이 물려받을-나'는 사실 그 파편화된 세상의 일부이고, 조각 난 '나'의 잔해일 것이기 때문이다.◆

05

자신의 왕국을 세우고
왕으로 등극하다.

1. 왕이란 무엇인가

고대 신화나 전래 동화 혹은 각종 민담에는 왕으로 등극하는 사람들의 이야기가 빈번하게 등장한다. 모험을 통해 영웅이 된 사람들 중에서도 왕으로 등극하는 경우가 있고, 본래 특별한 혈통이었는데 이를 온당하게 물려받는 경우도 있다. 괴물로 고통 받는 세상에서 결투를 감행하고 악을 물리쳐 왕이 되는 경우도 있다. 사실 이 세 가지 경우는 서로 맞물려 있어 분간하기 어려운 경우도 있다.

가령 오이디푸스는 모험을 통해 스스로 왕이 된 인물인데, 나중에 알고 보니 위대한 혈통을 지니고 있었으며, 그 과정에서 스핑크스라는 괴물을 처단한 공로 역시 높이 인정받는 경우였다. 페르세우스는 제우스 가문의 후예였고, 메두사를 처치했으며, 본래는 왕손이었지만 버려졌다가 모험을 통해 왕위에 오르는 인물이다. 헤라클래스는 비록 왕이 되지 못하지만 모험을 통해 세계 제일 혹은 고금 제일의 역사로 칭송받으며 최고의 자리에 올렸으며, 생애에서는 왕이 되지 못하지만 죽은 이후 신의 반열에 오름으로써 고생과 명성에 대한 보답을 얻게 된다.

신화를 뒤져보면 이러한 사례는 대단히 많아 일일이 언급할 필요가 없을 지경이다. 따라서 어떠한 측면에서 신화는 왕이 되는 이야기 혹은 왕에 버금가는 신분으로 올라서는 이야기로 정의될 수도 있다. 그렇다면 우리는 신화에서 혹은 민담이나 이를 계승한 현대의 소설이나 영화에서 '왕이 된다'는 것의 의미를 따져볼 필요가 있다.

2. 귀환한 자는 왕이 될 수 있는가.

톨킨의 원작 소설을 영화화한 <반지의 제왕>은-그 원작 소설이든 (1954년 출간) 그 후신에 해당하는 영화이든(2001년 개봉) 간에-고대 신화의 정수를 포함하고 있으면서도, 그 어떤 신화 못지않게 방대하고 정교한 신화적 세계를 구축한 경우이다. 톨킨이 죽은 후 그의 아들에 의해 정리된 <실마릴리온>의 거의 마지막 부분(한국어 번역 소설로 따지면 전체 439면 중 432~439에 해당)에 해당하는 <반지의 제왕>은 사실 <실마릴리온>이 구현한 세계의 극히 일부(요정의 시대가 끝나고 인간의 시대가 시작되는)에 불과하지만, 그로 인해 인간 역사(문자로 기록된) 직전의 상상적 세계를 일으켜 세우는 문자 혁명을 일으켰다.

남아프리카 공화국에서 태어난 톨킨은 자신의 고향에 건국신화가 없음을 한탄하고, 이를 보완하기 위해서 자신의 지식과 압도적인 상상력으로 한 민족이 수 천 년 동안 건설해야 하는 신화의 세계를 일개 개인의 힘으로 대체하고 창조하는 업적을 이루었다. 사실 <실마릴리온>의 전체 역사는 웬만한 건국 신화를 넘어, 신화적 세계(관)의 종합이자 입대성이라고 할 수밖에 없다. 더욱 흥미로운 점은 이러한 신화를 창조한 톨킨이 크리스트교 신자였다는 점이다.

<반지의 제왕>은 세 편의 시리즈로 나누어져 영화로 제작되었는데, 그 영화에 해당하는 각각의 제목은 '반지원정대', '두 개의 탑', '왕의 귀환'이다. 이 중에서 특히 주목되는 편은 '왕의 귀환(The Return of the King)'이다. 왜냐하면 이 3번째 시리즈의 제목은 이 신화(영화)가 표면적으로는 아라곤(아라고른)을 중심으로 하고 있음을 명확하게 입증하기 때문이다.

사실 첫 번째 시리즈 '반지원정대'의 구성원을 보면, '인간'과 '요정'과 '난쟁이' 그리고 '호빗'과 '마법사' 등이 고루 섞여 있기 때문에, 누가 원정대의 중심이 될 것인지에 대해서는 다소 논란이 분분했다. 용감한 인간의 대표인 아라곤이 가장 주목받는 인물인 것은 분명하지만, 상대적으로 가장 중요할 수 있는 임무를 맡는 인물은 호빗(프로도)이기 때문이다.

실제로 <반지의 제왕> 시리즈는 '아라곤'과 무사들을 중심으로 한 군대 간의 전투와, 반지를 파괴하기 위해서 모르도르로 향하는 프로도의 외로운 발길이 교차되는 형식으로 진행된다. 그들은 함께 출발했지만, 결국에는 두 갈래로 나누어졌고, 서로 같은 목적으로 향해 움직였지만, 상대해야 할 적은 의외로 달랐다. 가는 길도, 싸우는 방식도, 그 여파와 파장도 달랐다. 그래서 영화는 두 개 혹은 그 이상의 서브 플롯들로 흩어지기 일쑤였다.

그럼에도 <반지의 제왕>의 3편의 제목은 '왕의 귀환'이다. 먼저 이 제목이 가장 적절해지는 이유를 여러 각도에서 찾아보자.

"길갈라드와 엘렌딜의 군대가 승리를 거두었다. 그 당시 요정들의 위력은 여전히 막강하였고, 누메노르인들은 강인하면서도 키가 크고 또 분노가 하늘을 찌를 듯하였기 때문이었다. 길갈라드의 창 아이글로스에는 어느 누구도 맞설 수가 없었다. 엘렌딜의 검은 해와 달의 빛을 번쩍였기 때문에 오르크들과 인간들은 공포에 사로잡혔고, 그리하여 그 검은 나르실('나르'는 해, '실'은 달)이란 이름을 얻었다. 길갈라드와 엘렌딜은 모르도르로 들어가서 사우론의 성체를 에워쌌다. 그들은 7년 동안 성체를 포위하여 공격하면서 적의 화염과 창, 화살로 인해 상당한 피해를 입었고, 사우론은 여러 번 돌격대를 내보내어 그들을 괴롭혔다. 고르고로스 골짜기에서 엘렌딜의 아들 아나리온을 비롯하여 많은 이들이 죽었다. 하지만 마침내 포위망이 좁혀지면서 사우론이 직접 나타났고, 그는 길갈라드, 엘렌딜과 맞붙어 싸웠다. 두 장수는 모두 목숨을 잃었고, 엘렌딜의 검은 쓰러지는 주인의 몸에 깔려 부러졌다. 하지만 사우론 역시 쓰러졌고, 이실두르는 부러진 나르실의 칼자루를 집어 들고 지배의 반지가 끼워져 있던 손가락을 잘라 내어 자신이 반지를 차지하였다. 그리하여 사우론은 그때는 패배를 감수할 수밖에 없었고, 그의 영은 육체를 버리고 멀리 달아나 황야에 숨어들었다. 이후로 오랜 세월 동안 그는 다시 눈에 보이는 형체를 취하지 못하였다. (…중략…) 누메노르인들은 모르도르 땅에 경비병을 세워 두긴 했지만, 사우론에 대한 무시무시한 기억과 바랏두르에 인접한 불의 산 때문에 그곳에 살려고 하는 이는 아무도 없었다. 또한 고르고로스 골짜기는 재로 가득 덮여 있었다. 많은 요정과 누메노르인, 그리고 그들과 동맹을 맺은 인간들이 그 전투와 포위공격

중에 목숨을 잃었다. 장신의 엘렌딜과 길갈라드 대왕도 죽고 없었다. 그와 같은 대군이 다시 모인 적도 없었고, 요정과 인간은 다시 그런 동맹을 맺지도 않았다. 엘렌딜의 시대가 끝나면서 두 종족은 서로 멀어지고 말았던 것이다. 지배의 반지는 그 시절에 지혜자들조차 알 수 없도록 모습을 감추었지만 파괴된 것은 아니었다. 이실두르가 곁에 있던 엘론드와 키르단에게 반지를 넘겨주는 것을 거부하였기 때문이다. 그들은 이실두르에게 앞에 있는 오로드루인의 불 속에 반지를 던져 넣으라고 충고하였다. 반지가 거기서 만들어졌기 때문에 거기서 소멸될 수가 있고, 그렇게 해야 사우론의 힘도 영원히 위축되어 황야를 떠도는 악의 그림자로만 남게 될 것이라고 말했지만, 이실두르는 충고를 받아들이지 않았다. "부친과 동생의 죽음에 대한 보상으로 내가 이것을 가지겠습니다. 적에게 치명타를 가한 것은 나였잖습니까?" 그가 들고 있는 반지는 너무나 아름답게 보였고, 그는 도저히 그것을 없앨 수 없었다. 그래서 이실두르는 반지를 가지고 먼저 미나스 아노르로 가서 동생 아나리온을 추모하기 위해 흰 나무를 거기 심었다. 하지만 그는 곧 다시 떠났다."[7]

『실마릴리온』 자체가 거대한 하나의 신화(창조된 신화)이지만, <반지의 제왕>의 직접적인 기원인 되는 인물은 이실두르였다. 과거 '인간 중의 인간'이자, '왕 중의 왕'이었던 이실두르는 요정과 인간의 연합군을 이끌고 강력한 적 사우론에 맞섰고 이 쓰러지지 않을 것 같았던 절대 악을 물리치는 전공을 세운 혁혁한 영웅이었다. 그로 인해 중간계(middle-earth, 톨킨이 창조한 신화에서 인간의 터전)에는 일시적인 평화가 찾아왔다.

하지만 이실두르는 문제의 근원이자 악의 축이었던 절대반지를 반환하지 않으려 했기 때문에, 분쟁의 씨앗이 사라지지 않게 된다. 무엇보다 이실두르가 살해되면서 그의 먼 후손인 아라곤에 이르기

7) 톨킨, J. R. R 외, 김보원 역, 『실마릴리온』, 씨앗을 뿌리는 사람, 2004, 425~426면.

까지 곤도르 왕들의 권위는 정당성을 상실했고, 결국에는 혈통마저 끊어질 위기를 자초하고 말았다. 아라곤은 이실두르 가문의 추락한 명성과, 인간 세계의 위대한 혈통을 잇는 후계자였다. 그는 황야를 떠돌고 자신의 왕위를 주장하지 못하는 신세로 전락했지만, 위기의 시대—사우론의 2차 봉기—에 다시 세상의 중심이 되어 전투를 이끌면서 백성들과 숱한 영웅들로부터 왕이 될 수 있는 자격을 인정받았다. <반지의 제왕>의 마지막 대목은 이러한 왕의 귀환에 초점을 맞추고 있다.

"암흑의 군주(사우론:인용자)는 공격을 예상하고 자신의 행동 계획을 모두 세워 두고 있었다. 그의 아홉 시종인 울라이리는 먼저 떠나서 그의 귀환을 준비하고 있었다. 그가 패배해서 떠난 것은 속임수였고, 얼마 지나지 않아 그는 지혜자들이 손을 쓸 틈도 없이 모르도르의 자기 왕국에 재입성하여 암흑의 탑 바랏두르를 다시 일으켜 세웠다. 그해에 마지막으로 신성회의가 열렸고, 쿠루니르는 아이센가드로 들어가서 외부와의 연락을 끊었다. 오르크들이 모여들고 있었고, 동쪽과 남쪽 멀리에서는 야만의 종족들이 무장을 하고 있었다. 밀려드는 공포와 전쟁이 일어난다는 소문 속에 엘론드의 예언이 사실로 밝혀졌다. 정말로 절대반지가 다시 발견되었고, 그것도 미스린다르가 예견했던 것보다 훨씬 더 희한한 우연에 의해 나타난 것이었다. 쿠루니르와 사우론은 그것을 모르고 있었다. 반지는 그들이 찾기 훨씬 전에 안두인 강을 벗어나 있었다. 곤도르의 왕들이 몰락하기 전에 안두인 강변에 살며 어업을 하던 키 작은 종족의 한 인물이 그것을 발견하였던 것이다. 발견자는 아무도 찾지 못하게 그것을 안개산맥 기슭의 어두운 은신처로 가지고 갔다. (…중략…) 이실두르의 후계자가 북부에서 일어나 엘렌딜의 부러진 검을 잡았고, 임라드리스에서 다시 벼린 그 검을 가지고 인간들의 위대한 지휘관으로 전쟁에 나갔다는 점만 밝혀 두기로 한다. 그는 아라소른의 아들 아라고른으로 이실두르의 직계 39대 손이며, 이전의 어느 누구보다 더 엘렌딜을 닮은 인물이었다. 로한에서 전투가 벌어져 배신자 쿠루니르는 쓰러지고 아이센가드도 붕괴되었다. 곤도르 시 앞의 거대한 평원도 전장이 되었고, 거기서 사우론 휘하의 대장 모르굴 군주가 어둠 속으로 영원히 사라졌다. 이실두르의 후계자는 서부의 군대를 이끌고 모르도르의 암흑의 문에 들어섰다. (…중략…) 사우론도 힘을 잃고 완전히 패망하였고, 악의 그림자처럼 사라져 버렸다. 바랏두르의 탑도 허물어져 폐허가 되었고, 그것이 붕괴되는 소리에 온 땅이 흔들거렸다. <u>그리하여 평화가 다시 찾아오고 지상에는 새 봄이 시작되었다. 이실두르의 후계자는 정식으로 곤도르와 아르노르의 왕위에 올랐고, 두네다인의 힘이 되살아나 새로이 영광을 누렸다.</u> 미나스 아노르 왕궁에는 흰 나무가 다시 피어나는데, 곤도르 시 뒤에 높이 솟은 설산 민돌루인의 눈 속에서 미스란디르가 묘목을 발견해 냈던 것이다."8)(밑줄:인용자)

분명 <반지의 제왕>에서 아라곤은 왕의 혈통을 이어 새로운 지상의 왕으로 등극한다. 그의 등극은 <실마릴리온>의 세계관에 비추어 볼 때, 진정한 인간(만)의 시대의 개막을 알리는 상징적 사건이다. 중간계의 질서가 요정과 인간과 악마와 오크 혹은 용과 난장이들이 뒤섞였던 상태에서 인간을 중심으로 재편되는 절대적인 시작이라고 할 수 있다. 절대반지의 파괴는 인간이 더 이상 절대적인 악의 힘에 위협받지 않아도 좋다는 의미로 해석할 수 있다. 그렇다면 이때의 '왕의 귀환'은 '인간으로서의 왕'의 귀환으로도 해석될 수 있다.

이때의 '왕'은 다양한 의미로 이해된다. 물리적 영토를 지니고 왕권의 정통성을 지닌 권력자로서의 왕이 일차적인 의미가 될 것이다. 아라곤은 이실두르 이후 제대로 이어지지 못했던 인간 왕의 결정적

---

8) 톨킨, J. R. R 외, 김보원 역, 『실마릴리온』, 씨앗을 뿌리는 사람, 2004, 436~438면.

후예이면서 스스로 민중의 지지를 이끌어 낸 전사이다.

그러니 '전사로서의 왕'도 이러한 목록에 포함될 수 있을 것이다. 왕이라고 하는 것은 반드시 왕권을 가지지 않더라도, 민중의 지지와 공적을 이룬 이를 가리키는 명칭일 수 있다. 고대 신화에서 흔히 영웅이라고 불리는 인물들이 왕이 되었던 이유도 여기에서 찾을 수 있다. 사실 아라곤을 도우면서 끝까지 전투에 임했던 요정이나 난쟁이 그리고 호빗 역시 이러한 측면에서는 왕이 되어 마땅하다.

이러한 연합군에 정신적 횃불이 된 마법사 간달프(미스란디르)는 어떠할까. 그는 사실 반지의 재앙을 막기 위해서 파견된 다른 세계의 마법사('이스타리'였다. 그와 함께 파견된 마법사는 셋이 더 있었는데, 그 중 하나가 쿠쿠니르(사루만)였다. 처음에는 쿠쿠니르가 더욱 우월하고 중요한 위치에 있었고, 네 명의 이스타리 가운데 오직 그만 백색의 마법사였다.

"미스란디르는 신속한 대처를 촉구했지만 사루만이 이를 반대하였고, 기다리면서 지켜보자고 했다. "절대반지가 다시 가운데땅에 나타날 것이라고 난 믿지 않습니다. 반지는 안두인 강에 빠졌고, 오래전에 바다로 흘러들어간 것으로 짐작됩니다. 그리고 온 세상이 무너지고 바다가 옮겨지는 세상 마지막 날까지 거기 있을 겁니다." 그리하여 그 시점에서는 아무 조치도 취해지지 않았다. 하지만 엘론드는 마음 한구석이 불안해져 미스란디르에게 말했다. "내 예감으로는 절대반지가 발견되어 전쟁이 다시 일어나고, 그 전쟁과 함께 이 시대는 끝날 것으로 보입니다. 내 눈으로 볼 수는 없는 어떤 희한한 우연이 우리를 구해 주지 않는 한, 두 번째 어둠과 함께 세상은 분명 끝날 것입니다." "세상에는 희한한 우연이 많습니다." 미스란디르가 말했다. "지혜 자들이 떨고 있을 때는 종종 약한 자들에게서 도움의 손길이 오는 법이지요." 그리하여 지혜자들은 걱정에 잠겼지만, 아직은 아무도 쿠루니르가 어둠의 생각에 빠져들어 마음속으로는 이미 배반했다는 사실을 깨닫지 못했다. 그는 다른 누구도 아닌 자기 자신이 그 위대한 반지를 발견하기를 희망했고, 그 반지를 휘둘러 온 세상을 자기 뜻대로 호령하려고 했다. 쿠루니르는 사우론을 이기기 위하여 그의 방법들을 너무 오래 공부하였고, 이제는 사우론이 한 일을 증오하기보다는 그를 경쟁자로 여겨 시기하고 있었다. 그는 사우론이 다시 모습을 나타내면 원래 사우론의 소유였던 반지도 주인을 찾아 나설 것이며, 그가 다시 쫓겨나면 반지도 계속 숨어 있게 될 것이라고 여겼다. 그래서 그는 반지가 다시 나타나면 자신의 기술로 동지들과 적 모두를 앞지를 수 있을 것으로 예상하고, 기꺼이 위험을 무릅쓰고 사우론을 잠시 살려 두기로 마음먹었다. (⋯중략⋯) 이 모든 일들은 대부분 분별력 있고 조심스러운 미스란디르가 성사시킨 것이었다. 전쟁이 끝나기 며칠 전에야 그는 대단한 존경을 받아야 할 군주임이 밝혀졌고, 그는 흰 옷을 입고 전장에 나아갔다. 하지만 그가 빨간 '불의 반지'를 오랫동안 간직하고 있었다는 사실은 그가 가운데 땅을 떠날 때가 되어서야 알려졌다. 애당초 그 반지는 항구의 군주 키르단이 맡아 가지고 있던 것인데, 그는 미스란디르가 어디에서 왔고 결국 어디로 돌아갈 것인지를 알고 있었기 때문에 그에게 반지를 맡겼던 것이다. 키르단이 말했다. "당신의 일과 근심은 무척 무거울 터이니, 이제 이 반지를 받으십시오. 이 반지가 당신이 힘들지 않도록 지켜 주고 보호해 줄 것입니다. 이 반지는 불의 반지이며, 따라서 당신은 차갑게 식어 버린 세상에서 이것을 가지고 사람들의 마음속에 그 옛날의 용기를 다시 불붙일 수 있을지 모릅니다. 나의 마음은 바다와 함께 있고, 또 마지막 배가 떠날 때까지 나는 항구를 지키며 이 회색의 해안에 남아 있어야 합니다. 그때까지 당신을 기다리겠습니다." 그 배는 흰색이었고 건조하는 데 오랜 시간이 걸렸으며, 키르단이 말한 마지막까지 오랫동안 기다리고 있었다."9)

하지만 사루만은 뛰어나고 영악한 계략으로 인해 스스로 파멸하고 말고, 간달프는 모험하는 이들과 함께 고난을 겪다가 스스로 백색의 마법사로 승격한다. 백색 마법사 미스란디르는 자신의 힘으로 마법사의 극점에 오르면서 선의 중심이자 세계의 불빛이 될 수 있었다. 그 역시 성장을 통해 고양된 정신세계를 경험할 수 있었고, 그러한 측면에서 왕이 된 자라고 할 수 있다. 이때의 왕은 정신적인 고양 내지는 성장이라는 내면적 요소를 강하게 반영하는 의미가 될 것이다. 즉 성장한 자로서의 왕인 것이다.

호빗 프로도도 이러한 왕의 계열에 포함시킬 수 있을 것이다. 톨킨은 <반지원정대> 중에 가장 작고 신체적으로 허약한 호빗을 반드시 끼워 넣었다. 전혀 도움이 될 것 같지 않은 호빗족은 자유자재로 검을 쓰지도 못하고, 세상의 지혜를 불러 모으지도 못하며, 예지력이나 통찰력을 발휘하지도 못한다. 대신 그들은 인내력을 가지고 있었다.

> "그 마지막 전투에는 미스란디르와 엘론드의 아들들, 로한의 왕, 곤도르의 군주들, 그리고 북부의 두네다인을 이끌고 온 이실두르의 후계자가 있었다. 거기서 결국 그들은 패배와 죽음에 맞닥뜨렸고, 그들의 온갖 무용도 소용이 없었다. 사우론은 너무 강했던 것이다. 하지만 그 순간 '지혜자들이 떨고 있을 때는 약한 자들에게서 도움의 손길이 오는 법'이라던 미스란디르의 예언이 입증되었다. 그 후로 많은 노래에서 불려져 오듯이 산기슭과 풀밭에서 살던 꼬마족 페리안나스가 그들을 구해 냈던 것이다. 전해진 대로 반인족 프로도는 미스란디르의 부탁에 따라 그 무거운 짐을 짊어졌고, 자신의 하인만 데리고 홀로 위험과 어둠

9) 톨킨, J. R. R 외, 김보원 역, 『실마릴리온』, 씨앗을 뿌리는 사람, 2004, 435~437면.

속을 지나 사우론의 위협에도 불구하고 마침내 운명의 산에 당도하였다. 그리고 반지는 그것이 만들어진 불속으로 던져졌고 결국 파괴되어 그 모든 악도 소멸되었다."10)(밑줄:인용자)

내로라하는 영웅들도 절대반지의 유혹 앞에서 인성(초심)을 잃기 마련이었다. 그것은 인간의 왕이 아라곤이나, 마법사로 신성한 의무를 지닌 미스란디르도 예외는 아니었다. 실제로 어떤 영웅은 반지의 유혹 때문에 스스로를 파괴하기도 했다. 하지만 아무 힘도 능력도 없는 호빗족은 의외로 이 반지의 유혹에서 자유로웠고, 프로도는 반지를 운반할 수 있는 거의 유일한 인물로 낙점된다. 하지만 더욱 놀라운 것은 프로도의 시종은 더욱 비천할 수 있는 인물인데도, 주인에 대한 충성심으로 반지의 유혹을 물리치는 탁월한 인내력을 보여주었다는 점이다.

그들의 작은 몸과 볼품없는 신체 그리고 무지와 무대책은 표면적으로는 한심하다는 비판을 모면하기 어려울 정도였지만, 그들의 인내력과 충성심은 이러한 한계와 단점과 맞바꾸고도 남는 훌륭한 가치로 묘사된다. 결국 반지를 파괴할 수 있었던 것은 그들의 그러한 무상무념에 가까운―물론 끓는 용암 앞에서 애착을 드러내며 갈등을 하긴 했지만―마음 때문이었다. 거꾸로 말하면 톨킨은 그들-호빗에게 탁월한 능력을 내리지 않는 대신 탁월한 능력을 부러워하지 않는 무심함과 겸손함을 부여했던 것이다. 이러한 정신적 가치는 그들의 삶과 성정과 모험을 완성시킨다.

10) 톨킨, J. R. R 외, 김보원 역, 『실마릴리온』, 씨앗을 뿌리는 사람, 2004, 437면.

비록 프로도가 반지를 파괴하는 과정에서 갈등을 겪고, 주위의 도움을 얻고, 또 우연적인 사건의 영향을 받기는 하지만, 프로도와 그의 시종이 가져온 결과는 세상의 중심을 이동하는 일이기도 했다. 무력과 능력, 영험과 지혜, 통찰력과 예지력만이 세상을 구원하는 일이 아니라는 점이다. 무지하지만 인내하고, 통찰력은 없지만 욕망을 제어하는 이들에게 삶은 더욱 관대할 수 있다. 그래서 그들은 남들이 보지 못하는 왕국을 물려 받을 수 있으며, 그로 인해 남들이 좀처럼 얻지 못하는 그 왕국의 주인이 될 수 있다.

프로도가 오른 '마음의 왕위'는 내면의 평정과 무욕의 세상에 놓여 있는 왕위였다. 마치 도교의 소요유나 불교의 무소유처럼 존재하지 않음으로써, 분명히 존재하는 세상에 대한 너그러운 획득인 셈이다. 프로도가 고향으로 돌아가 일상의 삶을 누리는 장면은 그가 그의 인생에서 중요한 평화를 누리게 되었으며, 그로 인해 그의 인생의 주인으로 등극했음을 보여주고 있다.

왕이 된다는 것은 때로는 많은 것을 갖는 일이다. 왕위를 갖고, 혈통을 갖고, 존엄함을 갖는다. 때로는 명성이나 능력, 자신감이나 성취욕을 갖는 일이기도 하다. 친구나 애인 혹은 백성이나 집단을 갖는 일이기도 하다. 하지만 어떠한 경우에는 자긍심 같은 남들에게 보이지 않는 것일 수도 있고, 어떠한 경우에는 성장이나 평화 혹은 무욕의 세상에 대한 이해 같은 자신만의 것일 수도 있다. 그것이 어떤 것이든 모험과 열정의 최종 결과로만 주어지며, 그렇게 주어진 것을 온전히 소유하고 보존하려고 할 때 우리는 비로소 왕이 된다고 표현할 수 있을 것이다.

신화가 거대한 모험을 바탕으로 한다면, 그 모험이 일정한 성취로 일단락된다고 한다면(완전한 종결은 아닐지라도), 그 일단락의 부근에 왕이 남긴 흔적이 있을 것이다. 범박하게 말하면 신화는 모험을 통해 자신의 비참한 처지를 벗어나 자신만의 왕위를 창출하는 일차적 행위에 기대고 있다고 볼 수 있다.

3. '왕'의 다른 의미들

그렇다면 왕은 '결실'이고 '영광'이다. 왕이 된다는 것은 '승리자'가 되고, '성취자'가 되고, '높게 오르는 자'가 되고, '우러러보이는 자'가 된다는 것이다. 하지만 무언가가 되는 것 중에는 이러한 의미 자질과 반대되는 것도 있다. 가령 '희생자'가 되고, 때로는 '처형 대상'이 되고, 어떤 경우에는 '비난'이나 '화풀이 상대' 혹은 '천덕꾸러기'로 전락하는 수모를 감당해야 할지도 모른다. 그것은 가장 높은 자가 '추락'할 수 있고, 아직 높이 오르지 못한 자가 이미 오른 자를 '끌어내릴 수 있다'는 간단한 논리를 포함하고 있다.

고대 신화의 파르마코스(Pharmakos)는 흔히 인용되는 왕의 다른 모습이다. 파르마코스의 사전적 의미는 희생양과 통하고 있다. 고대 그리스나 아프리카의 부족 중에는 국가나 집단에 불어 닥치는 해결하기 어려운 문제들에 대해 대신 책임을 질 어떤 인물을 필요로 하는 부족도 있다. 가령 가뭄, 홍수, 기근, 전염병, 반란, 침략 등이 일어났을 때, 그 원인을 제공한 자 내지는 그 문제를 해결할 자를 고르고, 이렇게 골라진 자(들)인 그-파르마코스를 처형함으로써, 백성과 민중의 반란과 봉기를 사전에 차단할 필요가 있었다. 그러한 인물 (들)은 평소에는 높은 신분을 지닌 자로, 평소에는 대중에 의해 우대 되다가 처형이 필요한 시점에서는 속죄양(=희생양)으로 전락하는 이 중적 의미를 지닌다. 즉 가장 존귀한 자이면서도 동시에 가장 먼저 처결되어야 할 자인 셈이다.

사실 이러한 존재는 현재의 관념으로는 잘 이해가 되지 않는 것도 사실이다. 가장 신분이 높은 지의 결정이 그보다 신분이 낮은 자임 에 틀림없는 민중(혹은 백성)의 의사를 넘어서는 것이 당연하다고 생각하기 때문이다. 하지만 의외로 고대의 사회에서 지도자 혹은 지 배자라고 해도, 절대 다수의 민의나 오래된 전통 혹은 대다수의 의 사를 무시하기란 쉽지 않았다. 이러한 측면에서 왕을 파르마코스로 삼는 대체하는 관습은 사회의 질서와 존엄성에 대한 경계의 의미마 저 담고 있다.

하지만 더욱 중요한 것은 왕이 어떠한 마음가짐과 위치를 지녀야 하는가를 스스로에게 알린다는 점이다. 르네 지라르는 희생양이 사 회의 분열 혹은 문명의 붕괴를 막는 희생양 메커니즘의 필수 요소라 고 말하고 있다. 대중들은 국가적 위기와 무차별(적) 범죄가 일어나 는 순간 본능적으로 희생양이 될 인물을 고르는 지혜를 발휘한다. 문제는 이러한 대중들이 고르는 희생양의 조건이 국가를 유지하고 사회를 보존해야 하는 이른바 '왕'의 자세와 합치된다는 점이다.

이 말은 정치적 지도자가 자신을 희생해야 한다는 의미로 해석될 수도 있지만, 나아가서는 자신을 자신의 삶에서 왕으로 등극시키는 이들은 자아뿐만 아니라 타자, 집단, 사회, 국가, 혹은 인류나 문명에 대한 책임을 져야 한다는 뜻으로 알 수 있다. 인생에서 자신을 완성시켜 왕이 된다는 것은 이러한 관계들에 대해 자신의 결정과 의견을 지니고 있다는 뜻이다.

거꾸로 말하면 고립된 자아로서의 완성은 불가능하다. 스스로 자신을 일정한 영역 안에 가두고 타인이나 집단의 출입을 거부한 채로 왕이 될 수는 없다. 또한 사회나 국가의 형상을 띠지 않고 자신만의 세상을 만든다는 것도 불가능하다. 그것은 미처 성장하지 못한 아이들이 공상의 집을 짓거나 상상의 나래를 펴는 행위와 다르지 않다.

왕이 된다는 것은 필연적으로 자아를 확장하는 작업을 포함한다. 자아에서 타인으로, 가정으로, 집단으로, 사회로, 인간들과 세상으로 나아가는 길을 만들지 않고는 이른바 모여 사는 영역을 만들 수 없고, 그렇다면 왕이 될 수 없다. 왕이 된다는 것은 일정한 지역을 통치한다는 뜻이기도 하지만, 그 지역에서 도움을 청하거나 자신이 해야 할 일이 있을 때 당연히 이 일을 처리하는 것을 뜻한다. 기사가 자신의 봉토를 스스로 지켜야 하듯, 아버지가 가정을 자신의 책임으로 돌보아야 하듯, 자신이 점령했다고 믿는 지역에서 자신의 힘을 발휘할 수 있어야 한다. 그 힘은 자아뿐만 아니라 타자나 사회 혹은 국가나 인류 모두에게 가장 유리하고 전체의 생존을 배려하는 힘이어야 한다. 그것이 세상이 자아에게 부연한 임무이고, 그 임무를 완수할(감수할) 자격이 있는 자에게만 왕의 칭호를 부여하는 이유이다. 세상의 조각은 왕이 되는 과정과 그 끝도 분명하게 기록하고 있는 셈이다.

4. 희생의 다양한 의미

연극의 본류는 희극이 아니라 비극으로 치부된다. 아리스토텔레스의『시학』이 희극 편이 아니라 비극 편이었던 이유로 인해, 이후의 연극사는 비극 창조의 역사가 주류를 이루었고, 지금도 희극은 비극에 비해 주변적인 장르로 인정받는 것이 사실이다.

이러한 비극은 신화와 밀접한 관견을 맺고 있다. 고대 그리스의 대표적인 신화인 오이디푸스 신화는 소포클레스에 의해 <오이디푸스>로 창조되었고, 지금까지는 그리스 비극의 양식적 특질을 가장 완벽하게 보여주는 작품으로 손꼽히고 있다. 특히 작품 속에 담겨 있는 정체성에 질문, 3일치 법칙의 완성 여부, 혹은 신화적 질문과 그 대답으로서의 문학성이 타의 추종을 불허하는 명작으로 평가되고 있다.

특히 오이디푸스는 버려진 아들이 모험을 통해 자신을 성숙시키고 아버지를 넘어 왕에 이르는 일련의 과정을 보여주고 있어, 신화의 원형을 깊숙하게 간직한 이야기가 될 수 있었다. 다소 비약한다면 신화를 이루는 필수적인 요소가 빠짐없이 담겨 있다고 할 수 있다. 그래서 이 작품에는 희생의 의미 역시 빠질 수 없었다.

완성된 비극의 양식으로는 인류 역사상 세 시기를 꼽는데, 그리스 시기를 차치하고도 엘리자베스 시대의 비극과 19세기 리얼리즘 양식 하에 탄생한 시민비극(환경비극)이 여기에 포함된다. 엘리자베스 왕조 시대의 비극이란 다름 아닌 셰익스피어의 비극을 말한다. 셰익스피어는 <햄릿>, <리어왕>, <맥베드>, <오델로>와 같은 4대 비극을 창조했고, 다소의 논란은 있지만 <로미오와 줄리엣> 같은 비극적 정조를 지닌 작품도 세상에 내놓았다. 주목할 사실은 그의 비극이 왕가나 귀족들의 높은 신분을 가진 이들의 이야기에서 비롯된다는 점이다. 일례로 <햄릿>과 <리어왕> 그리고 <맥베드>는 왕이 죽게 되거나 왕이 되려다 실패하는 이야기를 다루고 있다.

햄릿은 왕이 되어야 했던 인물이었지만 삼촌 클로디어스에게 왕위를 빼앗기고 이를 탈환하려다가 결국 실패하는 인물이다(작품에서 햄릿은 아버지의 복수를 명분으로 내세운다). 맥베드 역시 사촌인 던컨 왕의 자리를 과감하게 찬탈했다가 결과적으로 자신과 가족을 망치는 인물이다. 리어왕은 늙어 은퇴한(양위하려는) 왕이므로, 일견 앞의 두 경우와는 그 살계 달라 보이는 것도 사실이다. 하지만 그의 비극을 찬찬히 들여다보면, 그가 왕으로 남았어야 하는데도 불구하고 그 자리를 내주는 바람에 비운을 맞이한 왕이기도 하다. 그러니 세 작품의 공통점은 왕이 되려고 하는 사람이나 왕이 되었어야 하는 사람들이 겪는 불운과 패망에 대한 이야기라고 할 수 있다.

왕의 관점에서 볼 때, 이들의 행적은 왕이 되는 일이 쉽지 않은 일임을 보여준다고 하겠다. 햄릿은 정당한 왕위 계승자가 되어야 했고, 그 자체로 완성된 인물에 가까웠다. 일신의 능력도 뛰어났고, 대중의 신망도 높았으며, 무엇보다 정당한 권리를 지니고 있었다. 하지만 그는 자리를 빼앗겼고(더 정확하게 말하면 왕이 되는 기회를 부여받지 못했고), 시험과 도전을 통해 그 자리를 찾아야 하는 소명을 부여받았다.

이 말은 어디에선가 많이 들은 적이 있는 말이다. 모험에의 소명, 그리고 이어지는 모험. 그 모험은 짝을 만나고 적을 만나는 어떤 과정을 거친다. 햄릿은 짝을 만나기 위해서 거트루드와 심정적으로 분리되어야 하고, 사랑하는 여인 오필리어와 어떠한 방식으로든 관계를 유지해야 한다. 처음에는 어머니와의 심정적 분리를 제대로 하지 못하거나(침실에서 어머니와 감정적 밀착을 경험하는 햄릿은 연출가들이 흥미롭게 연출하는 대목이다), 오필리어를 편견으로 바라보는 등 제대로 된 여인상을 구현하지 못한다. 하지만 죽은 오필리어를 발견하고 그녀에게 애착을 발휘하면서 그-햄릿도 진정한 사랑의 의미를 일부 깨닫는다고 하겠다.

햄릿에게 아버지와의 대면은 작품 전체를 이끌어가는 중요한 장면이자 서사의 굴곡점이다. 양아버지(클로디어스)에 대한 거부감과 경계심을 드러내는 장면(결혼식 장면), 유령 아버지를 통해 죽음의 전말을 듣고 자신의 할 일을 찾는 장면(성벽 장면), 죽은 아버지와의 재회를 통해 생각을 통제 받는 장면(침실 장면), 양아버지를 죽일 수 있었음에도 살려주는 장면(클로디어스의 기도 장면), 그리고 마지막에서 양아버지를 죽이고 결국에는 복수에 성공하지만 자신 역시 죽음에 이르는 장면(클로징 장면) 등이 그러한 장면이다. 햄릿은 끊임없이 아버지를 만나고, 그와 경쟁하거나 상대를 죽이려고 하고, 어떨 때는 아버지의 반격과 만류로 생각을 보류하기도 하지만(영국으로 추방 장면), 결국에는 아버지를 죽이나 아버지를 죽이는 순간 자신도 죽고 마는 비극을 맞이한다.

중요한 사항은 햄릿의 모험(그의 복수 과정을 그렇게 말할 수 있다면)은 아버지로 시작해서 아버지로 끝난다는 점이다. 그는 친아버지를 위해 양아버지를 죽이는 복수를 결행하고자 하지만, 나중에 그의 싸움은 어떤 아버지를 위한 복수이냐를 떠나 아들로서의 정체성과 권리를 회복하기 위한 싸움으로 변모한다. 세상과 신화의 모든 아들들이 그러했던 것처럼 말이다.

연극은 일정한 시간 내에 완결되어야 하는 예술이다. 반면 신화는 길고 긴 시간을 활용할 수 있는 다양한 방식을 알고 있다. 그러한 방식 중에는 오래된 가문의 역사나 누대의 상관관계를 기술하는 방식도 포함되어 있지만, 다른 방면으로 작품 자체의 결말을 분명하게 매듭짓지 않음으로서 오히려 삶과 역사와 현실이 계속 반복된다는 전언을 만드는 데에 익숙한 방식도 있다. 하지만 연극은 일정한 시간 내에 완결할 수 있는 세계를 구축해야 한다. 이것은 제약이지만 특권이기도 하다. 시간의 무한성 혹은 유한성을 거부할 명분을 얻기 때문이다. <햄릿>의 햄릿은 이렇게 토막 난 신화의 조각만 활용해도 좋다는 명분을 역시 얻었다. 햄릿은 아버지를 만나 복수를 결심하고 양아버지를 죽임으로써 자신의 소명을 다하고 결국 사그라지는 영웅이어야 했고 영웅일 수 있었다.

신화에서 모험의 끝은 몇 차례로 분절되기 일쑤이다. 모험이 여행을 변모하면서 귀환하는 과정을 겪기도 하고(영국으로 갔던 햄릿이 돌아온다), 자신만의 왕국을 만들어 그 왕국의 주인(왕)이 되기도 하며(햄릿은 클로디어스를 살해함으로써 아주 잠시지만 덴마크 왕국의 주인이 된다), 현실에서 사라지고 죽음에서 부활하면서 삶의 차원에서 이동한다(햄릿은 죽고 그의 뒤를 잇는 포틴브라스가 제 2의 햄릿이 되어 등장한다). <햄릿>은 장황할 수 있는 과정을 어떻게 해서든 작품 내에 녹여냄으로써 신화의 장황하기 이를 데 없는 시련-극복-파국의 구조를 성취하고 있다. 그렇다고 신화의 구조가 비본질적이라는 뜻은 아니라 신화와 연극(<햄릿>)은 각자 존재한 이유를 별도로 지니기 마련이다. 그렇게 햄릿은 '왕 되기'의 과정을 겪었고 그 궁극에서 왕이 되었지만, 덴마크와 그 왕실이라는 모순의 구조로 인해 곧 희생되고 만다. 왕은 희생양이 되고, 그래서 왕이 되는 신화 혹은 그 신화로부터 이어진 연극은 '비극'이 될 수 있다. 말 그대로 <햄릿>은 압축된 신화이고, 그 신화는 버려진 인물이 왕이 되는 과정의 재현이며, 이러한 연극적 재현은 무대에 남은 세상의 흔적이 된다.

이러한 비극의 두 양식(그리스/셰익스피어)은 19세기 이후 근본적인 변화를 겪는 듯 하다. 왕이 된다는 것의 의미가 기원전 5세기나 16세기에는 신화와 직접적으로 연결되었지만, 19세기 이후에는 적어도 직접적으로 왕이 되는 신화의 표면적 구조는 해체되기 때문이다. 19세기 이후 본격화되는 시민비극에서는 표면적인 의미의 왕은 사라져야 했다. 왕이 아닌 다른 사람들이 그 자리를 메웠기 때문인데, 그들을 부르조아 계층인 '시민'이라고 불렀다.

테네시 윌리엄스(Tennessee Williams)의 <욕망이라는 이름의 전차(A Streetcar Named Desire)>는 유효하고 객관적인 사례가 될 것으로 판단된다. 겉으로는 화려하지만 이미 버려진 여인 블랑쉬는 동생 스텔라를 찾아 '욕망'이라는 이름의 전차를 타고 뉴올리언스를 방문한다. 대부호의 후예로 성장했던 블랑쉬에게는 이 도시가 어울리지 않지만 그녀는 뉴올리언스 방문을 끝내려고 하지 않는다. 스텔라의 남편 스탠리는 그녀를 박대하고, 그녀에 대한 좋지 않은 소문을 들추어내고, 어릴 적 살았던 집을 판 돈을 추궁하거나, 심지어는 강간을 해도, 블랑쉬는 제 발로는 이 집을 떠나지 못한다. 다만 그 과정에서 그녀는 그때까지 받았던 상처, 무너진 삶, 피폐한 육체, 기대것 없는 절망감으로 결국 정신병원으로 향하는 신세가 되고 만다.

일견, 이러한 그녀의 삶은 영웅의 삶과는 관련이 없어 보인다. 어쩌면 그녀에게는 빛나는 모험의 기회도 허락되지 않고 있고 이를 넘어서는 영웅적인 특성도 부여되지 않고 있다. 돌아갈 가정도, 다스릴 왕궁도 없어 보인다. 하지만 그래서 연극은 더 이상 왕이나 왕이 되는 이야기에 얽매이지 않게 되었다고 할 수 있다. 하지만 그렇다고 신화의 의미와 가치가 사라진 것은 아니었다. 이 작품 내에서 신화는 더욱 기묘한 구조로 내면화 되어, 더 이상 고대의 신화와 관련 없어 보여야 한다는 시대적 편견마저 충족하고 있다. 그것은 20세기 신화가 다시 재편되고 부활하는 방식과 관련된다(참고로 <욕망이라는 이름의 전차>는 1947년 12월3일 뉴욕에 위치한 '에텔 배리모어 극장'에서 초연되었다).

블랑쉬는 육체는 여인이지만 아직 다 자라지 못한 소녀나 다름없는 존재이다. 그녀의 첫 사랑이었던 한 소년처럼, 그녀 역시 현실의 높은 벽을 올곧게 넘지 못하고 있었다. 그녀는 어려서 대부호의 딸로 자랐지만, 그 집안에서는 그녀를 버려진 아이로 취급했다. 어쩌면 스텔라가 저택을 떠날 수 있었던 것도 위대한 혈통에 대한 거부감 때문이다. 블랑쉬는 버려졌고 세상에서 시련과 고난을 감내해야 했다. 모험은 긍정적인 결과를 가져오지는 못했지만, 그래도 그녀를 세상으로 나갈 수 있도록 해주었다. 그녀의 마지막 모험(시련)은 스텔라의 집으로 찾아오는 길이었다. 욕망의 성취를 위해 그녀는 뉴올리언스의 좁은 공간으로 자신을 밀어 넣은 셈이다.

이 작품의 특이점은 그녀의 마지막 시험장이자 최대 시련처이자 모험의 끝이 스탠리와의 동거(거주)였지만, 동시에 이 동거는 비어 있는 자신의 집으로의 귀환이었다는 점에서 찾을 수 있다. 그녀는 더 이상 돌아갈 곳이 없었기 때문에, 스텔라의 집은 그녀의 마지막 안식처여야 했다. 그러니 물론 나중에는 정신병원으로 가야 하지만 말이다. 그녀가 스탠리의 집으로 오는 행위는 모험이자 귀환에 빗댈 수 있다. 물론 이러한 귀환은 실패를 예정하고 있었고, 결국에는 비극적인 결말로 끝나야 했다. 그녀는 정신 이탈의 방법으로만 자신만의 왕국에 입성할 수 있었다고 해야 한다.

신화의 구조는 리얼리즘(연극)의 구조에 DNA처럼 투입되었다. 그 외형이 <오이디푸스>나 <햄릿>처럼 완벽하게 유사하다고는 할 수 없었지만, 작품 내부에서 용솟음치는 에너지는 동일하다고 해야 한다. 버려진 아이가 시련을 통해 세상으로 나갈 힘을 얻고, 어느 정도 모험에 성공하여 왕이 되지만, 결국에는 희생양이 되어 세상 바깥으로 사라지는 구조. 이러한 구조는 리얼리즘이라고 해서 예외가 될 수 없었다.

그 연원은 신화가 세상의 원리를 담은 작지만 근본적으로 동일한 조각이고, 이 조각이 19세기를 지나 20세기에 접어들면서 연극의 리얼리즘이라는 표피를 한 겹 더 얻었다는 사실에서 비롯되었다. 전언의 전달 양식(style)이 달라졌으나 그 안의 구조는 달라지지 않았고, 설령 그 구조가 달라졌다고 해도 기존에 누적된 신화의 내적 질문마저 제거한 형태의 구조는 아닐 것이기 때문이다.

'희생'은 연극에서는 결말을 획정 짓고 양식을 결정하며 작가의 세계관을 드러내는 중요한 미학적 자질이자 주제이다. 희생이라는 현상의 본질에 숨어 있는 추락과 소멸의 이미지는 비극의 양식적 특성 그 자체를 결정할 정도도 중요한 장치다. 신화는 연극으로 전이·융합되어 그리스 연극→셰익스피어 연극을 낳았을 뿐만 아니라 그 발전적 연장선상에서 시민비극 역시 도출하였다고 해야 한다. 이러한 비극에서 희생은 창조의 힘이었고, 가치를 창출하는 통로였던 셈이다. 신화적으로 말하면, 희생은 왕의 의무였고, 그러기 위해서는 버려진 아이가 시련을 딛고 세상과 소통할 수 있는 방안을 우선적으로 찾아야 했다. 그렇다면 연극 역시 신화를 담고 변형하는 또 하나의 예술로서의 그릇(형식)이었다고 해야 한다.◆

06

집으로 돌아오는 길,
여행의 도정에서

1. 신화의 후신, 문학과 영화

신화는 모험을 그린 한 편의 이야기이다. 한 사람의 일생에서 가장 주목되는 시기와 사건을 집중적으로 다루고 있다는 점에서는 문학 작품이나 연극 예술 혹은 현대 영화와 크게 다르지 않다. 사실 문학이나 연극이나 영화는 신화로부터 빚진 것이 적지 않다. 신화는 문학에 다양한 원천 소스를 제공했고, 그 자체가 문학 작품으로 둔갑하는 경우도 적지 않았다. 과거 주요 비극은 신화를 소재로 하고 있으며 현대 연극 역시 구조적으로 신화의 그것을 차용하고 있다. 영화 역시 끊임없이 신화를 수용, 변형, 복제, 재가공하고 있는 실정이다. 심지어 죠셉 켐벨은 영화가 20세기의 신화라고 설명하기도 했다.

그렇다면 왜 문학과 연극과 영화, 더 나아가서 서사체를 지향하는 이야기들은 신화를 지향하는 것일까. 신화가 가진 기본적인 속성은 이 질문에 답할 수 있다. 신화는 세상을 담아내는 하나의 방식을 뜻하는데, 이로 인해 신화는 세상의 잔재를 간직할 수 있게 된다. 덕분에 조각난 세상의 파편처럼 그 속성의 일부를 공유하게 된다. 한 사람이 어떻게 태어났고, 그 사람이 왜 모험을 떠나가게 되었으며, 그 모험의 실체가 어떠하고, 어떠한 의미를 지니는가를 보여주기 때문이다.

일단, 이러한 기본 구도 세계 속성의 일부로서 신화는 인간의 삶의 요체를 보여줄 수 있는 특수한 사례이다. 뿐만 아니라, 이러한 인간의 눈과 감성으로 바라보는 세상은, 그 세상을 아직 겪어보지 못한 사람들에게는 정보가 되고, 그 세상을 동일하게 경험하고 있다고 믿는 사람들에게는 위안이 된다. 그래서 신화와 그 후신들은 사람들에게 세상을 알게 해주고('무지'를 '지'로 변환시키고), 세상을 납득하게 해주며(자신의 고통과 불안이 자신만의 것이 아니라는 점을 이해시키기 때문에), 나아가서는 현재와 미래에 자신이 어떠한 세상을 걸어가야 하는지를 암시해준다.

신화는 세상의 모습을 조각으로 담아내는 특별한 방식을 개발했고, 그 방식은 문학에서도 동일한 힘을 발휘했다. 현대의 영화는 신화가 쇠퇴한 틈을 타서, 신화가 하는 역할을 더욱 적극적으로 대행하고자 애쓰고 있다. 신화가 정보를 제공하고, 지식을 통해 세상을 조직할 수 있게 하며, 나아가서는 지혜를 베풀어 이후의 세상을 통찰할 수 있게 해주는 기본적인 역할을 이어받았다. 영화는 발명 후 지속적으로 진보하면서 정보와 지식과 지혜를 이어받을 수 있는 준비를 착실하게 갖추어갔는데, 동시대에 이르러서는 이러한 대응력 없이는 관객의 마음을 사로잡을 수 없게 되었다.

이러한 변화는 신화가 과거 사람들에게 했던 역할을 상기시킨다. 그들은 세상을 알고자 했고, 세상의 문제를 납득하고자 했고, 세상의 미래를 먼저 알고 대비하고자 했다. 그래야 자신이 발 딛고 있는 세상에 대해 근본적인 공포나 불필요한 오해를 하지 않을 것이기 때문이다. 여기에는 인간이란 무엇인가, 성장이란 무엇인가, 타인과 사회란 무엇인가, 혹은 집이란 무엇인가, 라는 질문들도 함께 포함되었으며, 그 해답 역시 함께 얻어졌을 것이다. 그 질문들이 어느 정도 답을 얻으면 자신들이 원하는 '세상에 대한 지식'을 확보할 수 있게 될 것이고, 그 확보된 지식을 세상에 대한 자신의 지혜로 바꾸어 후대에 내려보낼 수 있는 방안을 찾을 수 있게 될 것이다. 그것이 신화였다. 물론 그것은 동시에 문학이기도 하고, 영화이기도 했다. 좋은 예술작품이 그러하듯, 신화도 과거-현재-미래를 아우를 수 있으며, 궁극적으로는 영원에 대해 생각하게 만든다.

2. 모험이란 무엇인가

앞에서, 신화 속의 주인공은 모험에의 소명(죠셉 켐벨의 용어)을 받고 모험을 떠난다고 했다. 모험은 돌아올 기약이 없는 상태에서 이루어진다. 가령 오이디푸스는 적어도 아버지가 생존하는 동안에는 코린토스로 돌아오지 않겠다고 맹세를 하고 '집(그때까지의 성장처)'을 떠났다. 주몽도 자신이 살아온 아버지의 나라('금와'의 국가)를 떠난 이후에, 다시는 그 나라로 돌아가지 않았다.

하지만 다른 각도에서 이 문제를 바라볼 수도 있다. 물론 오이디 푸스는 자신의 성장처로 돌아가지 않음으로써, 진실의 집(출생지와 친부모가 있는 나라)으로 접근할 수 있었다. 오이디푸스가 막 출생 해서 테베를 떠났고, 성장을 거쳐 다시 테베로 돌아왔으며(비록 자 신은 선택한 나라가 출생지인 줄을 몰랐다지만), 그 안에서 가족과 만나 또 하나의 가족을 이루었다는 사실을 염두에 둔다면, 그는 집 으로 돌아오는 과정을 겪었다고도 할 수 있다.

주몽의 경우에도 금와의 나라에는 돌아가지 않았지만, 자신의 나 라를 건설한 이후, 하늘의 나라로 갈 수 있는 길을 얻었다는 점에서 는 귀향했다고 보아야 한다. 주몽의 경우에는 그 아버지가 돌아간 나라이면서 할아버지가 다스린다는 나라가 일종의 근원적 고향일 테니 말이다.

신화는 실제의 성장처로 돌아가지 않음으로써 궁극적으로는 자신 의 근원으로 돌아가는 역설마저 포괄하고 있다. 그러한 측면에서 현 실의 집으로 돌아가느냐 가지 않느냐는 그다지 중요한 기준이 아니 다. 이러한 생각을 확장하면 신화는 근본적으로 '돌아옴', 즉 '귀가' 나 '귀향'의 의미를 다양한 방식으로 변주하려한다고 이해할 수 있 다. 어떠한 방식으로든 신화 속의 주인공은 근원을 향한 지향을 보 여주고 있다. 그 지향은 때로는 현실의 거처를 거부함으로써, 혹은 정신의 집을 강력하게 신화의 표면에 남겨둠으로써 미진한 결과 너 머에 귀환을 암시하기도 한다. 그렇다면 그러한 지향을 '집으로 돌 아오는 길'이라고 부를 수 있을 것이다.

이 장에서는 집을 떠나는 길이라는 뜻에서의 '모험' 대신에, 집으로 돌아오는 길이라는 뜻의 '여행'을 선택해 보겠다. 사실 두 단어는 크게 다르지 않다. 신화 속의 주인공은 모험을 떠나고, 실질적으로 귀환할 수도 있고, 아닐 수도 있다. 그러니까 떠났던 자리로서의 귀환처로는 돌아오지 못하는 경우도 있다. 하지만 귀환은 반드시 지향되는 하나의 속성이기 때문에, 다른 지향점(제자리가 아니라는 의미에서의 귀환처)로의 돌아옴은 이루어진다. 그렇기 때문에, 모든 모험은 돌아오기 위한 여정, 즉 여행과 실질적으로 다르지 않다.

집으로 돌아오는 길을 다룬 대표적인 신화는 오디세이신화이다. 그리스어 오디세우스(Odysseus)는 그리스 신화의 영웅이면서 동시에 호메로스의 서사시 ≪오디세이(아)(Odyssey, Ὀδύσσεια)≫의 주인공이다. 오디세우스는 울리세스(Ulysses)나 올릭세스(Ulyxes)라는 라틴식 이름으로 불리기도 한다 그는 이오니아해에 위치한 이타케 섬의 왕이었으며, 충절의 상징인 페넬로페의 남편이었으며, 또 다른 모험가 텔레마코스(Telemachus)의 아버지였다. 그리스뿐만 아니라 지중해 전역에 남아 있는 오디세우스의 흔적과 이야기의 파편은 문학작품으로 모여 ≪오디세이≫를 형성한 것으로 보이며, 이것을 구전하는 강담사 중에서 가장 중요한 인물이 호메로스였다. 호메로스에 의해 오디세우스 신화는 하나의 완성된 체제를 갖춘 문학작품으로 거듭날 수 있었다.

하지만 기본적으로 오디세우스 신화는 그리스 신화의 중요한 일부이며, 그리스 비극 작가들이 오디세우스 신화를 근본적으로 포함하고 있는 트로이 전쟁에 대한 위대한 희곡 작품을 남긴 바 있다.

≪오레스테스 삼부작≫을 비롯하여 <에페게니아> 같은 작품이 여기에 속한다.

다시 오디세우스 신화로 돌아가 보자. 이 신화가 각광 받는 가장 중요한 이유는 오디세우스가 지중해를 떠도는 험난한 여정을 겪으면서도 궁극적으로는 집을 지향했다는 점 때문이다. 그는 탁월한 모험가였고, 매력남이었기에, 그가 정주하려고만 했다는 다른 어떤 곳에서도 정주가 가능했을 것이다. 그리스 신화는 오디세우스의 이러한 속마음과 속사정을 은근히 자세한 기록으로 남기고 있다. 그를 유혹했던 여인들, 세상의 끝에서 만난 유혹들, 인간을 넘어 영생을 얻을 수 있는 기회들, 심지어는 모험을 계속하고 지적 호기심을 충족할 수 있는 시간들이 그에게는 주어져 있었다.

"칼립소는 바다의 님페였다. 이 님페라는 이름은 신분이 낮기는 하지만 신들의 속성을 다분히 가지고 있는 일군(一群)의 여신들을 의미하고 있다. 칼립소는 오디세우스를 따뜻이 맞아들여 굉장히 환대하였다. 그리고 그를 사랑하게 되었고, 그를 영원히 죽지 않게 하여 언제까지나 자기 곁에서 떠나지 못하도록 하였다. 그러나 그는 고국의 처자에게로 돌아가려는 결심을 버리지 않았다. 칼립소는 마침내 그를 돌려보내주라는 제우스의 명령을 받아들이게 되었다. 헤르메스가 이 명령을 가지고 그녀에게 왔다. 칼립소는 몹시 싫어하면서도 제우스의 명령을 따랐다. 그녀는 오디세우스에게 뗏목의 조립법을 가르쳐 주고, 식량도 충분히 실어 주었으며, 순풍도 불게 해주었다. 그는 여러 날 동안 순조로이 항해하며 육지가 보이는 데까지 왔으나, 갑자기 폭풍우가 일어나 돛대를 부러뜨리고 뗏목도 망가질 것 같았다. 그가 이런 위기에 처해 있는 것을 한 동정심이 많은 바다의 님페가 발견하고, 그녀는 가마우지 변신하여 뗏목 위에 앉아 그에게 띠를 하나 주고, 그것을 가슴 밑에 매라고 일렀다. 아무래도 물속으로 들어가지 않으면 안 될 경우에는 그것이 그의 몸을 뜨게 하여 헤엄쳐서 육지에 도달할 수 있게 해 줄 것이었다."11)

오디세우스를 유혹하고 그를 사랑했던 대표적인 여인이 칼립소였다. 그녀는 영생을 나누고 싶어 할 정도로 오디세우스를 사랑했고, 오디세우스 역시 그녀와 적게는 1년, 많게는 7년까지 함께 살았다고 전하고 있다. 이러한 장기간 동거로 인해 오디세우스와 칼립소 사이에 두 아들(나우시토오스와 나우시노오스)이 태어났다는 전승이 창출되기도 했고, 오디세우스의 아들 텔레마코스가 아버지의 흔적을 쫓아 이 섬으로 와서 다시 칼립소와 인연을 맺었다는 이야기가 생성되기도 했다. 심지어 로마의 한 작가는 오디세우스와 헤어진 칼립소의 운명을 자살로 마무리 짓는 작품을 창작하기도 했다.

그만큼 칼립소는 매력적인 여인이었고, 그녀의 사랑은 절절했다. 자살이나 자녀를 동반할 정도로, 칼립소와 오디세우스의 인연은 깊은 속사정과 내밀한 감정을 동반하고 있었다. 그럼에도 오디세우스는 칼립소의 곁에 머물며, 남은 삶을 함께하는 것을 끝내 거절했다. 그의 소망이 너무 강렬하여 제우스도 그의 귀향의지를 인정했고, 칼립소도 그가 귀향할 수 있도록 끝내 놓아주고 말았다.

오디세우스의 귀환 의지는 주목받는 신화의 모티프이다. 그는 지중해를 떠도는 모험을 겪으면서 신기하고 환상적인 풍경에 매료되었고, 때로는 위험을 이겨내면서 새로운 인생을 설계할 기회를 얻었

---

11) 토마스 불핀치, 최혁순 옮김, 『그리스 로마 신화』, 범우사, 1991, 310~311면.

지만, 늘 그는 집으로 돌아가기를 고집했다. 몇 십 년에 해당하는 기간 동안 세상을 떠돌았다면, 실제로 자신의 집이 어디인지 가늠하기 어려운 상태가 되었을 수도 있을 것 같은데, 오디세우스에게는 그집이 항상 명확했다. 그 집으로의 귀환이 그에게는 마지막 남은 모험에의 소명이었다고 보아도 무방할 것이다.

그렇다면 다시 질문할 수 있다. 왜 오디세우스는 집으로 돌아가는 길을 고집했을까. 더구나 그리스 신화를 주의 깊게 들여다보면, 오디세우스뿐만 아니라 많은 영웅들이 귀환을 중요하게 여긴다는 사실을 어렵지 않게 눈치 챌 수 있다. 모험을 떠났던 이들은 전리품을 가지고, 집으로, 왕궁으로, 자신의 영역으로 돌아가고 싶어 한다. 아가멤논처럼 일세의 승리와 빛나는 영광 그리고 아름다운 전리품을 들고 귀환하는 것을 최우선의 가치에 둔다. 그 끝에 죽음이 기다리고 있을지라도 말이다.

오디세우스에게 귀환의 이유는 이타케 섬에서 벌어진 하나의 풍경과도 관련이 깊다. 그 풍경을 해석할 수 있을 때, 오디세우스의 깊은 마음 속 귀환에의 의지를 이해할 수 있을 것이다.

3. 집은 아내와 자식이 있는 곳

오디세우스는 젊은 날 그리스 전역을 휩쓸었던 하나의 광란에서 현명하게 탈출할 수 있었던 거의 유일한 인물이었다. 세계 최고의 미인으로 공인되는 헬레네(Helene)를 둘러싼 구혼자들의 쟁투가 그

광란이었는데, 그 쟁투가 격화되는 바람에 그리스는 내전 같은 충돌의 위기에 처하기도 했다. 애초 오디세우스 역시 헬레네를 얻으려는 구혼자들의 한 사람이었지만, 그는 곧 그러한 바람이 현실적으로 가능하지 않다는 깨달음을 얻는다. 자신처럼 큰 권력을 가지지 않은 지역의 군소 귀족이, 전 그리스의 영웅과 군주가 원하는 헬레네를 차지할 확률이 낮다는 사실을 인정해야 했기 때문이다.

대신 그는 헬레네의 사촌인 페넬로페(Penelope)를 자신의 신부로 점찍는다. 그리고 페넬로페를 얻는 과정에서 헬레네의 아버지에게 헬레네를 둘러싼 문제를 정리하는 현명한 방책을 제시했다. 이른바 '구혼자의 맹약'으로 불리는 이 방책은 헬레네가 누구의 아내가 되든 구혼자들은 남편의 독점적인 권리를 인정하고 헬레네의 결혼을 수호하겠다는 맹세였다. 이로 인해 영웅들은 서약에 동참했고, 헬레네를 둘러싼 갈등은 사라지는 듯 했다. 실제로 그 후 헬레네는 메넬라오스에게 시집을 갔고, 그녀의 쌍둥이 자매인 클리템네스트라는 아가멤논에게 시집을 가면서 평화로운 시대가 도래하는 듯 했다.

문제는 헬레네가 파리스에게 유혹(혹은 납치)되어 트로이로 건너가면서 다시 촉발되었다. 그리스는 아가멤논을 중심으로 하여 대대적인 원정 계획을 수립하고, 과거 '구혼자의 맹약' 헬레네를 보호하겠다는 맹약에 따라 그리스 전역의 영웅들을 소집하였다. 맹약의 발의자이자 서약자로서, 오디세우스 역시 이 전쟁에 참여하는 (끌려가는) 처지가 되었다. 그렇게 오디세우스는 트로이 전장에 뛰어들었다.

좀처럼 트로이의 전쟁이 끝나고 그리스의 많은 영웅들이 귀환했지만, 오디세우스는 귀환하지 못했다. 그는 고향으로 가지 못하고 지중해를 떠도는 신세가 되었고, 그로 인해 그의 가정과 왕국과 아내 페넬로페는 큰 위기에 처한다. 오디세우스가 죽었다고 확신하는 구혼자들은 페넬로페의 재가를 요구했고, 이를 거부하고 연장하는 페넬로페에 맞서 왕궁을 점령하다시피 했다.

오디세우스기 기필코 이타카 섬으로 돌아와야 했던 실전적 이유는 페넬로페의 행실에서 찾을 수 있다. 그녀는 기약 없는 남편을 기다리면서도 힘겹게 버티고 있었다. 정절을 잃지 않았고, 무력과 강제 점령으로 결혼을 강요하는 구혼자들을 지혜로 상대하며 힘겹게 버티고 있었다. 시아버지의 수의를 다 만들고 결혼 대상자를 선택하겠다는 공약을 한 이후에, 매일 밤 수의(실)를 다시 풀면서 시간을 끈 것이다. 그것마저 더 이상 핑계가 되지 못하는 시점에서는 남편 오디세우스의 활을 당길 수 있는 자와 결혼하겠다는 불가능한 조건을 제시하면서 그야말로 하루하루를 버티고 있었다. 멀리 떨어진 오디세우스가 이러한 페넬로테의 사정까지야 알 길이 없다고 하겠지만, 페넬로페의 이러한 행실은 오디세우스에게 가정의 귀환은 최우선의 목표로 하는 실질적 당위성을 만들어내기에 충분했다.

이러한 페넬로페의 행적은, 그녀의 사촌들이었던 헬레나나 클리템네스트라와는 전혀 상반된 것이었다. 헬레나는 남편을 떠나 다른 이의 품에 안기는 선택을 했고, 클리템네스트라는 남편의 적(사촌)과 사통하고 귀환한 아가멤논을 죽이는 범죄를 저질렀다. 물론 그녀들에게도 연애에 대한 자유 의지가 있을 수 있고, 아가멤논의 범죄

(친딸을 죽인 죄)를 단죄한다는 명분이 있었지만, 적어도 남편의 입장에서 보면 정조를 지키지 못했고 결혼의 서약을 어긴 중죄인일 수밖에 없다.

하지만 페넬로페는 이러한 여인들과 달랐다. 그녀는 정조를 지켰고, 아들을 지켰고, 가족과 왕궁을 지켜냈다. 힘겹지만 그녀는 남편의 귀환을 믿었고, 자신이 해야 할 일이 무엇인지를 잊지 않았다. 이러한 아내를 둔 남편은 대단한 행운이었다.

하지만 거꾸로 볼 여지도 있다. 페넬로페는 왜 자신의 사촌이나 당대의 유명한 미인들과 다른 선택을 했을까. 그녀 역시 오디세우스라는 남편을 두었기 때문은 아니었을까. 오디세우스는 현명한 인물이었고, 가족을 사랑한 인물이었다. 구혼자의 맹약에도 불구하고 가족과 함께 하는 삶을 선택하고 싶어했다. 그에게는 일세의 영광이나 무분별한 전쟁이 아닌 그의 아내 페넬로페와 아들 텔레마코스(오디세우스가 전장에 나간 이후로 태어남)와의 시간이 중요했던 것이다.

오디세우스의 귀환에는 페넬로페의 기다림이 있었고, 페넬로페의 기다림을 이끄는 힘에는 오디세우스에 대한 믿음이 있었다. 이러한 여인의 기품은 오디세우스로 하여금 크고 아름답고 다양한 유혹이 가득한 세상에서도, 반드시 집으로 돌아가야 한다는 명분을 상기시켰다. 그곳에 아내와 아들 그리고 집이 있었기 때문이었다.

4. 집은 행복의 원형(原型)

　평론가 김우창은 집 혹은 고향은 '행복의 원형'이라고 말했다. 사실 이러한 말은 그 이전에도 즐겨 행해지는 잠언이었다. 그만큼 보편성을 함축하고 있는 말이라고 할 수도 있을 것이다. 이러한 잠언을 믿는 이들은 문학이나 영화 등의 서사체가 궁극적으로 겨냥하는 하나의 목표로서 '집'을 제시하기도 한다. 문학은 잃어버린 이상향을 향해 가는 길이자 모험이라는 것이다. 문학의 속성에 따라 그러한 이상향을 현시할 수도 있고, 생략할 수도 있겠지만, 그곳을 향한다는 목표만큼은 의심할 여지가 없다는 것이다.

　　　쥬세페 토르나토레의 영화 <시네마 천국>을 보면 토토와 연인이 헤어졌다가 야외 상영장에서 만나는 대목이 있다. 흥미로운 사실은 그 대목에서 방영되는 영화가 <오디세이>였다는 점이다. 오디세이가 집으로 돌아가기 위해서 악전고투를 벌이는 대목이었는데, 이 대목이 토토가 그의 연인이 만나는 장면에서 영사되고 있다는 사실은 은근히 토토가 아직도 먼 길을 돌아야만 그의 연인 엘레나를 만날 수 있다는 역설적인 사실도 암시한다. 실제로 토토와 에레나는 어려서 헤어져야 했고, 성인이 된 이후에야 자신들이 헤어졌다는 사실을 실감할 수 있었다. 그리고 그 이전까지 토토는 영화 속의 영화가 예언한 것처럼 집으로 돌아오지 못했고, 토토의 어머니 말대로 결코 행복해지지 못했다. 가장 큰 이유는 성년의 토토가 사랑하는 여인과 함께 하지 못했기 때문이다(이 역시 어머니의 말).

　오디세우스의 귀환은 신화 속의 주인공이 간절히 바라는 결론이 사실은 '빈집으로의 귀환'이라는 점을 명백하게 보여준다. 여행의 끝은 집이었고 그 돌아옴은 여행을 마무리 짓는 마지막 단계에 해당했다.

귀환한 오디세우스가 한 첫 번째 일은 페넬로페의 구혼자들을 정리하는 일이었다. 구혼자들은 자신의 경쟁자였고, 위협 요인이었으며, 세상에 자신의 건재를 알리는 증거이어야 했다. 자신의 것을 위협하는 적대자들을 일소하는 과정에서, 아들 텔레마코스는 중요한 역할을 하면서 영웅의 자질을 보여준다. 텔레마코스 역시 아버지를 찾아 지중해를 돌며 여행을 했고, 어느새 성장해서 주몽의 아들 유리처럼 성인으로 성장하고 있었다. 그 아들과의 협력은 오디세우스가 생각하는 '집'의 진정한 힘이었다.

아들은 되찾는 일은 두 번째 일이었다. 아들은 자신의 정체성을 확정짓는 중요한 흔적이었다. 조르주 바타이유의 말대로 성은 인간의 정체성을 연장하는 행위로 인간의 불연속성을 연속성으로 대체하려는 존재의 선택이다. 존재의 연속성을 확인하는 행위인 셈인데, 그 결과물이 아들인 것이다. 아들은 '나'의 분신이며 확대이고 후대로의 이전이다. 아버지의 정체성은 아들로 인해 불연속의 제한을 넘을 수 있다. 이러한 아들을 되찾는 일은 신화 속에서 쉽지 않은 일로 나온다. 아버지로서 자신을 증명해야 하고, 아들 역시 아들로서의 자격을 증명해야 한다.

유리는 아버지가 남긴 칼을 찾을 때에만 아버지에게 갈 수 있는 길을 얻을 수 있었고, 그 여행을 끝낸 이후에도 본연의 능력으로 아버지의 인정을 받아야 했다. 이중관은 오디세우스와 텔레마코스의 관계도 다르지 않았다. 아이러니한 것은 오디세우스가 또 다른 아들에 의해 살해당한다는 사실이다. 사실 신화 속의 많은 영웅들은 자식들에 의해 죽는다. 그것은 제우스부터 시작된 세상의 아들들의 반란 아닌 반란이기 때문이다.

오디세우스가 한 마지막 일은 아내를 되찾는 일이다. 구혼자를 몰아내고 아들을 되찾았지만, 아내마저 그러한 방식으로는 되찾을 수 없었다. 흥미로운 것은 오디세우스가 다시 아내의 침실에 들어갔을 때(거지로 몰래 궁에 잠입했을 때가 아니라), 신들은 그들 부부에게 긴 밤의 시간을 특별히 허락했다는 점이다. 오디세우스와 페넬로페는 긴 시간을 기다려 사랑을 나누었을 것이다. 그 사랑은 처음에는 몇 십 년의 시간을 넘는 섹스로 시작되었겠지만, 점차 오디세우스의 모험과 귀환의 과정으로 옮겨갔을 것이고, 그들 부부의 대화는 세상 다른 부부의 대화들처럼 곧 자식과 주변에 대한 이야기로 넘어갔을 것이다. 조곤조곤 들리는 침실에서의 시간은 섹스의 기막힌 육성보다도 더 오랫동안 이루어졌을 것이고, 세계를 흔드는 영웅이 그토록 바라던 시간이 무엇이었는지를 저절로 설명할 수 있었을 것이다.◆

07

부활한다는 것의 의미

1. 신화 속의 다양한 부활

신화에서 부활은 흔히 접하는 모티프이다. 사실 신화에서 다루어지는 부활은 한 가지 유형이 아니다. 가장 흔하게 목격되는 유형은 저승으로 갔다가 돌아오는 유형의 부활이다. 그리스 신화에서 저승의 신은 하데스로, 그가 지배하는 왕국은 지하에 위치한다. 지하 명부로 상징되는 이 왕국은 죽은 자들이 주로 가야 하는 공간이다.

하지만 반드시 죽은 자만 이곳에 갈 수 있는 것은 아니다. 많은 영웅과 신들이 이곳을 출입한다. 가령 프시케는 아프로디테의 명령을 수행하기 위해서 이곳을 들른다. 처음 프시케는 이 모험을 완수하기 위해서는 실제로 죽는 방법밖에 없다고 생각했다. 하지만 조력자의 도움을 얻어 명부로 가는 길을 찾아내고, 그 길을 따라 페르세포네를 만나 물병을 받아오게 된다.

오르페우스처럼 실제로 죽은 이를 만나 회생시키기 위해서 저승에 갔다고 돌아오는 유형도 넓은 의미에서 부활의 새로운 유형에 속한다. 오르페우스 신화는 디오니소스 신화와도 연결되는데, 잘 알려져 있다시피, 디오니소스는 부활의 신이다.

오르페우스는 음악의 명인이었다. 그의 연주는 세상을 놀라게 했고, 많은 사람들의 마음을 요동치게 했다. 오르페우스는 에우리디케와 결혼했는데, 에우리디케는 그녀의 아름다움을 탐낸 한 신의 손길을 거부하다가 그만 죽고 만다. 오르페우스는 음악을 통해 그녀가 지상에 없다는 사실을 확인하고 명부로 내려가 그녀를 찾기로 결심한다. 그는 명부의 왕 하데스와 망령들에게 음악을 연주하면서 자신의 아내를 살려줄 것을 탄원한다. 그의 음악은 결국 하데스의 마음을 움직였고, 결국 하데스는 에우리디케를 데리고 가도 좋다고 허락한다. 문제는 에우리디케를 명부에서 완전히 데리고 나갈 때까지 돌아보아서는 안 된다는 석방의 조건에서 비롯된다. 오르페우스는 명부의 문턱에서 이 조건을 어겼고, 에우리디케는 다시 저승으로 끌려가고 만다. 아내를 영영 잃어버린 오르페우스는 그만 자신이 죽기를 희망했다. 그의 음악은 천지의 신과 인간 그리고 사물을 울렸고, 거듭되는 음악 연주로 그만 심신이 지쳐 쓰러지기에 이르렀다. 디오니소스 축제에서 쓰러진 그는 광분한 처녀들에 의해 살해되었다고 한다. 처녀들은 그의 음악을 중단시키고 그의 사지를 찢어 그의 머리와 리라를 헤브로스 강에 던져버렸다.[12]

간단하게 간추린 오르페우스 신화는 몇 가지 흥미로운 관찰 지점

---

12) 토마스 불핀치, 최혁순 옮김, 『그리스 로마 신화』, 범우사, 1991, 241~244면 참조.

을 제공한다. 첫째, 오르페우스는 에우리디케를 잃고 저승을 방문하는 모험을 치렀다. 이 모험은 적지 않은 저승 방문자들이 그러하듯, 현실의 차원에서는 죽음을 의미한다. 하지만 그는 살아났고(비록 에우리디케를 데리고 동반 부활하지는 못했지만), 현실에서 다시 음악을 연주하는 생을 이어간다. 이 부활은 첫 번째 부활이라고 할 수 있는데, 아내에 대한 애정이 그-오르페우스를 '죽음까지 이르는 절망'으로 인도했으나, 결국에는 그녀에 대한 추모와 사랑이 그-오르페우스를 다시 현실의 음악인으로 돌려놓았다고 볼 수 있다.

이후 오르페우스의 음악은 더욱 정진된 것으로 보인다. 신화에서는 천지 만물을 울리는 음악으로 표현된다. 흥미로운 것은 재생한 오르페우스가 자신의 삶에 애착을 보이지 않는다는 것이다. 신화의 한 구절을 빌리면, "그-오르페우스는 그 후 여자를 멀리하고 그의 슬픈 불행의 추억을 끊임없이 되씹으며 살았다"고 묘사되어 있다. 토마스 불핀치의 이러한 기록은 상당한 의미 증폭을 일으킬 수 있다. 오르페우스의 부활은 지상에서의 삶을 연장시키고 음악에 대한 집중도를 높였지만 생에 대한 강렬한 애착은 이미 휘발된 상태였던 것이다.

'그-오르페우스'는 죽음과 광기, 음악과 술에 탐닉했던 것으로 보이는데, 그것은 디오니소스 축제(음주와 가무를 동반한 광란의 축제)에 참가한 그의 이력에서 확인된다. 디오니소스 축제에 참가한 처녀들은 평소에 자신들의 구애를 거부했던 오르페우스를 광기 넘치는 방식으로 살해한다. 신화의 맥락은 인과 관계를 분명하게 기록하지는 않았지만, 대략 추정하면 오르페우스는 음악과 예술의 명인으로 추앙받는 당대의 스타였을 것이다. 하지만 그의 오만함(아내에 대한 열정과 재혼하지 않는 태도)이 결국에는 그를 사랑했던 사람들(일종의 광적인 팬들)에게 적대감을 불러일으키지 않았나 싶다.

더욱 중요한 것은 그의 죽음이 집단에 의한 살해로 나타났다는 점이다. 그는 어떠한 방식으로든 그의 예술(음악)을 부정하는 무리들에 의해 세상에서 사라졌다.[13] 사실 이러한 사라짐을 상징적인 의미로 해석할 수도 있다. 그의 음악에 열광했던 이들이, 그의 인기에 동참했던 이들이, 어느 날 그의 음악과 그의 인기를 거부했다면, 오르페우스에게는 사형 선고나 마찬가지였을 것이기 때문이다. 그러니까 그의 첫 번째 죽음이 아내를 잃은 현실적인 슬픔이었다면, 그의 두 번째 죽음은 그가 음악과 자부심을 잃은 상징적인 절망이었다고 볼 수 있다.

하지만 그의 두 번째 죽음도 부활하면서, 그의 생은 다시 재생된다.

> "그녀들은 소리를 질러 리라 소리가 들리지 않게 한 후에 무기를 던졌더니, 그는 이에 맞아 피에 물들었다. 광란한 처녀들은 그의 사지를 갈기갈기 찢고 그의 머리와 리라를 헤브로스 강에다 던져 버렸다. 그러자 그것들은 슬픈 노래를 속삭이듯 노래와 연주를 하며 흘러내려갔고, 양쪽 강변에서도 이에 맞춰 슬픈 노래를 불렀다. 무우사의 여신들은 갈기갈기 찢어진 그의 몸을 모아 레이베트라라는 곳에 묻었다. 이 레이베트라에서는 지금도 밤꾀꼬리가 그의 묘에서 그리스와 다른 지방에서보다도 아름다

---

13) 오비디우스는 오르페우스가 명부 여행에서 돌아온 이후 다른 여자(들)를 멀리했고 이로 인해 오르페우스에게 앙심을 품은 여자들이 상당했다고 기술한 바 있다(오비디우스, 이윤기 역, 「오르페우스의 노래」, 『변신이야기』, 민음사, 1994, 331~332면 참조).

운 소리로 운다고 전해지고 있다. 그의 리라는 제우스에 의해서 성좌 사이에 놓였다. 망령이 된 그는 다시 타르타로스에 내려가 거기서 에우리디케를 찾아내자 열렬히 그녀를 끌어안았다. 그들은 같이 행복에 취해 들판을 거닐었다. 때로는 그가 앞서기도 하고 때로는 그녀가 앞서기도 하면서 오르페우스는 이제는 부주의하게 그녀를 바라보았다고 하여 벌을 받을 염려도 없이 마음껏 그녀를 바라보았다."14)

디오니소스 축제에서 만난 여인들은 그녀의 음악을 사랑하면서도 자신들의 뜻에 동조하지 않는 그-오르페우스를 살해하기로 결심한다. 그런데 살해 과정이 흥미롭다. 그녀들은 오르페우스의 음악이 있는 한 그를 죽일 수 없다는 사실을 알고, 그-오르페우스의 음악을 중단시킨다. 이것은 음악적 역량을 잃어버린 오르페우스에 대한 단죄라고도 해석될 수 있다.

하지만 오르페우스의 죽음이 끝은 아니었다. 그가 죽은 뒤 여신들은 그-오르페우스의 머리(정신)와 리라(남긴 음악)를 수습해서 그를 레이베트라라는 곳에 안장한다. 이 안장은 일종의 추모비 건립과 유사한 과정이 아니었나 싶다. 더 중요한 것은 많은 이들이 오르페우스의 음악을 상기하기 시작했고, 그의 삶과 죽음에 이르는 과정을 더듬기 시작한 것이다. 물론 그가 남긴 음악도 어떠한 방식으로든 향유되었을 것이다. 그에 대한 추모와 향유는 그를 음악의 신성으로 격상시켰고, 별자리와 같이 빛나는 평가를 이끌어내었을 것이다.

---

14) 토마스 불핀치, 최혁순 옮김, 『그리스 로마 신화』, 범우사, 1991, 244면 참조.

그는 음악으로 다시 살아났고, 그가 육체적으로 반드시 부활하지 않아도 대중들은 그를 기억하고 그의 음악을 즐기기 시작했다. 이것은 예술가의 부활이고 영생이라고 할 수 있다. 신화 속의 부활은 비단 육체의 물리적인 현신을 뜻하는 것은 아니었다. 어쩌면 광신도들의 죽음은 그의 음악을 향한 진정한 고난과 가혹한 학대의 과정이 필요했음을 뜻하지는 모르겠다. 진정한 예술가는 물리적 죽음 이후에 진정한 가치 평가를 받게 된다. 물리적 죽음이 그 이후에 오는 부활과 재생가를 이끌어낸다는 점에서 일종의 통과의례라고 볼 수 있는데, 광신도의 죽음은 이 과정을 보여준다고도 이해될 수 있겠다.

신화는 오르페우스의 영적인 여행의 끝도 기술하고 있다. 저승으로 내려간 오르페우스는 그토록 만나고 싶었던 아내 에우리디케와 재회한다. 살아서 만나고, 죽음 이후에 다시 만났지만, 영생을 누린다고는 할 수 없었다. 신화의 말미에서는 죽었지만 오히려 그로 인해 함께 있게 된 두 사람의 모습을 행복하게 그려내고 있다. 에우리디케를 잃어 현세에 눈물과 비탄을 가져왔던 오르페우스의 음악도 이곳에서는 그다지 강조되지 않는다. 음악은 현세에 남았고, 그의 명성은 성좌처럼 빛났지만, 그의 행복은 일상에 있었던 것이다. 그렇다면 진정한 부활은 어쩌면 직업과 의무, 타인과 사회에서 돌아와서, 자신의 내면을 주시하며 사랑하는 이와 함께 하는 것이라는 다소 교훈적인 결말도 끌어낼 수 있지 않을까 싶다.

2. 디오니소스와 부활의 의미

디오니소스 이야기로 넘어가보자. 오르페우스는 왜 디오니소스 축제를 즐기는 처녀들에 의해 살해되었을까. 물론 디오니소스가 술의 신이고, 감정의 신이고, 그리고 광기의 신이기 때문에, 그의 축제에 참여한 처녀들이 보편적 이성으로 행동했다고 보기는 어렵다(그 축제에 참여하고 오르페우스를 발견하는 기간 동안만이라도).

더구나 디오니소스라는 예술의 신(가치 체제)와 오르페우스라는 예술가(음악의 명인) 사이에는 떼려야 뗄 수 없는 관계가 존재하고 있다. 예술가는 예술의 이념과 속성에 종속될 수밖에 없고, 디오니소스라는 거대한 신념 체제를 공유하는 이들 사이에는 일반인들이 납득하기 어려운 자신들만의 세계가 존재하고 있었다. 가령 예술가들의 모임과 내부 질서가 일반인들의 눈에 이질적으로 비추는 것은 어제 오늘의 일이 아니다. 이러한 생각을 더욱 확대하면, 예술가들은 기존의 질서를 넘어서려는 준비를 갖춘 사람들이며, 이러한 질서에 예속되는 인물들은 예술가가 되지 못하고 그 추종자가 될 수밖에 없다.

예술은 그 어떤 우상도 거부하는 속성이 있으며, 그로 인해 금기나 규칙 같은 인세의 합의도 우습게 여기는 성향을 본질적으로 지향한다. 주목받는 예술품들은 당대의 보편적 인식을 어떠한 방식으로든 넘어서는 예술일 수밖에 없었다. 보편적인 사람들도 이 점을 어느 정도는 인정하고 있었다고 해야 한다.

하지만 디오니소스 신과 그의 추종자들은 그 파격의 정도가 너무 커서 좀처럼 그 인정 범위를 적용시킬 수 없었다. 디오니소스 신화를 보면 그와 그의 추종자들을 필사적으로 막는 테베의 왕 펜테우스 이야기가 포함되어 있다. 펜테우스는 디오니소스를 거부하고 그의 입국을 거칠게 방해한 인물이다. 신화는 이러한 펜테우스의 노력을 무용한 것으로 기록하고 있지만, 실제로 이것은 정치와 사회를 책임진 자라면, 당연히 우려할 수 있는 보편적 설정에서 연유하고 있다. 그만큼 펜테우스가 다스리는 나라에서 디오니소스라는 존재는 기피해야 할 대상일 수밖에 없었다.

그것은 디오니소스 신화가 지니는 외래성을 뜻한다. 디오니소스의 원류는 이집트 오시리스 신에서 찾을 수 있다. 오시리스 신에 대한 믿음이 외부 지역으로 확대되다가 그리스 문화와 접변하면서 신화 체제 내로 흡수되는 과정을 저항과 기피의 과정으로 그려냈다는 것이다. 물론 이러한 종교학자의 주장에도 일리가 없는 것은 아니지만(틀림없이 일리가 있다고 생각한다), 디오니소스 신의 외래성은 반드시 외국 신화 체계를 따랐기 때문에 생겨난 것으로만 보기는 힘들다고 생각한다. 그리스 민족은 지중해 곳곳에 해항도시를 만들었고 그러한 기점을 통해 해상 무역뿐만 아니라 신화와 문화까지 이미 통합해나가는 과정을 경험한 민족이었다. 그때마다 다소의 저항과 충돌이야 있었겠지만, 그것이 디오니소스의 전부는 아닐 것이다. 오히려 디오니소스가 가진 감정, 광기, 술 등의 비이성적인 요소에 대한 두려움과 경계가 더욱 커다란 비중을 차지하지 않을까 싶다.

어떠한 측면에서도 디오니소스의 등장은 다양한 저항을 받은 것으로 여겨진다. 신화를 보면 그는 멀리 있는 섬에서 구출되어 이집트를 거쳐 그리스로 들어오는데, 그때마다 그를 죽이려는 이들이 늘 존재했다. 그 과정은 예술에 대한 무지나 감정에 대한 과도한 집착(광기, 광란)에 대한 두려움(혹은 그 전파)으로 해석된다. 그럼에도 디오니소스는 그리스 사람들이 주 무대로 생각하는 세상으로 들어왔고, 제우스라는 통합된 질서 체제의 정점으로부터 인정받는 신이 되었다(아들로 인정).

디오니소스가 '세멜레'라는 황당한 요구를 했던 여자의 아들이라는 점은 광기와 감정 그리고 예술이 사실은 연계되어 있는 것이라는 암시도 남긴다. 세멜레는 신이 아닌 인간 여자로, 제우스의 총애를 받은 여인이었다. 헤라로 표상되는 교만의 유혹을 이기지 못한 세멜레는, 인간이 감히 볼 수 없는 영역(제우스의 진면목)을 보고자 하는 (예술적) 월경을 감행했다. 그 결과 세계(제우스)의 진면목을 확인할 수 있었지만, 그 대가로 인간으로서의 생을, 마감해야 했다. 디오니소스는 인간이 '세계 너머의 진실'을 보려는 욕망을 지니며(세멜레), 그 욕망의 산물이 예술을 증거한다. 이러한 디오니소스는 부활의 신이 되어야 했다. 이성으로 축조된 세상에서 느껴지는 두려움—가령 봄이 오지 않을 수도 있다는 식의—을 해결하는 역할을 맡아야 했다. 이성의 질서에 맞서는 또 하나의 문화 체계를 인정하는 기준이 되어야 했다. 사람은 늘 이성적일 수 없다. 어떠한 경우에는 이성보다는 감성을 더욱 중시하는 사례도 빈번하다. 이러한 감성은 이성의 사회에서 불쑥불쑥 튀어나오는 광기처럼 보이지만, 그 기간이 지나면 다시 이성을 북돋아 세울 수 있는 계기가 되어야 했다.

디오니소스가 관장했던 술이나 축제는 모두 마비와 중독을 보인다. 이것은 인간 세계에서 존재하고, 또 존재해야 하는 것들임에는 틀림없다. 하지만 우리는 술과 축제로만 인생과 삶을 설계할 수는 없다. 호모 루덴스의 입장을 지지하는 이들에게는 불만이겠지만, 인간의 삶과 현실 문명은 이성과 노동, 의무와 지식이 기초하는 세상 위에서 일정한 기간을 특별한 시간과 공간으로 분리하고, 그 특별한 시공간에 특별한 행사를 준비한다. 일탈, 방황, 위반이 존재하고, 그 힘은 감성, 광기, 술, 심지어는 마약이니 범죄 등의 기존 체제를 부인하는 행위에서 비롯된다. 어떠한 경우에는 합법적인 반역과 강간이 용인되기도 할 정도로 과거에는 이 특별한 시공간에 대한 존중이 컸다.

하지만 현대문명은 이러한 일탈을 최소화하려는 움직임을 보여왔다. 노동의 신성성이 강조되고 타자의 권리가 부각되면서 사회를 일탈하려는 이들의 행동을 강하게 윽박질렀다. 그리스 사회 역시 그러한 풍조를 따랐다. 이성이 지배하는 사회, 질서와 규율이 강하게 통용되는 문명에서, 술 먹고 놀고 노래하고 즐기는 행위는 다소 이질적이라는 생각을 넘어 위험한 행태로 간주될 수밖에 없었다.

디오니소스는 중요한 신이었지만, 일상을 지배하는 절대적인 신이어서는 곤란했다. 그는 삶의 여기저기에 숨어 있어야 했고, 특별한 기간에만 활개를 쳐야 했다. 디오니소스 축제 기간에 이루어진 일련의 행사는 이러한 감성의 역할을 뜻한다. 호모 루덴스의 입장을 존중하는 이들은 이러한 문명의 모습을 부인하거나 잘못되었다고 비판하지만, 현실의 모습은 사실 이성의 신 아폴론이 절대적으로 존중받는 합의 하에 있었음이 틀림없다. 물론 현대 문명의 최초 완성이라고 할 수 있는 그리스 사회도 다르지 않았다.

예술은 사회의 일각으로 축소되어야 했다. 연극은 특별한 사람들이 만들고, 특별한 기간에만 즐겨야 했다. 일상 그 자체가 연극으로 뒤덮이는 것은 아리스토텔레스도 용납하지 못했을 것이다. 디오니소스는 분명 세상을 관장하는 주요한 역학을 맡은 신 중 하나여야 했지만, 항시 일상을 지배하는 신이 되어서는 곤란했다. 엄격한 처벌의 신 제우스나, 지혜의 신 아테네, 혹은 이성의 신 아폴론이 보다 주요한 신이 되어야 했고, 광기와 예술의 신인 디오니소스는 허락받은 분야와 시공간을 다스리는 신이어야 했다. 이러한 측면에서 디오니소스는 부활의 모습을 지닌 신이어야 했다. 늘 있다기보다는 지친 몸과 일탈이 용인되는 시점에 우리 앞에 현시해야 했던 것이다. 이것이 디오니소스가 우리에게 주는 '부활'의 의미이다. 펜테우스는 그 최소한의 부활, 감성과 예술의 짧은 득세마저 용인하려 하지 않았던 통치자(지배자 혹은 그의 사회 구도)였기 때문에, 결국에는 패퇴하고 파멸할 수밖에 없었던 것이다.

3. 부활의 의미를 집대성한 크리스트교

앞에서도 한 번 언급했지만, 이미 죽은 자를 구하거나 명부에서의 특수한 임무를 수행하기 위해서 지하로 내려간 영웅들의 숫자는 적지 않다. 거꾸로 말하면 신화는 끊임없이 죽음이라는 삶의 저편을 탐색하는 이들을 주목하면서, 삶 이후에 이어질 세상의 모습을 살펴

보고 싶어 한다.

이러한 인간의 노력은 누대에 걸쳐 이루어졌으며, 조금 과정하면 인간이 생성되는 시점부터 시작된 고민이라고 볼 여지도 있다. 신화를 의문과 대답의 과정으로 파악하는 사람들은, 신화가 탄생하게 된 계기는 크게 두 가지 질문 때문이라고 생각한다. 신화는 본래 인간들에게 주어져야 할 거대한 지식 체계에서 이 두 가지 질문이 지워졌기 때문에, 그 대답을 채워 넣기 위한 인류의 탐사 과정이라는 것이다.

하나는 인간이 어디에서 왔는가이고, 다른 하나는 인간이 어디로 가는가이다. 인간이 어디에서 왔는가에 대한 명확한 답변이 있었다면, 이곳-현실에서의 삶은 다른 차원으로 바뀌었을 것이다. 또 인간이 이곳-현실 이후에 어떠한 삶(이곳 이후의 과정을 '삶'이라고 불러도 좋을지 모르겠지만)을 누리게 되는가를 알 수 있다면, 이른바 죽음에 임하는 자세도 달라질 것이기 때문이다.

하지만 이 두 가지 질문은 인간의 지식 체계에서는 아직 명확하지 않은 상태이다(영원히 그렇지 않을까 싶지만). 그래서 신화 혹은 다른 지혜의 체계를 형성하여 모자란 지식을 보완하려고 하는 지도 모른다. 그러한 측면에서 부활은 삶과 죽음이라는 연결 고리를 어떠한 방식으로든 이으려는 인간의 고민이자 대안이고, 노력이자 지금까지는 헛수고라고도 할 수 있다.

만일 헛수고이고 부질없는 노력이라고 치부한다면 그 대답은 다른 방향으로 엇갈릴 것이다. 신화가 이 대답을 수행할 수 없다고 믿는 이들은 신화의 시대를 옮겨 다른 시대로 들어갈 수밖에 없었다. 그 시대 중에서 대표적인 시대가 종교의 시대, 그중에서도 크리스트교가 지배하는 세상이었다.

물론 죽음과 삶의 연결 지점을 크리스트교만 논의했다거나 그 논의가 가장 정교하다는 뜻은 아니다. 오히려 크리스트교에서의 부활과 그 의미는 그 이전에 존재했던 고대의 신화나 희생 제의 그리고 각종 종교의 힘입은 바 크다. 크리스트교가 주목되는 이유는 오히려 그 종교 체계(현실에서 내세로 전환되는 관념 체계)가 그 이전의 것들의 집대성이자 종합적인 요약이라는 사실에 있다. 그리고 지금까지 계속 유지되면서 대중들의 요구를 수용했다는 사실에 있다.

르네 지라르는 희생양 메커니즘이 대개의 경우 사회를 움직이는 숨은 동력으로 잠재되기 마련이었다고 주장한 바 있다. 고대 원시 부족부터 현대 첨단 도시인에 이르기까지, 내면의 분노와 사회적 분열이 걷잡을 수 없을 때까지 극도의 긴장 상태에 도달하면, 희생양을 골라 초석적 폭력을 행함으로써 총체적인 갈등과 불화의 문제를 해결하려는 메커니즘이 은밀하게 발동해 왔다는 것이다. 이러한 희생양 메커니즘은 작은 교실에서 이루어지는 '왕따'로부터 한 시대를 풍미했던 '마녀 사냥', 혹은 지금도 흔히 발생하는 '여론 몰이'나 국가 간에서 빈번하게 발생하는 책임 전가에 이르기까지 실로 광범위한 형태로 나타난다.

하지만 이러한 빈번한 사례에도 불구하고, 그 안에서 폭력을 자행하는 내부의 군중들은 이러한 메커니즘이 작동하는 원리나 상황에 대해서 정확하게 파악하지 못한다. 더 정확하게 말한다면, 정확하게 파악해서는 안 될 정도로 메커니즘이 교묘하게 작동해야 하며, 그래야만 제대로 된 효과(사회 질서의 안정과 폭력성의 해소)를 구현할 수 있다.

그리스트교는 예수의 죽음이라는 사건 이후에 성립된다. 구 질서의 체제에 항거한 이 용감한 젊은이는 기존의 권력자들이 우려할 만큼 절대적인 지지를 얻은 것으로 보이지만, 사실 그 지지는 그의 사후에 비하면 아무 것도 아니었다. 생전 젊은이의 용감한 행동은 보

안드레아 만테냐의 <골고다 언덕>15)

---

15) 안드레아 만테냐 작품의 이미지는 다음에서 인용했다(안드레아 만테냐, <골고다 언덕>, 출처 프랑스국립박물관연합(RMN), 네이버 지식백과, 2016년 10월 18일, http://terms.naver.com/entry.nhn?docId=973676&cid=46720&categoryId=46803

수적이고 정체된 유대 사회에서는 일종의 혁명이었지만, 정권을 쥐고 있는 이들은 이러한 젊은이의 도전을 방어하는 방법을 익히 알고 있었다. 젊은이는 소란과 문란 죄로 체포되었고, 결국에는 좀도적들과 함께 만인 앞에서 처형되었다.

예수의 처형을 그린 그림 <골고다 언덕>은 성서라는 기독교 신화에 나타난 한 젊은이의 운명을 상징적으로 보여준다.

"안드레아 만테냐의 대표작 <성 제노 제단화>의 메인 그림 아래쪽에 위치한 작은 그림이다. <성 제노 제단화>는 성 모자상을 중심으로 양쪽에 성인들이 서 있는 '성스러운 대화'라는 형식의 대형 그림(480*450cm)과 그 아래쪽에 프레델라라 불리는 세 점의 작은 보조 그림으로 구성되어 있는데 프레델라에는 왼쪽부터 예수의 수난사인 <게세마니 동산에서의 기도>, <골고다 언덕>, <부활하는 그리스도>가 그려져 있다. <골고다 언덕>은 그중 중앙에 위치하고 있으며 그리스도와 두 강도가 십자가에 못 박혀있는 장면을 그리고 있다. 그리스도를 못 박은 십자가 위에 적힌 'INRI'는 '유다인들의 임금 나자렛 사람 예수'라는 뜻이다. 그림의 배경은 바위로 둘러싸인 '해골산'이라는 뜻의 골고다 언덕이다. 바닥에 난 구멍들은 이곳이 사형 집행지임을 말해준다. 화면 왼쪽에 있는 해골 무더기는 이곳이 해골산임을 암시하며, 그리스도의 십자가 밑에 놓인 두개골은 그리스도가 십자가 처형을 당한 곳이 바로 아담의 무덤이 있던 자리이며, 그리스도가 죽어갈 때 지진이 일어나 아담의 해골이 밖으로 나왔다는 전설에 따른 것이다. 성화에서 그리스도의 십자가 처형 장면 아래에 해골이 함께 그려지는 이유가 여기에 있다. 그리스도를 비롯한 세 명의 처형자는 다른 인물들에 비해 피부가 하얗게 변해버렸다. 그들의 육체는 마치 돌로 조각한 듯 단단하여, 화가가 인물의 입체적 표현에 관심이 많음을 보여주고 있다. 십자가 아래쪽 좌측에는 늘 그러하듯 아들의 죽음 앞에서 슬퍼

하다 기절하는 성모 마리아와 그녀를 부축하는 여인들이 보이고 왼쪽 십자가 아래에는 이 모든 장면을 보고 기록하는 『요한 복음』의 저자 요한이 있다. 사랑하는 이의 죽음 앞에서 통곡하는 이들의 모습은 당시까지 그려진 그 어떤 장면보다 슬픔의 감정이 고조되어 있다. 이들과는 대조적으로 화면 오른쪽에는 예수의 죽음과는 상관없다는 듯 병사들이 그리스도의 속옷을 나눠 갖기 위해 주사위를 던지는 데 몰두하는 장면이 그려져 있다. 그들 중에는 예수님이 목이 말라 하자 우슬초 가지에 해면을 꽂아 신 포도주로 목을 축이게 해주었던 병사의 모습과 회개한 백인대장도 있는데 말을 타고 그리스도를 바라보고 있는 뒷모습의 사나이가 그다. 전경의 십자가 아래쪽에 한 병사의 모습을 가슴까지만 그린 것은 기발한 발상으로 20년 후 피렌체의 화가 기를란다요를 비롯한 화가들이 이를 모방하게 된다. 멀리 산등성이에는 예루살렘 도성이 보이며, 많은 이들이 사형 집행의 자리를 떠나서 돌아가는 모습이 그려져 있다."[16]

위의 그림은 골고다 언덕에서 일어나는 일의 의미와 그 풍경을 소상하게 그리고 있다. 더욱 주목되는 것은 이 젊은이의 처형을 바라보는 다양한 인물 군상이다. 골고다의 언덕에 모인 이들 중에는 이 젊은이를 숭앙하고 그 죽음을 안타깝게 여기는 이들도 분명 포함되어 있었겠지만, 사실 그 군중은 일종의 박해군중에 더 가까웠다. 군중은 집단 내부에 일어나기 시작한 분열(유대교와 신흥 종교 사이의 대립)을 이미 인지하고 있었고, 이러한 분열이 조성하는 불안을 감지하고 있었다. 그 결과를 함부로 예측할 수야 없겠지만, 이러한 불안과 갈등요소의 상승은 집단 내부 구성원들에게는 긍정적인 지지만을 유발하지는 않는다고 해야 한다.

---

16) 고종희, 「<골고다 언덕> 작품 해설」, 네이버 지식백과, 2016년 10월 18일, http://terms.naver.com/entry.nhn?docId=973676&cid=46720&categoryId=46803

유대 사회의 오래된 전통에서, 이 군중을 설명할 수도 있다. 유대는 당시로서는 거의 예외적이라고 할 수 있을 정도로 독자적인 종교 체계를 가지고 있었는데, 그것은 유일신앙이었다. 로마가 조율하는 지중해의 다른 국가들은 대부분 다신교를 믿고 있었고 이로 인해 유대의 유일신교는 이질적이고 배타적인 위치에 놓일 수밖에 없었다. 유일신교는 유대 내부의 집단적 지배 체제를 공고하게 만드는 효과도 있었다. 지배자들은 이를 활용하여 군중을 통치했고, 통치의 방식은 군중들의 욕망을 억누르는 효과를 가져왔지만, 일방적인 지배와 피지배인들의 구속이 사실 영원히 이어질 수 없었다.

유대 내부는 개혁을 요구하는 입장(여론)이 출몰하기 시작했고, 어쩌면 이러한 개혁의 목소리는 유대를 넘어 지중해 일대로 퍼져나갈 수밖에 없었다. 예수라는 이름의 젊은이가 유일한 개혁자는 아니었을 것으로 짐작된다. 하지만 예수는 골고다의 언덕에서 처형되었음에도 불구하고 그의 의미와 위상이 줄어들지 않음으로서—성경의 표현대로 하면 부활하면서—그의 신념과 가르침은 사라지지 않고 대중들의 마음속으로 파고든다. 그것은 몇몇 선지자에 의해 글로 다듬어졌고 신념으로 고형화되어 중세를 만들어내기에 이른다.

부활은 이 과정에서 두 가지 측면에서 측정될 수 있을 것이다. 하나는 예수가 죽은 지 3일 만에 신체적으로 현신하는 상황으로서의 부활이다. 크리스트교도들이 인정하듯이, 이러한 이적은 예수를 인간의 반열에서 그 이상의 존재로 격상시켰다. 이것은 신의 현신에 대한 예고나 암시라고 할 수 있다.

하지만 두 번째 측면에서의 부활이 더욱 깊고 넓은 파장을 이룬다. 예수의 신념과 의미는 세상으로 퍼져나가면서, 점차 보편적 가르침으로 자리 잡는다. 그의 가르침은 사실 특수한 것은 아니었다. 그가 남긴 '말씀'은 보통의 경우 보편적 계율과 윤리 그리고 도덕과 질서에서 크게 어긋나지 않는다. 다만 기존의 계율과 질서가 폭력과 타율에 의해 강요되는 측면이 있었던 반면, 예수의 그것은 이러한 폭력과 타율을 거부하는 지점에서 출발한다는 점이 다를 따름이다. 또한 기존의 윤리와 도덕이 특수한 종류의 인물들을 우대했다면 그의 가르침은 만민의 평등에 기초를 두고 있다는 점이 다를 뿐이다.

많은 이들이 그의 부활을 현세적인 의미에서의 신체의 부활이 아닌, 그의 정신과 가르침 그리고 그 이후에 올 종교적 신념으로 이해했고 또 수용했다. 오르페우스의 리라가 별자리가 되듯, 그의 음악이 대중들의 마음을 움직이듯, 그의 삶과 행적은 성경이 되고, 그의 말과 가르침은 대중들의 삶을 움직였다. 그에게 부활은 다른 의미보다도 자신의 가르침과 말이 세상에 존재하는 것을 뜻했다.

다시 골고다의 상황으로 돌아가자. 그곳에 모인 군중은 분명 박해군중의 외형을 띠었지만, 점차 이 박해군중은 젊은이를 추모하는 이들로 변모한다. 그들의 입과 눈을 통해 전달된 그날의 상황은 희생되는 존재의 숭고함과 아름다움을 드러내는 수단이 되었다. 돌을 던지고 처형을 종용하고 욕설과 비판으로 대상을 매도하는 상황에서 벗어나 점차 그가 죽은 의미와 죽은 이후의 세상을 생각하는 계기가 되었다고 할까.

그의 죽음이 어디에서 비롯되었고(누구에 의해 자행되었고), 그의 죽음을 통해 타인이 무엇을 생각해야 하는지(그-예수의 죽음은 무엇을 남겼는지)에 대해 고민하고 생각하는 이들이 늘어났고, 점차 인간이 지닌 무서운 폭력성과 교활함에 대한 통찰이 늘어났다. 한 인간의 죽음을 둘러싼 오래된 계율과, 폭력적 군중과, 비겁한 종교, 그리고 교활한 권력자들의 실상에 이러한 통찰이 가 닿기 시작했고, 점차 이러한 현세의 규율과 체제 그리고 그 내부를 흐르는 도덕과 윤리 체계에 대한 비판과 반성이 일어나기 시작했다. '현세의 왕'을 대신할 '또 하나의 왕'—우리는 이것은 종교적 지도자라고 부를 수 있다—의 재림과 옹립을 꿈꾸게 되었다. 크리스트교에서 그토록 바라던 천년왕국의 기본적인 발상과 미래 지형이 튀어나오게 된 것이다. 부활은 세상의 폭력에 대한 반성을 가져왔고, 그 폭력이 사라지는 세상에 대한 염원을 불러일으켰다고 할 수 있겠다.

4. 성공한 예수, 실패한 아기장수

서양의 대표적인 부활 신화, 아니 영생의 종교로 바뀐 예수의 이야기에 필적하는 신화가 한국에도 분명 존재한다. 서양의 신화가 흘러들어 한국의 신화가 되었다거나, 혹 그 반대의 경우를 상정하고 싶지는 않다. 신화는 기본적으로 인간의 내면과 사회에 대한 반영이기 때문에, 세계 어느 곳에서나 동형의 내면과 사회가 있(었)다는 사실을 근간으로 한다면 그 반영물 역시 대동소이하지 않을 수 없을 것이다.

한국의 이 신화 — <아기장수> 설화를 한 번 정리해보자.

　어느 가난한 마을에 신기한 일이 벌어진다. 어디에선가 현실의 말이 아닌 것 같은 말이 나타나 길게 울고 사라지는 일들이 발생하는 것이다. 처음에는 대수롭지 않게 생각했던 마을 사람들도 점차 불안에 떨기 시작한다. 이 용마로 인해 마을이 피해를 입을까봐 걱정이 들기 시작했기 때문이다. 가뜩이나 나라는 혼란했고, 백성의 삶은 피폐했다. 그럼에도 위정자들은 자신들의 이익에만 민감했고, 대중의 욕구나 안위에 대해서는 무관심했다. 우려했던 일이 벌어졌다. 위정자들은 질서 회복과 치안 유지를 핑계로 병력을 파견했다. 이러한 병력의 이동은 치안과 안보를 위장하여 사회 불안감을 조성하는 현대 독재자의 수법과 근본적으로 다르지 않다. 그 결과 백성들은 강화된 군사력(폭력성)에 숨죽여야 했다. 군대를 이끄는 지휘관은 한 사람을 잡으려고 한다고 선전했다. 신이한 능력을 지닌 어떤 아이. 아직은 완전히 성장하지 않았지만, 나을 때부터 신기한 능력을 지닌 어떤 잠재적 불안 요소가 그-아기장수라고 했다. 그-아기장수에 대한 소문이 떠돌았다. 그는 태어날 때부터 사람의 말을 이해했고, 날 수 있거나 바로 걸을 수 있었다는 것이다. 더욱 놀라운 점은 그-아기장수가 신이한 말을 탈 수 있는 유일한 인물이며, 그가 말을 타는 순간 아무도 잡지 못하는 사람이 되고, 결국에는 이 나라를 위험에 빠뜨릴 것이라는 소문이었다. 마을 사람들은 이 소문을 액면 믿어야 할지 믿지 말아야 할지 몰랐으나, 한 가지만은 확실했다. 이 소년이 왜 태어나 자신들을 괴롭힐 구실을 주는지 제대로 이해하지 못했다는 사실이다. 그리고 날조된 방식에 따라 마을 사람들은 이 소년 영웅을 잡는 일에 동참해야했고, 결국에는 처형 혹은 추방하는 일에 동조해야 했으며,

그의 사라짐(소멸)에 안도해야 했다는 점이다.

소년을 잃은 아버지는 억울함에 치를 떨어야 했고, 그 어머니는 상실감에 목이라도 맬 것 같았으나, 현실에서는 오히려 다른 양상이 발견된다. 그들 역시 위정자들과 박해군중의 논리에 휩싸여, 자신들에게 닥칠 더 큰 재앙을 해결했다고 믿어버린 것이다. 이러한 믿음은 진실로 맹목적인 믿음이었다. 집단 체면처럼 광기 섞인 한 차례의 처형이 지나갔고, 세월이 오래 흐른 후에야 그 소년을 죽인 이들이 자신들이었음을 그날의 군중들은 비로소 이해할 수 있었다.

이 설화(신화)는 한국 곳곳에 남아 있다. 위기의 국가가 있고 그것은 백성들의 삶을 피폐하게 만들고 있다. 그것은 유대나 한국의 마을이나 마찬가지이다. 한 소년 영웅의 탄생은 위정자들을 긴장시킨다. 아니, 탄생 가능성만으로도 그들의 자리가 위태롭다는 생각을 막을 수 없었다. 이 영웅의 탄생은 군중의 구심점이 될 수 있고, 체제에 균열을 가하는 계기가 될 수 있기 때문이다. 점차 이 소년을 제거할 방법을 고안하기 시작했는데, 사실 이러한 고안은 군중들의 지지와 협조 없이는 불가능했다.

위정자들은 우매한 군중을 선동하기 시작했고, 어떠한 경우에는 군중들이 먼저 선동의 기미를 내비치기도 했다. 박해가 가해졌으나 군중들은 안도했다. 자신들의 불만과 불안마저 그 과정에서 사라진 것처럼 착각하기도 했다. 체제의 안정이 찾아왔고, 기존의 질서는 다시 효력을 발휘하기 시작했다. 적어도 겉으로는 사회가 안정된 것이다.

산골 마을의 이야기로 돌아가면, 아기장수가 죽은 이후 평온이 찾아왔다고 마을 사람들은 생각했다. 아기장수와 용마가 일으킨 사회적 동요는 사라졌고, 출동했던 군대도 사라졌으며, 어느새 증대되던 불만과 불안 역시 함께 사라졌다. 최인훈의 희곡 <옛날 옛적에 훠어이 훠이>는 이러한 마을 사람들의 모습을 춤추고 환호작약하는 축제로 묘사한 바 있다.

과연 그럴까. 과연 평온이 찾아온 것일까. 르네 지라르에 따르면 그것은 평온이 아니라 반복이다. 사회는 내부의 폭력성을 주체하지 못하고 다시 희생양 메커니즘을 발동할 시기를 맞을 수밖에 없다. 일정한 발흥이 일어나지 않는다면 결국에는 문명과 사회는 붕괴되고 말 것이기 때문이다.

그러한 측면에서 마을 사람들이 축제는 어쩔 수 없는 반복에 대한 인정으로 수용할 여지도 충분하다. 기본적으로 그들이 사라지는 용마와 아기장수를 추방한 자라는 사실은 불변하지만, 그 이유는 다각도로 생각할 여지도 있다는 뜻이다. 그들은 현세의 질서를 개혁할 가능성에 대한 체념이라고 볼 여지도 있다. 그만큼 문제적인 상황인데, 이러한 아기장수에 대한 마을 사람들의 태도는 부활과 변혁을 믿지 않는다는 기본적 입장을 보여준다(적어도 자신들의 당대에서는).

물론 예수의 부활을 믿었던 이들도 그 당대에서는 변혁의 가능성까지 염두에 두었다고는 확신할 수 없다. 많은 이들이 현실의 고통을 넘어설 수 있는 막연한 바람을 가지고 있었지만, 또 다른 무력이나 체제 전복을 꾀하지 않고도 이를 이룰 수 있는 방안에 대한 확신은 없었다고 해야 한다.

한국의 <아기장수> 신화도 근본적으로 유사하지 않을까. 왕조의 교체나 집권자의 반란(역모) 혹은 외적이 침입 같은 굵직한 군사 정변이 아니고서는 자신들이 예속된 중세 혹은 고대의 질서(정치 체제)로부터 벗어날 방안을 쉽게 생각하지 못했을 것이다. 체제의 변화는 불가능하다고 믿는 신민들의 체념의 강도가 높아지면 높아질수록, 그들의 포기도 빨라질 것이다. 이러한 포기는 부활에 대한 포기이기도 한다. 신화가 부활과 반복을 이야기한다고 하더라도, 이를 포기한 이들에게는 허무맹랑한 말로 여겨질 수밖에 없는 이유가 여기에 있다.

신화의 가르침을 믿을 수 있는 이들에게 부활은 현실의 변화를 가져올 수 있는 근본적인 동력이 될 수 있지만, 이를 부인하고 신뢰할 수 없다고 믿는 이들에게 신화의 부활은 근본적으로 주목할 필요가 없는 문제였기 때문이다. <아기장수> 이야기는 분명 신화였지만, 현실에서의 패퇴를 보여주는 결과에 도달하고 말았다. 반면 '골도다 언덕의 처형'은 신화의 부활로 이어지고 나름대로의 신념 체제를 덧붙여 크리스트교라는 전대 미문의 강력한 종교가 될 수 있었다. 이 종교가 세상을 반드시 긍정적으로만 바꾸었다고는 말할 수 없지만, 분명한 것은 이 종교는 허무맹랑한 말장난으로 끝나지 않고 결국에는 세상을 바꾸는 힘이 되었다는 사실이다. 이러한 사실은 신화의 부활이 궁극적으로는 현실의 변화와 관련이 깊다는 사실을 직접적으로 입증한다고 하겠다.◆

08

여성은 영웅이 될 수 없는가?

1. 영웅은 사실, 일반 사람과 다르지 않다.

신화는 영웅의 이야기이다. 영웅은 존귀한 신분을 가지고 있지만 현세에서는 버려졌고, 그래서 모험을 통해 자신을 완수하여, 본래의 신분을 되찾아야 할 임무를 부여받은 인물이다. 그래서 영웅은 신분이 아닌 용기나 업적으로 완성될 수 있다.

그래서 죠셉 켐벨은 이러한 영웅이 특별한 능력을 가진 이이기는 하지만, 사실 이러한 특별한 능력은 일상인 중에서도 소유가 가능하다고 말한다. 즉 삶이라는 모험의 공간에서 인간적 성숙이라는 성취를 이루는 영웅의 탄생이 가능한 셈이다. 영웅은 대중에서 태어나는 유일하거나 보기 드문 존재만을 가리키는 용어는 아니다.

일반인도 영웅이 될 수 있고, 대중 전체가 영웅이 될 수 있다는 뜻이다. 영웅은 특별한 존재이지만 유일한 존재는 아니고, 신기한 배경을 지니고 있지만 일반인 중에서도 그러한 배경 정도는 누구나 지니고 있을 수 있다. 그러니 영웅이냐 아니냐를 따지는 기준은 자신의 삶을 완성하려는 의지를 지니고 있느냐 없느냐에서 결정되며, 자신의 삶에서 일정한 성취라도 이룬 사람은 곧 영웅의 반열에 오를 수 있다.

예를 들어보자. 소년이 청년이 되고, 아이가 어른이 되는 것은 일정한 성취에 해당한다. 누구나 당연하게 겪는 것이라고 치부할 수도 있지만, 사실 이 과정과 단계는 만만하지 않은 수난을 예비하고 있다. 세상에 그토록 많은 성장영화와 성장소설이 존재하고 있고, 지금도 산출되고 있는 것도 그 수난이 예사롭지 않다는 것을 의미한다.

자신의 분야에서 전문가가 되는 것도 영웅의 반열에 오르는 일이다. 사실 고대 신화나 현대 영화에서 영웅은 장점만으로 뭉쳐 있는 인물이 아니다. 많은 영웅들이 치명적인 약점을 가지고 있고, 그 약점으로 인해 패망하거나 좌절하고 만다. 오이디푸스는 흔히 자신감이 지나쳤고 그래서 성급한 성격으로 인해 결국 비극의 나락으로 떨어졌다고 평가된다. 사실 이러한 지적을 액면 그대로 받아들이기는 힘들지만, 오이디푸스가 과도한 자신감과 성급한 성격으로 비극의 종말을 일찍 경험한 것은 사실일 것이다. 그리고 그의 약점을 가리켜 이르는 말인 하마르티아(hamarita)가 주목되는 이유도 여기에 있다.

셰익스피어 작품의 대표적인 주인공 햄릿도 영웅이었다. 그는 왕자의 신분에, 차기 왕의 계승(권)자였으며, 연기와 펜싱에 능했고, 리더로서의 자질과 자격을 갖추고 있었고, 교양이 넘치고 강직했지만 한편으로는 부드럽고 자상하기도 했다. 가끔 패기에 넘쳐 엉뚱한 실수를 하기는 했지만 근본적으로 남의 신망을 얻을 수 있는 인물이었다. 그야 말로 팔방미인에 갖출 것을 다 갖춘 영웅의 전형이었다. 하지만 그는 우유부단했고 그로 인해 과단성 있게 처리해야 할 일을 그만 놓치는 실수를 반복하고 말았다. 마음이 부드러운 것은 때로는 치밀하지 못한 한계를 드러냈고, 열정에 휩싸여 복수와 경쟁을 구별하지 못하기도 했다.

한 마디로 그 안에도 약점은 존재했고, 그 약점은 적의 계략에 의해 점점 커졌고, 다른 한편으로는 자신이 제어하지 못하는 문제를 발생시키면서, 결국 그를 패망하도록 만들었다. 그의 패망과 함께 덴마크 왕가는 막을 내렸고, 그의 친인들—가령 어머니 거트루드, 애인 오필리아, 친우 레어티즈—은 죽음을 감수해야 했다. 이러한 그를 영웅이라고 불러야 할지도 모를 정도로 그의 죽음과 패망은 큰 여파를 불러온다.

그것은 그리스 연극 작품에서 영웅의 내면에 내재하는 하마르티아로 볼 수 있으며, 그러한 약점은 후대의 소설이나 영화에서도 중요한 미학적 자질로 작용했다. 현대의 '스파이더맨'은 삼촌의 죽음을 통해 책임감을 이해했고, 그 책임감을 통감한 이후에야 영웅적인 선행을 수용할 수 있었다. 반면 그 책임감을 집어 던지고 자신만의 안일을 추구할 때에는 그뿐만 아니라 그가 지켜야 할 도시나 가족까지 위기에 처하곤 했다. 책임감이 있느냐 없느냐가 그의 영웅적 신분을 유지할 수 있느냐 없느냐를 결정했다. 그렇다면 책임감은 중요한 영웅의 도덕적 자질이고, 옛날 방식으로 말하면 하마르티아에 해당한다고 하겠다.

영웅의 약점은 이루 다 셀 수 없을 만큼 다양하고 또 많았다. 하지만 이러한 약점은 영웅의 중요한 자질 중 하나이다. 고대의 신화에서 오히려 주목하는 것은—영웅의 비범함도 비범함이지만—그 비범함이 무너지는 이유로서의 약점, 즉 인간적 과오이다. 이 과오가 작동하는 순간 영웅은 범인과 다를 바 없는 인물로 전락한다. 거꾸로 이 하마르티아를 극복하는 순간 그 인물은 범인의 반열에서 영웅의 반열로 오를 수 있다. 그렇다면 영웅이 되고 못되고는 이 약점의 극복에 있다고 해야 한다.

다시 정리하면 영웅이 되는 조건은 비범함이 아니라, 한계를 극복하는 힘이다. 비록 한계에 결과적으로 굴복할지라도 그 한계를 지닌 채, 자신만의 세계를 건설하려는 의지를 보인다면 영웅이 될 수 있다. 소년이 성년이 되고, 아이가 어른이 되고, 보살핌을 일방적으로 필요로 하는 약자가 결국 사회의 당당한 구성원이 되고, 신입생이 졸업생이 되고, 신참이 고참이 되고, 풋내기가 자신의 분야에서 전문가가 되는 모든 과정은 영웅의 등극 과정과 흡사하다. 앞에서도 말했지만 그것은 자신만의 왕국을 만드는 일과 근본적으로 동일한 가치를 지닌다.

2. 영웅 = 남성(?) ; 여성 + 모험 + 성취 = 영웅.

그렇다면 이 강의 기본적인 질문인 "여성은 영웅이 될 수 없는가?"에 대한 대답을 시작해보자. 고대 신화, 중세 신화, 동양 신화에서 주인공은 영웅인 경우가 대다수이고, 그 영웅은 남성으로 선택된 경우가 역시 대다수이다. 여성영웅이 없는 것은 아니지만 제한적이고 소수라는 점에서 사실 불만을 느낄 수도 있을 지경이다.

그렇다면 이러한 역사적 배경이나 지금까지의 사실을 바탕으로 영웅은 보편적으로 남성이거나, 남성이어야 한다고 정리할 수 있을까. 아마도 통념적으로는 그러한 주장이 전혀 근거 없다고는 할 수 없을 것이다. 그러니까 영웅은 남성인 경우가 대다수이다, 라는 진술은 참일 수 있다.

문제는 그 남성이 우리가 생각하는 성별의 남성, 그러니까 여성의 대타적 성으로서의 남성은 아니라는 점이다. 신화 속의 남성은 오히려 모험에의 소명을 이해하고 그 길을 떠날 수 있는 사람을 가리킨다고 보아야 한다. 거꾸로 여성이라도 소명을 부여받고(자신이 납득하여 이해하고) 소명이 가리키는 대로 길을 떠나 모험을 감수하는 자, 혹은 그 모험에서 소기의 목적을 달성하는 자라면 '남성'과 동일한 자격을 부여받고 동일한 성으로 간주될 수 있다. 중요한 것은 생리학적 성별로서의 남/여가 아니라 그 안에 투여되어 있는 사회적 기대와 요구로서의 성별이다.

하지만 고대나 중세에 남성이 여성에 비해 이러한 역할에 더욱 근접했고 그러한 기능에 익숙한 것은 사실이다. 하지만 누구나 모험을 떠나면 영웅이 될 조건을 갖추게 되었다. 그래서 모험을 떠날 수 있는 자격을 가진 자가, 기본적으로 신화에서 말하는 남성이라는 말은 이러한 관점에서는 거짓이 될 수 있다. 어설픈 페미니스트들은 남성의 활동성을 증대시키고 사회적 권력을 강화하기 위해서, 여성들을 수동적인 존재로 묶어두어야 할 필요가 있었다고 주장하고, 이러한 필요는 신화에조차 침투하여 여성은 집에 갇힌 자, 혹은 모험을 떠날 수 없는 자로 만들었다고 주장할지도 모른다. 이러한 주장은 실제로 여성이 정치사회적으로, 혹은 문화예술적으로 정당한 대접을 받지 못했다는 과거의 기록과 역사의 도움을 받을 것이며, 보편적 대중으로부터는 거부할 수 없는 사실로 인정될 확률도 매우 높다고 해야 한다.

그렇다면 논의는 다시 원점으로 돌아갈 수밖에 없다. 신화 속의 남성이 주로 영웅이 되는 것은 여성이 영웅이 될 수 없다는 뜻인가? 이러한 반론에 대답하기 위해서 한 설화에 집중하기로 하자. 그 설화는 한국에 널리 알려진 한 여인의 일대기이다. 이 여인은 모험을 통해 자신의 소명을 완수하는 자, 즉 영웅이 될 수 있었다. 물론 이 여인을 사회 구성원 모두가 영웅으로 인정하거나 추앙한 것은 아니지만, 지금도 이 여인의 행적과 모험은 해당 분야 사람들에게 깊은 감명과 함께 깨달음을 전하고 있다.

설화의 내용을 군집된 모티프 별로 나누어 기술해 보자.

 ⅰ) 서둘러 결혼하지 말라는 경고(금기)를 어기고 국왕 부부(주상금마마와 중전부인)의 결혼이 진행된다.
 ⅱ) 금기를 어긴 대가로 국왕 부부는 딸만 일곱 낳게 된다.
 ⅲ) 화가 난 국왕은 일곱 번째 딸을 내다버리고 만다.
 ⅳ) 버려진 딸은 '바리데기'라는 이름을 얻고 착한 부부(비리공덕할아비와 비리공덕할미)의 손에서 간신히 자라난다.
 ⅴ) 바리의 부모는 병에 걸리고, 이 병을 치료하기 위해서 저

승의 약을 구해 와야 한다는 사실을 알게 된다.

vi) 국왕이 키운 여섯 딸은 온갖 핑계를 대고, 약을 구하는 것을 거부한다.

vii) 버림받은 막내딸은 약물을 구하겠다고 약속하고 길을 떠난다.

viii) 저승길에서 갖은 고생을 하면서도 바리는 저승에게 고통받는 이들을 위해 돕는 선행을 베푼다.

ix) 바리는 무장승을 만나 그의 다양한 요구를 들어주고 약을 구한다.

x) 약을 구해 돌아온 바리는 죽은 아비를 살리고 세상의 평화를 가져온다.

바리가 여성인 점만 제외한다면, 익히 아는 신화의 구조를 지키고 있다. "지체 높은 신분→버려진 아이→간신히 연명되는 성장 과정→모험에의 소명→고난과 시련의 모험→일정한 성취→세상으로의 귀환→질서의 회복"이 그것이다. 이러한 신화의 구조는 위기에 처한 나라를 구하는 헤라클레스나 페르세우스, 자신의 운명을 딛고 스스로 일어나는 오이디푸스, 아버지의 진정한 위엄을 본 받아 세상을 이롭게 하는 단군이나 동명왕의 신화 구조와 근본적으로는 하등 다르지 않다.

다른 점이 있다면 바리가 여성이라는 점, 그래서 그녀는 아들을 직접 낳고 훈육할 수 있었다는 점, 작은 차이지만 세상의 남성들이 할 수 없는 고난을 이겨내야 했다는 점(가령 물 긷고 부엌일 하고 아이 낳기), 세상의 불쌍한 영혼을 구하는 데에 더욱 온정을 베풀었다는 점 등이다. 하지만 이러한 차이는 근본적인 차이는 아니며, 어쩌면 남성들이 할 수 있었던 다른 고난들(가령 쟁검)을 대체하는 효과에 해당할 지도 모른다.

가령 오디세우스는 지중해를 떠돌면서 많은 여인(혹은 여신)의 유혹을 받고 그녀들과 잠자리를 함께 하기도 한다. 때로는 몇 년을 같이 살기도 하고 그녀들에게서 아들을 얻기도 한다(과거의 사회제도에서 아들은 기본적으로 아버지와 그 가문의 일원이다). 하지만 여성 영웅의 경우에 이러한 자유로운 성행위와 유혹이 금기의 대상일 수밖에 없다. 그녀(들)은 정조를 지킴으로써, 영웅의 풍모에 더욱 가까이 접근할 수 있었다고 해야 한다. 이것은 동서양이 동일한 기준으로 적용된다.

하지만 이러한 차이를 따지기 이전에 그녀들도, 그들-남성 영웅들처럼 모험을 떠나야 하는 절박한 이유를 갖추어야 했으며(사실 세상에는 모험을 할 수밖에 없는 이유가 얼마든지 있다), 그 모험이 얼마나 힘겨운가를 알려주기 위해서 다양한 어려움이 예비되어 있어야 한다. 가령 서양의 여성 영웅 프시케(Psyche)의 경우에는 곡식을 분류하고 황금 양털을 모으는 여성적 업무를 과업으로 부여받기도 한다. 마찬가지로 바리는 여성의 영역에 해당하는 과업을 모험의 과제로 부여받고 있다.

이러한 여성의 과업은 모험의 세부를 바꾸는 것은 분명하지만, 그렇다고 모험 자체를 바꾸는 것은 아니다. 다만 세상의 모든 분야가 모험을 필요로 하며, 아무리 하찮아 보이는 일도 삶의 고난이나 고통이 될 수 있다는 사실을 상기시킨다. 물 긷고 나무하고 밥을 짓는 일이 얼마나 큰 노동이며, 상황에 따라서는 머리가 열 두 개인 괴물이나 몸집이 큰 사자와 싸우는 일처럼 난감한 과업이 될 수 있음을 보여주고 있다.

근원적으로 신화는 '삶의 세부'를 일상과 다른 차원으로 바꾸는 힘이 있다. 헤라클레스가 상대했던 그 수많은 괴물들도 인간에게 두려움을 주지만, 자신을 버린 부모를 용서해야 하고 그들을 위해 간난신고를 대신해야 하며 남편을 위해 밥을 짓고 아이를 낳고 그들을 데리고 다시 친정으로 돌아오는 일 그 자체도 인간에게 두려움을 준다. 인간들은 삶을 영위하기 위해서 일상에서 잔잔한 전투를 늘 대면할 수밖에 없다. 신화의 세부는 삶의 차원을 옮겨놓은 영역이며, 그로 인해 삶의 세부를 들여다 볼 수 있는 새로운 안목을 결정하는 일이다. 여성들의 삶과 선택이 하찮고 간단해 보여도, 일단 신화 속에서는 그렇지 않으며, 그러한 신화를 통해 여성이 겪는 고난이 남성이 겪는 고난에 못지 않다는 사실을 인정하게 된다.

모험을 떠나는 자가 남성이었다면, 고난을 이겨내는 자가 영웅이었다면, 여성은 그녀들만의 삶의 영역에서 모험을 수행하면서 남성과 같은 자격을 얻게 되며, 그 고난을 충실히 이겨내고 아내가 되고 엄마가 되고 며느리가 되고 결국에는 누군가의 이웃이 됨으로써 영웅이 된다. 여성이기 때문에 영웅이 되는 것이 아니라, 여성의 조건을 남성이 그러했던 것처럼 충실히 이행함으로써 영웅이 되는 것이다.

3. 프시케의 모험과 그 의미

프시케는 서양의 영웅 중에서 손꼽히는 여성 영웅이라고 할 수 있다. 그녀는 처음에는 뛰어난 미모로, 다음에는 에로스의 남편으로, 그 다음에는 아프로디테의 며느리로, 마지막에는 고난을 이겨낸 한 여성으로 성장하여, 결국에는 신이 되고 영생을 얻는 영웅이 된다.

프시케 신화는 읽으면 읽을수록 흥미로운 요소를 간직하고 있는 이야기이다. 특히 프시케 신화는 모험을 떠나는 여성의 모습을 보여줌으로써, 그 후에 창작되는 많은 여성 중심 동화나 전설의 근원이 되고 있다. 그래서 이 이야기를 읽으면 남성 영웅 신화와 달리, 여성 영웅이 필요한 이유가 저절로 확인된다.

프시케의 신화도 모티프 별로 정리해 보자.

ⅰ) 프시케는 세상 사람들이 아프로디테와 비교할 정도로 아름다운 여인이었다.
ⅱ) 아프로디테는 프시케를 질투해 아들 에로스에게 저주를 내리도록 명령한다.
ⅲ) 에로스는 프시케를 찾아갔다가 오히려 그녀의 미모에 현혹되고 사랑에 빠지고 만다.
ⅳ) 프시케에게 청혼하는 남자가 없어 걱정하던 그녀의 부모는 그녀를 괴물에게 시집보내야 한다는 신탁을 믿게 된다.
ⅴ) 괴물에게 바쳐진 프시케를 에로스가 납치해 산 깊숙한 궁전에 머물게 하고 밤마다 자신이 방문하여 사랑을 나눈다.
ⅵ) 언니들을 그리워하던 프시케는 에로스의 도움을 자매 상봉을 하고, 언니들은 프시케에게 남편의 정체를 확인하도록 종용한다.
ⅶ) 프시케는 에로스의 정체를 들추어내고, 화가 난 프시케는 에로스를 떠난다.
ⅷ) 프시케는 에로스를 찾아 천하를 헤매고, 결국 아프로디테가 제시한 고난의 시련을 통과하기 위해서 갖은 노력을 다한다.
ⅸ) 마지막 저승 관문에서 그만 잠이 든 프시케를 에로스가 구하러 가고, 결국 자신의 사랑을 되찾은 에로스는 프시케와의

결혼을 요구한다.

　x) 프시케는 신이 되고, 에로스와 부부로 맺어진다.

　프시케의 모험은 크게 두 부분으로 나뉜다. 하나는 프시케가 신탁에 의해 괴물에게 받쳐지는 시련이고, 다른 하나는 에로스의 정체를 밝혀낸 대가로 치루는 시련이다. 사실 이 두 개의 시련은 에로스로 인해 이루어진다는 공통점이 있다. 프시케를 쳐다보다가 그만 자신이 사용하는 사랑의 화살에 찔린 에로스는 다른 선택을 할 수 없었다. 그는 그녀를 사랑하게 되었고, 모든 사랑하는 사람들이 그러하듯 그녀를 손에 넣어야 했다.

　신탁은 에로스의 계략으로 꾸며졌으며, 결국에는 프시케의 부모를 속이고 그녀를 손에 넣는 것에 성공한다. 해모수가 유화를 손에 넣듯, 남성들은 소유물로서의 여성을 갈구한 셈이다. 하지만 프시케는 이러한 남편의 의도를 정확하게 파악하지 못하고, 그녀의 언니들이 제기하는 대로 남편의 정체를 파악해야 한다는 의무감을 품게 된다.

　신화는 프시케의 의심과 확인 과정을 실수로 처리하고 있다. 사실 이것은 대단히 남성적인 시각에서 나온 설정이다. 남편이 자신의 얼굴(정체)을 보여주지 않으려고 했음에도 불구하고, 아녀자가 이를 거부하고 정해진 규칙을 어겼다는 식의 설정이 삽입된 것이다. 다분히 남성중심 시각이 돋보이는 이러한 설정은 결국 이 신화 역시 사회적 주도 계층인 남성들의 시선을 견뎌야 했음을 알려준다. 동시에 이러한 설명은 한 가지 중대한 문제를 숨기고 있다. 그것은 연애의 과정에서 나타나는 심리적 변화이기도 하다.

사랑에 빠진 에로스는 물불 가리지 않고 상대-프시케를 손에 넣으려고 한다. 신화에서 남성들은 이러한 성향을 너나 할 것 없이 드러내고 있다. 대표적인 신 제우스는 '바람둥이'로 규정되고, 이성의 신 아폴론도 사랑 앞에서는 속수무책인 남자로 전락하며, 심지어는 사랑 그 자체를 관할하는 에로스도 이러한 통념에서 예외가 되지 못한다. 그 만큼 여성을 향한 남성의 '끌림'은 대책 없고 막무가내의 성향을 지닌다.

반면 여성은 이러한 남성의 사랑을 종종 의심한다. 고대와 중세를 거치면서 여성은 남성의 소유(물)에서 벗어나지 못했고 남성의 심경을 살려 행동해야 하는 의무를 지게 되었다. 더구나 처음에는 열렬했던 남성의 관심과 사랑은 시간이 지나면서 줄어들기 마련이고, 여성은 이러한 상황 변화를 자신을 사랑하지 않는다는 의심으로 바꾸곤 한다. 처음에는 맹목적이고 일방향적인 사랑이 점점 약해지고 방해받기 때문이다. 신혼의 뜨거움이 사라지듯, 남편의 관심과 애정은 엷어진다. 여성은 의구심을 증폭시키고, 이러한 원인을 찾기에 바쁘다. 결국 그녀 역시 엷어지는 사랑의 힘을 인정하고 마는 것이 일방적인 상황이지만, 사실 남성에 비해서는 그 의심이 오래가는 것도 사실이다.

세상의 많은 사람들은 이것을 남녀 성욕과 본능의 차이로 설명한다. 남자의 성욕은 폭발적으로 끓어올랐다가 급격하게 소진하는 속성을 지니고 있다. 여자의 성욕은 정점을 향해 천천히 오르고 또 그만큼의 완만한 기울기로 내려오는 습성을 지니고 있다. 두 개의 서로 다른 상승/하강 곡선은 한때는 그 정점을 공유하며 폭발적인 힘을 드러내기도 하지만 점차 미묘한 차이를 보이면서 어긋나기 시작하는 점도 부인할 수 없다.

이것은 비단 성욕의 문제만은 아니다. 삶의 차원에서도 남성들은 끊임없이 무언가(구체적으로 말하면 '사냥감')를 뒤쫓고 포획하는 속성을 강하게 견지하는 존재이다. 그에 비해 여성들은 포획된 어떤 것을 모으고 가꾸고 기르면서 축적하는 성향을 더욱 선호하는 존재이다. 남성들이 집 바깥에서 무언가를 집안으로 가지고 들어오는 역할을 주로 맡았다면, 여성들은 이를 집 안에 저장하고 활용하는 임무에 주력했다. 사냥과 육아는 그래서 남녀의 대표적인 전문 분야로 인정되기도 한다.

프시케는 자신에게 열중하는 남편의 열정에 감동하고 그를 통해 삶의 편안함을 느끼지만, 에로스는 프시케를 소유하기 위해서 무릅썼던 모험(어머니의 명령을 거부하고 자신의 본분을 망각한 것)에 대한 대가로 점점 집중력을 잃어갔을 것이다. 그렇다고 프시케에 대한 사랑이 식은 것도 아니고, 에로스에 대한 미움이 생겨난 것도 아니다. 세상의 부부가 그러하듯 그들은 의견 차이를 보이기 시작했고, 그러한 의견 차는 곳곳에서 그들의 관계를 바꾸었다.

최초의 의견 차는 사실 언니들을 불러오는 문제였다. 에로스의 사랑에만 기대야 했던 프시케는 세상의 소식이 궁금했고, 그 소식을 전해 듣는 통로로 언니를 만나고 싶어 했다. 하지만 에로스는 프시케에게 언니들(바깥세상 소식 전달자)을 만나면 그녀들의 유혹과 의심이 시작될 것이고, 그로 인해 자신과 프시케의 관계에 문제가 발생할 것이라며 이를 만류했다. 하지만 프시케는 에로스의 말을 듣지 않았고, 자신의 의견을 강하게 내세우며, 남편이 그 요구를 들어주어야 한다고 졸랐다.

사실 이것은 현실의 부부싸움과 다르지 않다. 남편 에로스는 언니의 등장이 단란했던 부부 사이를 위협할 것이라고 믿었고, 프시케는 언니들의 위협이 자신에게는 통하지 않을 것이라고 자신했다. 누가 옳고 그른 것은 없었다. 이로 인해 에로스가 화를 내며 떠났고 그래서 에로스의 말이 사실인 것처럼 보였지만, 결국에는 프시케의 자각과 행동이 촉발되면서 다시 에로스와 프시케가 결합하는 결과를 가져왔기 때문에, 어떠한 측면에서는 프시케의 자신이 결국 틀리지 않았다고도 볼 수 있다. 다른 관점도 가능하다. 결국에는 두 사람이 어떠한 고난을 겪든 사랑을 유지할 수만 있었다면, 헤어짐도 불신도 극복할 수 있었다는 점에서는 두 사람 모두 옳다고도 할 수 없기 때문이다. 그렇다고 두 사람이 모두 그르다고도 할 수 없다.

이러한 상황은 세상에 존재하는 부부의 일반적인 관계와 다르지 않다. 세상의 대부분 부부들은 옳고 그름을 판별할 수 없는 문제로 의견 대립을 보이다가, 결국에는 어느 쪽의 의도와도 동떨어진 결론을 맞이하는 일에 익숙해지곤 한다. 누가 이기고 지고도 없다고 해야 한다.

프시케의 일차 요구(언니들과의 대화)는 부부싸움의 전초전에 불과하다. 본격적인 부부싸움은 프시케가 남편이 싫어하는 일을 한 사건이고, 그로 인해 남편이 떠난 사건이다. 부부는 서로 미워하기도 별거하기도 하고 이혼하기도 한다. 물론 서로를 강렬하게 원하게 되기도 하고, 그래서 재결합하기도 한다.

프시케의 실수라고 말하는 정체 밝히기는 사실 에로스가 문제 삼지 않으면 문제가 되지 않을 수도 있는 문제였다. 하지만 에로스는 이를 큰 문제로 삼았고, 결국에는 부부관계를 단절시키는 이유로 삼았다. 그렇다고 프시케가 반드시 용서받을 수 있는 것은 아니다. 남편의 요구는 그의 사생활이나 비밀과도 관련된 것이므로 아무리 부부사이라고 해도 무단히 침범할 수 없는 성질의 문제였다.

주목되는 것은 그 이후 두 남녀(헤어진 부부)의 선택이다. 여자는 자존심을 굽히고 시어머니에 해당하는 아프로디테의 처분을 감수한다. 시어머니의 불합리한 요구에도 불평을 참고 이를 수행하고자 노력한다. 세상의 고부간은 동일한 문제를 안고 있다. 어머니는 아들을 내줄 수 없고, 아내는 아들을 어머니에게 남겨 둘 수 없다. 그것은 보이지 않는 갈등이며, 끝나지 않는 전쟁이기도 하다.

결국 이 전쟁에서 문제를 해결하는 이는 남편이자 아들인 에로스이다. 그는 무언가를 선택하거나 화해시키거나 중재해야 했다. 에로스는 아내의 정성에 감동하여 어머니의 금기를 깨고 그녀를 구하러 저승으로 간다. 반면 에로스는 시어머니의 위신과 본분을 만족시키기 위해 아내를 탈바꿈시키고 아내를 어머니가 인정할 수 있는 여인으로 만들고자 한다. 프시케는 그렇게 여신이 되었고, 공인된 처가될 수 있었다.

프시케의 이야기는 가정에서 벌어지는 이 참담하고 복잡한 전투(부부싸움, 고부간의 갈등, 아들의 중재)를 삶의 차원에서 신화의 차원으로 옮겨 놓은 사례이다. 그로 인해 삶의 세목으로서의 시어머니/아들/아내의 관계를, 모험과 부부의 고난으로 상징화하고 있다. 어떠한 의도 하에서 그러했든, 이러한 관계는 세계대전만큼 어려운 문제이다. 아니 세계대전이 일어나기 이전부터 어려운 문제였고, 이 때문에 제 3차 세계대전이 일어난다고 해도 하등 이상할 것이 없는 문제었다.

더구나 이 문제는 해법이 없고, 중재만 있을 수 있으며, 결국에는 어떠한 당사자도 반드시 마음에 맞는 결과를 얻을 수 없다는 치명적인 단점도 가지고 있다. 하지만 동시에 어떻게 해서든 이 문제를 극복해야 삶의 안정을 되찾을 수 있고, 그 이후의 다른 문제도 처리할 수 있다는 근원적인 필요성도 인정될 수 있다.

프시케는 여성 영웅이었기 때문에, 사냥을 하고 전쟁을 하고 정복을 하고 무력으로 상대를 누르는 문제와는 다소 거리를 둘 수밖에 없었다. 대신 사냥만큼 어려운 연애를 해야 하고, 국가 간의 전쟁만큼 감당하기 어려운 시어머니와의 관계를 유지해야 하며, 가정의 평화라는 새로운 영역을 개척하여 기존의 질서를 회복해야 하고, 어떠한 상대이든 결과적으로 대항하여 자신의 것을 지켜야 하는 문제에 봉착할 수밖에 없다. 신화를 관심 있게 주목하는 사람들에게 여성이 직접적으로 관련되는 이러한 삶과 가족과 관계의 문제는 흥미로울 수밖에 없는데, 어쩌면 여성 영웅이 전면에 드러나지 않았다면 정밀하게 들여다볼 수 없었다는 점에서 희귀한 문제이기도 하다. 다만 현실에서는 얼마든지 존재하는 희귀함이라는 점에서는 보편적이라고 할 수 있지만 말이다.

이제 처음의 질문으로 돌아가자. 여성도 영웅이 될 수 있다. 아니 이미 많은 여성이 영웅이었고, 그러한 영웅들은 앞으로도 탄생할 것이다. 삶의 영역에서 중요한 문제를 다루고 있는 여성이기 때문에, 신화의 차원에서도 틀림없이 상징화 작업이 일어날 것이기 때문이다.

하지만 더욱 중요한 이유가 있다. 그것은 여성의 사회적 지위와 역할이 신장되고, 전통적인 여성들이 몸담고 있던 삶의 세목이 더욱 중요해지고 필요해졌기 때문이다. 예전에는 여성들이 응당 자신의 몫으로 생각했던 세목들도 이제는 중립적인 영역이거나 남성의 영역으로 바뀌었고, 또 바뀌어가고 있다. 그만큼 어렵다는 인식이 보편화 될 것이고, 인류는 보편성을 바탕으로 그 문제의 핵심과 해결책(대안)을 신화에 새겨 넣을 것이다. 후대의 눈치 빠른 독자들이 해당 문제를 인식하고 해답을 꺼내 쓸 수 있도록 말이다. 아마 어쩌면 그 해답이 더욱 필요한 사람들은 여성이 아니고 남성일 수 있을지도 모르지만 말이다.◆

09

신화와 현실은 무엇을
공유하는가?

1. 신화는 허황된 이야기가 아니다

신화는 초자연적인 세계를 기본 바탕으로 하는 서사 양식이다. 그 안에는, 신들이 버젓하게 살아가고, 그들의 아들이 살아가며, 그들 중에는 신의 위상과 능력에 버금가는 초인간적인 이들이 살아가기 일쑤이다. 신과 인간의 거리는 매우 가까워서, 그들(신과 신의 아들에 해당하는 이)과 숱한 사연들이 서로 얽혀 있기 마련이다. 헤라클레스나 페르세우스 혹은 주몽이나 루크 스카이워커 같은 이들이 그러하다.

당연히 '그들-영웅들'은 중인(衆人)들에게 선망의 대상이 된다. 중인들은 '그들-영웅들'처럼 하늘을 나는 신발을 얻고 싶기도 하고, 맨손으로 사자를 죽일 수 있는 용력을 얻고 싶기도 한다. 바다를 가르고 하늘로 오를 수 있는 자격과, 칼 한 자루로 세상을 지배할 수 있는 검술을 가지고 싶어 하기도 한다.

하지만 이러한 본질적 의의에도 불구하고, 현실에서는 신화 속 영웅들의 초인적인 능력을 허황(함)으로 치부하기도 한다. 현실에서 일어날 수 없는 일들이기에, 그들의 이러한 능력이 과연 현실에서 어떠한 의미를 지니는가에 대해 부정적인 견해를 초래하곤 한다. 신화는 불필요한 이야기세간의 통념, 재미있지만 참고할 필요가 없는 황당한 유산, 혹은 그 자체로 허구에 불과하다는 의견을 좀처럼 모면하기 어려운 것도 사실이다. 더구나 현대에서는 재미있지만 의미가 없는, 혹은 흥미롭지만 삶에는 별다른 쓸모가 없는 오래된 이야기 정도로 취급하고 마는 것이다.

이러한 중인들의 판단은 그 자체로 흥미로운 관찰을 불러일으킨다. 그렇다면 왜 사람들은 허황된 이야기를 만들어내었으며, 그것을 전승해내었으며, 심지어는 지금도 창작해내려는 것일까. 위의 질문은 모두 '해내'는 것으로 모아지고 있다. '해낸다'는 말에는 고의적인 의도가 포함되어 있다. 그것('해내야' 하는 작업)이 필요하기 때문에, 일부러 이 세상에 존재하고 통용되도록 유도한다고 해야 할까.

다시 고대 신화로 돌아가자. <오이디푸스>는 흥미로운 측면을 지닌 옛 신화이다. 하지만 신화로 그치지 않고, 마치 역사처럼 많은 이들에게 교훈을 준다. 인간은 그 어떤 능력으로도 운명을 소홀히 다룰 수 없으며, 이를 통해 인간 자체의 능력과 본질에 대해 연민과 공포를 느낄 수밖에 없다.

이러한 연민과 공포는 <오이디푸스>를 확대 생산하는 일종의 사회적 합의를 이끌어내었고, 연극(드라마) <오이디푸스>로의 변화를 추동했다. 소포클레스를 비롯한 많은 그리스 작가(극작가 겸 연출자)들은 이 신화의 자료화 혹은 예술 작품화에 동의했고, 그러한 동의가 모여 전 인류의 기념비적 걸작 <오이디푸스>가 탄생할 수 있었던 것이다.

2. 신화의 필요와 목표

신화는 그 필요에 의해 탄생하고 변모했다. 그러한 측면에서 보면, <오이디푸스>는 인간의 연민과 공포를 뚜렷하게 겨냥한 신화이자, 작품이다. 영웅이 지닌 뛰어난 자질을 기꺼이 인정하면서도 그 자질 밑에 웅크리고 있는 저주를 주목하도록 만들었기 때문이다.

그 저주는 오이디푸스만의 것은 아니었다. 헤라클레스는 왕이 되어야 할 최초의 운명이 좌절되면서, 영웅은 될 수 있었지만 자신의 삶의 진실한 주인공은 되지 못했다. 적어도 인간으로서 모험을 하는 동안의 그는 누군가의 명령을 따라야 하는 수동적인 입장이었다.

혁거세 또한 마찬가지였다. 그는 왕이 되었고, 신라의 제 1대 왕으로 등극하는 기념비적인 업적을 세웠지만, 그의 그러한 위치 또한 누군가에 의해 결정된 자리였다. 그 누군가를 신라의 '육부'로 한정시킬 수도 있겠지만, 시대가 요구하는 그에 대한 강압이라고 할 수도 있다. 그래서 그는 죽음에 이르는 과정이 순탄하지 않았다고 해야 한다.

아기장수는 어떨까. 그는 영웅이 될 조건을 지니고 있었지만, 부모와 이웃 그리고 시대의 강압에 의해 죽고 말았다. 영웅 자체가 되어 세상에 헌신할 기회 자체를 잃어버렸다.

햄릿도 왕이 되지 못한 채, 자신의 인생을 마무리해야 했다. 루크 스카이워커도 제다이가 될 수는 있었지만 아버지와 이별해야 했고, 다시 조카이자 제자와 대결해야 하는 침울한 운명을 받아들여야 했다. 그들은 뛰어난 능력 못지않게 거대한 불행을 지니고 있었고, 찬란한 성공 못지않게 상당한 고통을 감수해야 했다. 그들의 화려한 성공 뒤에는 우울한 삶의 풍경이 펼쳐져 있다. 헤라클레스가 죽는 장면은 매우 비참했고 영웅의 말로를 단적으로 보여주었다. 그들의 빛나는 능력 뒤에도 치명적인 허점과 한계가 도사리고 있었다.

우리는 어떻게 이 문제를 바라보아야 할까. 그들-영웅들의 능력이 뛰어나기 때문에, 나머지 불안한 인생과 한계는 그냥 간과해야 할까. 그렇게 넘어가기에 그들의 '어둠'은 지나치게 치명적이다. 그 어둠으로 인해 그들은 돌이킬 수 없는 실수를 하고, 우울과 슬픔의 그늘을 거두지 못하고, 결국에는 극단적인 파멸에 이르기까지 한다.

그리스 사람들은 연극 <오이디푸스>를 통해, 그리고 <오레스테스>(3부작)를 통해 이 점을 경고하고 있다. 교만하지 말 것, 섭리를 따르고 반항하지 말 것. 영웅들 역시 운명을 피해가지 못하는데, 일반인들은 말해 무엇하겠느냐는 제법 견고한 메시지까지 전달하고 있다. 그들은 아마도 인간 앞에 놓인 침울한 불행과 상당한 고통을 무서워하기를 바랐을 것이다. 인간의 인생이 보잘 것 없다는 사실을 강조하고 싶었는지도 모른다.

그렇다고 그리스 사람들이 비관론자는 아니었다. 그들은 신화를 통해, 그리고 연극과 예술을 통해, 때로는 『시학』이라는 비평과 이론을 통해(결과적으로 신화에 대한 이해에 해당하지만), 세상에 대한 정의를 내리고 싶어 했고, 그 안에서 인간이 살아가는 방식에 대해 논의하고 싶어 했다. 예술은 그러한 정의와 논의의 한 방편이었고, 신화 혹은 신화의 가르침을 내장하는 또 하나의 용기였다.

인류 역사 초기에 세상에 대한 인간의 지혜가 신화에 담길 수 있었다면, 그 신화에 담긴 지혜는 다시 연극과 예술 그리고 이론과 원리 속에 다시 담길 수 있었다고 믿었다. 그러한 믿음은 사실 인간의 마음을 움직여 세상을 바꾸고 이해하고 결국에는 창조하도록 유도했다.

신화를 창출해내는 것은 이러한 작업과 동일하다. 신화를 창출해내는 것은 자신들이 이해했던 세상을 창출해내는 작업과 유사하며, 그것은 현실 옆에 자신들 각자의 현실을 마련하는 인간의 보편적인 태도와 크게 다르지 않다.

인간은 누구나 자신의 삶을 창조하고 싶어 한다. 어떤 이는 심오한 전공을 통해 전문가가 되고 싶어 하고, 어떤 이는 멋진 로맨스를 통해 삶의 환희를 만끽하고 싶어 한다. 아내와 자식을 위해 직장에서 자신을 희생하는 사람도 있고, 세상을 떠돌면서 인류를 가족처럼 사해를 내집처럼 여기기를 바라는 사람도 있다. 어떤 사람들은 골방에 틀어 박혀서 인터넷 가상 공간에 자신의 집과, 처와, 자식과, 가족을 만들기도 하고, 어떤 이들은 비밀스러운 자신의 왕국을 만들기 위해서 남을 납치하고 유부녀를 감금하기도 한다. 이 모든 것은 어떠한 방식으로든 자신의 왕국, 다른 말로 하면 자신만의 삶을 경계 짓고 구축하고자 하는 기본적 욕구에 해당한다.

신화 역시 이러한 욕구에서 자유롭지 못하다. 자신의 인생을 소설로 쓰면 엄청난 분량에 이를 것이리고 자랑하는 이들을 현실에서 만나는 것은 어렵지 않다. 하지만 안타깝게도 우리는 그들 모두의 삶을 읽을 수 없으며, 실제로 읽어야 할 필요도 없다. 하지만 그들이 어떠한 삶을 살고 있는지, 또 살아야 하는지에 대해서는 참고할 필요가 있다.

수많은 형태의 다각형이 인간 개개인의 삶이라면, 이러한 다각형의 기본적인 특징만 모아 만들어놓은 정다각형은 보편적 삶의 원형에 해당할 것이다. 사실 그러한 삶의 원형이 실제로 존재할까 싶지만, 신화는 그 원형의 존재 가능성에 도전하고 있다. 수많은 사각형의 삶을 살아가는 이들에게는 정사각형 형태의 신화가 흥미로울 수 있으며, 적지 않은 삼각형의 삶을 이어가는 이들에게는 정사각형과 다소 다르지만 정삼각형의 형태에 해당하는 신화가 맞을 수도 있다.

그렇다면 이 세상에 왜 그토록 많은 신화들이 있는지 이해할 수 있다. 삶이 다른 만큼 그 개별 양상이 다르고, 그 개별 양상의 원류가 되는 지점도 여러 개일 수 있다. 세계 각국의 전승 신화, 지금도 만들어지는 신화는 바로 개별 양상의 삶이 다른 만큼, 그 중심 원형도 다르다는 평범한 사실을 상기시킨다. 그래서 신화는 세상의 축도가 될 수 있다. 축도이기 때문에, 세상의 부분이고 조각이 될 수도 있는 것이다.

3. 신화의 기원과 미래

역사가 시작되면서 인류는 개별적인 인간이 모은 정보를 모아 놓을 어떠한 체계가 필요했다. 인간들은 세대를 건너오면서, 사냥하는 법과 거주하는 법, 공격하는 법과 방어하는 법, 모여사는 법과 처벌하는 법 등에 대한 다양한 경험과 상식을 누적하게 되었고, 이것은 지적 체계를 이루어야 할 만큼 적지 않은 정보(information)로 존재하게 되었다.

인간들은 이것을 모아서 하나의 지적 체계(knowledge)로 생성하고 이를 전승해야 할 필요를 느꼈다. 인간이 모여 살면서 섹스를 해야 하는 상대와 하지 말아야 하는 상대가 분별되었고, 섹스를 할 수 있는 상대라고 해도 할 수 있는 시점과 할 수 없는 시점이 구분되었다. 인간이 모여 살기 위해서 신분과 질서와 규칙을 어떻게 구분해야 하는가에 대한 누대의 방침이 합쳐져야 할 필요도 발생했다.

집단은 필연적으로 충돌과 다툼을 불러왔다. 사회 내부(집단을 그렇게 부를 수 있다면)에서의 충돌과 다툼도 문제였지만, 한 사회와 다른 사회 사이에 물리적 생존을 건 격렬한 격돌과 전투도 심각한 문제였다. 필연적으로 집단들은 이에 대처해야 했다. 그 중 어떤 집단들은 이러한 대처법에 능숙해지면서 오히려 다른 집단을 병탄 장악하는 힘을 비축하게 되기도 했다.

식량을 모으고 주거지를 정하는 것은 인간의 기본적인 본능이자 물리적 생존의 최소 요건이었다. 과거의 인간들은 자연에 대한 장악력이 크지 않았기 때문에, 자연 내에서 이를 수행해야 했고, 경쟁자들과의 생명을 건 생존 경쟁을 통해 획득한 노하우를 집단 내에 전수 세승해야 했다.

이러한 문제는 문자가 발명되기 이전에는 더욱 심각했을 것으로 보인다. 사회의 연장자들은 어떻게 해서든 그 집단의 기원과 역사, 규율과 경험, 기술과 상식을 보존할 수 있는 방법을 찾아야 했을 것이다. 이때 신화는 이를 가능하게 하는 소중한 방법이 아닐 수 없었다. 신화의 기원이 어떠한 것이었든, 그들의 과거와 현재가 덧붙여지면서 신화는 지식 체계로 변화되어갔다. 이러한 변화는 정보(information)에서 지식(knowledge)으로의 변모뿐만 아니라, 점점 자아와 타자와 가족과 집단과 사회 그리고 그 확산된 형태로서의 민족과 국가를 경영하고 유지할 수 있는 더 큰 차원의 앎을 추구하게 되었다. 이것인 지혜(wisdom)인데, 이러한 정보→지식→지혜는 점차 신화라는 구조화된 이야기 체계 내에 혼용되어 저장되기에 이르렀다.

한 민족의 신화는 창세 신화, 건국 신화를 포함하게 되었고, 이러한 신화들은 그 민족이 생존해야 할 역사적 상황이나 자연적 환경과 밀접한 관련을 맺게 된다. 동아시아와 시베리아에 폭넓게 거주했던 예맥족은 하늘에서 내려온 신과 그 신의 자식으로 다스려지는 전승 신화를 공유하게 된다. 한국 사람들이 한국의 고유 신화로 알고 있는 단군신화는 이러한 공유된 신화의 일부이다.

　동아시아에 펼쳐져 있는 천제와 그 아들로서의 강림자 그리고 강림자의 후손이 다스리는 나라에 대한 생각은 비단 이 지역에만 국한된 신화라고는 할 수 없다. 하지만 동아시아의 넓은 초원에서는 하늘의 상황이 매우 중요했고, 이를 측정하고 가늠할 수 있는 힘이 필요했다. 천제의 탄생과 그 강림자로서의 중간 신 그리고 그 계보로서의 아들은, 하늘을 이고 넓은 평야를 다스려야 하는 이들(위정자)에게 반드시 필요한 명분이었을 것이다. 물론 이 명분은 공동의 사유로부터 시작되었으며, 이러한 사유는 고대의 정보/지식/지혜의 체계를 통해 생성된 인류 문화와 정신의 총화라고 할 수 있다.

　고대가 신화의 시대였다면, 중세는 이를 극복하고자 하는 새로운 지식 체계의 시대였다. 이른바 크리스트교로 대변되는 종교가 그것이다. 사실 나사렛의 예수는 고대 신화의 명백한 계승자이다. 그가 태어나고, 성장하고, 산화하고, 부활하고, 구성원의 마음속에 남는 과정은 영웅 신화의 그것과 유사하다.

　분명한 아버지 없이 태어나 세상에 버려진 아이였지만, 스스로 고난을 이겨내고 모험에의 소명을 완수함으로써 완성된 개인이 되었고(모험의 소명), 세상으로 돌아와(귀환) 자신의 생각을 나누어주면서 세상의 변혁에 힘쓰는 모습은 귀환한 영웅의 그것과 흡사하다. 죽은 후에 부활하여 자신의 영험함과 신이함을 보이는 대목도 영웅의 그것과 다르지 않다. 고대의 신화 속 영웅들이 걸어온 길이자, 보편적 인류가 걸어가야 할 길을 걸어간 한 명의 영웅인 셈이다.

하지만 예수의 신화는 기존 신화와는 다른 앎의 체계를 형성하는 밑거름이 되었다. 신화의 중요한 요소 중 하나인 희생양 메커니즘이 발동하는 데에는 큰 이상이 없었지만, 의외로 그 메커니즘이 드러나면서 대중들은 예수(의 죽음)를 특별한 것으로 간주하기에 이른다. 다시 말해서 영웅이 희생되어 기억 속에(신화에서는 흔히 하늘의 별이 되거나 신의 반열에 오르고 지상에는 그의 흔적만 남는다) 저장되는 과정에서, 그 희생자를 만들어냈던 사회적 조건이 드러난 것이다. 그것은 골고다 언덕으로 그를 이끌고 간 '세력'일 것이다.

그 세력을 여러 가지 층위로 나눌 수 있다. 가장 직접적인 원인은 유대를 다스리는 로마의 총독 내지는 다신교를 믿는 지배국가(로마)의 수장(황제)일 것이다. 유대가 스스로를 점령당한 나라라고 믿었다면, 예수를 죽인 힘은 로마라는 지배자에게서 흘러나와 민중을 괴롭히는 사악한 힘이 되어야 할 것이다.

이러한 지배자의 힘은 다른 측면에서도 측정된다. 로마시대의 유대는 이른바 기득권자들에 의해 다스려졌는데, 지배구조 상 사실상 지역과 종교에 기반을 둔 토착 세력이 실질적인 지배자였다. 예수를 압박하고 탄압한 주체자도 이러한 토착 세력에 가까웠다. 사정이 이러한 만큼 그들은 정치적 실권을 위협하는 한 젊은이와 그들 무리의 부상을 용인하기 힘들었다.

예수의 제자들 혹은 추종자들로 간주되는 이들도 압박의 힘 중에 하나였다. 예수의 제자 중에는 예수를 밀고하거나 부인하는 극단적인 제자들도 포함되어 있다. 하지만 이러한 극단적인 존재들보다는 제자들이 지닌 군중으로서의 성격이 더욱 주목된다. 그들은 예수를 따르면서 기존의 종교/윤리/정신/정치 체계와 다른 세상(영역)의 가능성을 엿보았지만, 추종자들 역시 예수에 대한 확신으로 가득 찬 상태는 아니었다. 다시 말해서 그들은 예수라는 새로운 인물(선지자, 영웅)을 따르는 분화된 군중이었지만, 기존의 군중이나 질서 체계와 완전히 유리된 존재가 아니었다. 제자나 추종자라는 군중 자체가 유동적이었고 또 가변적이었던 것이다. 예수를 향한 탄압에 저항하지 못한 그들은 오히려 직간접적으로 예수의 죽음에 관여했을 뿐만 아니라, 예수와 예수를 압박하는 힘(세력) 사이에서 길항하며 그들의 구도를 더욱 혼란스럽게 만드는 중간적 존재로 가능하였다.

로마 황제(혹은 총독)의 힘, 유대의 토착 지배 세력, 심지어는 예수를 따르는 제자와 추종자들은 예수를 죽음으로 몰아넣는 주요한 힘이었지만, 사실 가장 강력하고 직접적인 원인이었다고는 할 수 없다. 가장 큰 세력은 일반 대중이었다.

로마와 유대의 위정자들에게 이중으로 지배되는 현실 구조에서, 예수라는 젊은이는 일반 대중들에게 영혼의 동반자로 각인되어야 했다. 더구나 예수에게는 그를 따르는 또 다른 세력이 있어, 그에 대한 선택이 잘못된 것이 아님을 증명할 수 있는 작은 물증도 갖추고 있었다.

하지만 아기장수를 죽인 자들이 부모와 마을 사람들이었듯, 예수를 끌고다 언덕에 처형하는 이들 역시 그의 이웃과 동포와 지인들이 었으며 심지어는 그를 질투하고 미워하는 이들이었다. 한 마디로 군중이었으며, 박해군중으로 변해가는 소속 집단 그 자체였다. 그들은 예수의 죄를 범죄자의 그것과 동일하게 취급했다. 그리고 증인이 보는 앞에서, 군중의 절대적인 동의하에 처형을 진행했다.

그러한 그들(박해 군중)이 자신들의 야만적인 행위 자체를 숨기지 않고, 오히려 그 잔혹함을 메커니즘을 세상에 공표하고 그 행위에 대해 반성을 추구하는 종교를 탄생시켰다. 그것이 이른바 크리스트교인데, 이 종교는 그들의 바람대로 인류 문명 그 자체를 대표하는 종교로 성장했다. 기원 원년 이후의 최초 시대는 '종교의 시대'였다. 그러다가 (서)로마의 몰락 이후(매우 상징적인 시간 연대) 이 종교는 지중해→유럽 전역→근동과 서아시아→동아시아와 아메리카로 확산되면서 전 세계적인 영향력을 행사할 수 있게 되었다.

하지만 일련의 과정을 돌아보면, 그 결과는 매우 신기하다. 왜냐하면 과거에도 희생제의는 무수히 존재했고, 그로 인해 심리적 연민과 자책감 혹은 반성적 사유를 전개하는 군중들이 무수하게 존재했을 테지만, 이 만큼 강력한 힘으로 그 숨은 의미가 세상으로 퍼져나간 사례는 거의 찾을 수 없기 때문이다. 종교는 대부분 순교와 희생을 바탕으로 하고, 그 신념 위에서 대중들의 반성을 동력으로 삼지만, 그래서 많은 종교들이 생성되고 전개되고 또한 성세를 유지하지만, 크리스트교의 성세를 당해 낼 세력(종교)은 아직 세상에 존재하지 않았다. 그러한 측면에서 크리스트교는 고대 신화와 희생제의에 묶여 있던 앎의 패러다임을 획기적으로 변화시킨 새로운 체계라고 할 수 있다.

신화가 종교의 시대로 접어들면서, 고대의 신화는 두 가지 방향으로 갈라질 수밖에 없었다. 종교와의 습합을 통해 유지되던가, 아니면 신화의 생명력을 포기하고 사라지는 운명을 선택하던가. 그리스 신화는 크리스트교와 함께 서양 문명의 중심으로 올라서면서, 세상의 지식 체계로의 진입을 이루어내었다. 하지만 과거 신화가 지니고 있었던 세계를 설명하고 유지하고 창조하는 근원적인 자리에는 물려주어야 했다. 중세는 크리스트교가 지배하는 곳이었고, 그 지배의 원리를 설명하는 방식은 성서의 교리였다. 그리스 신화는 성서의 저본을 형성하는 힘이었지만, 근본적으로 유일신교의 지식 체계와는 공존할 수 없었다. 그래서 그리스 신화는 과거의 것으로 치부되거나 예술적 상징으로서만 수용될 수 있었다. 제우스가 신 중의 왕이고, 그의 아들이 세상을 지배한다는 논리는 통용될 수 없었다. 하지만 제우스는 그림과 조각의 주요 대상이 되었고, 세상을 다스렸던 문명 이전의 세력을 상징하는 존재로 머물 수는 있었다. 그는 권좌를 내주었지만 중세 문명의 근처에서 배회하면서 세계 질서 내에 자신만의 방식으로 존재하게 되었다.

종교의 시대가 성세를 다하면서 르네상스를 건너 이른바 과학의 시대가 열렸다. 과학은 종교와의 공존을 추진했고, 물리적인 세상의 질서는 과학이, 정신적이고 영적인 삶의 질서는 종교가 지배하는 세상이 이어졌다. 신화는 이때에도 과학의 언저리를 맴돌면서 부수적인 기재로 세계에 존재했다. 잊혀 진 이야기, 허황된 이야기, 재미있지만 의미 없는 이야기의 멍에를 이어가야 했다. 예술과 영감의 재료이기는 하지만, 세상을 설명하는 도구나 기재는 될 수 없었다.

사실 근대 이후 과학 문명은 물질세계를 설명하는 가장 확실한 힘으로 자리 잡았다. 과학은 원인과 결과 사이의 모호한 과정을, 확실한 루트를 통해 연결한 공로가 있는 지적 체계였다. 인간이 불을 다루게 된 것은 프로메테우스의 공로가 아니라, 발화점 이상의 온도에서 물질이 신소와 결합하여 발열 반응이 일어나고 그 결과 빛과 열이 나오는 행위라는 설명이 가능해졌다. 물론 이러한 설명도 또 다른 차원의 문제를 함축하고 있지만, 세상 사람들은 이러한 설명에 열광했고, 이를 발전시켜 근-현대에 이르는 물질문명을 형성했다. 종교는 정신과 영험의 세계로, 신화는 유희와 과거의 세계로 밀려났고, 이른바 과학적 사고를 중시하는 정치/경제/사회/인문의 혁신이 일어났고, 인문이나 예술 심지어는 종교에도 이러한 과학이 침투하기 시작했다. 그러다가 과학적 사고는 세계를 이루는 한 요소나 분야에 국한된 사유 체계가 아니라 모든 분야와 전체를 설명할 수 있는 가장 확고한 사유 체계로 인정되기에 이르렀다.

그러다가 신화는 이 시기의 과학의 반대편에 위치하며, 불합리하고 무작위적인 어떤 것으로 치부되는 상황에 처했다. 하지만 그렇다고 신화의 힘이 사라진 것은 아니었다. 죠셉 켐벨은 '신화의 힘'은 줄어든 바가 없으며, 그 모습이 현대에 다소 변형되어 나타났을 뿐 여전히 세상을 설명하는 유효한 방식 중 하나라고 주장했다. 그에 설명에 따르면, 신화는 인간의 성장과 문명의 성숙에 중대한 영향을 끼치고 있으며, 단순히 고대 종교로서의 영역이나 정신적 분야에서

만 역할하는 것은 아니라고 주장했다.

동시대의 신화는 현대 이후의 대안적 사유 체계로 떠오르는 예술이나 현대 문화의 중심이라고 할 수 있는 영화에 막대한 영향을 끼쳤다. 사실 켐벨은 20세기의 신화는 영화로 구현되고 있다는 극단적인 발언도 한 바 있다. 신화는 종교와 과학에 억눌려서 부차적인 사유 체계로 지내야 했던 시절에서도 점차 벗어나기 시작했다. 현대인이 제우스를 신으로 섬기거나, 한국 사람들이 주몽을 되살리는 종교를 만들지는 않을 것이다. 하지만 제우스나 주몽이 의미하는 바는 내면의 영역으로 수용되어 종교/과학과는 다른 형태의 의미를 형성하기 시작했다.

이것은 비단 제우스가 나오는 영화를 보거나(그러니까 그리스 신화를 바탕으로 시나리오를 창작하거나), 주몽을 민족 신앙으로 숭앙하는 텔레비전 드라마를 창작한다는 뜻만은 아니다. 신화가 문화와 예술의 밑거름, 혹은 창작적 모티프를 제공한다는 현상을 부인하는 것이 아니라, 보다 근원적인 힘으로 세상의 일부를 설명하기 시작했다는 것이다.

신화는 문자 체계 이전에 세상을 설명하고 납득하고 기억하고 전수하는 방식이었지만, 문자 이후에도 그 가치가 줄어들지 않았고, 새로운 설명 방식으로서의 종교와 과학 그리고 심지어는 문화와 예술과 교접하면서 여전히 유효한 체계로서 자신만의 고유한 영역을 개척하고 있다. 신화의 영감은 비단 문화나 산업에만 국한된 것은 아니다. 그것은 인간의 공통적 사유를 측정하고 감지할 수 있는 힘이 된다.

인간은 서로 다르다고 생각한다. 현대 문명이 고도로 성장한 이후에는 이러한 차이는 부인할 수 없는 명백한 사실이다. 개성과 독립이 중시되고, 이러한 문제들을 해결할 수 있는 방안으로서 개체의 권리와 고유 권한이 강조되기에 이르렀다. 그러다 보니 인간의 보편성에 대한 생각과 공유가 줄어든 것도 사실이다.

이 과정에서 인간은 비록 서로 다른 존재이지만, 동시에 비슷한 존재여야 한다는 관념이 다소 모호하게 희석되곤 했다. 그러니 현대에 인간이 지니는 가치를 고유성으로만 설명하려 한다면 다소 문제가 생길 수 있다는 인식도 확산되어야 했다.

신화는 인간이 왜 공유된 의식을 가지고 있고, 인간의 문명이 어떻게 공동의 기반 위에서 출발했는지를 여실히 보여주고 있다. 정확하게 말한다면 암시하고 있다고 해야 하는데, 그 덕분에 신화는 시간이 흐르고 사회가 바뀌고 공간적으로 유리된 곳에서—그 곳의 사회와 그 사회 내에서 살아가는 세상의 거주자들에게—여전히 유효한 삶의 지침이자 인류 자신에 대한 깨달음으로 활용될 수 있다. 물론 가족과 이웃과 동료와 사회 구성원들의 역할을 상기시키고 그들과의 상호 관계를 유지해야 하는 이유를 알려주는 역할도 한다.

신화는 서로 떨어져 살아가는 사람들도 비슷하게 생각하고 공유된 철학을 지니고 있다는 단순한 사실을 확인시킨다. 신데렐라 이야기와 콩쥐팥쥐 이야기가 같고, 예수와 아기장수의 처지가 근본적으로 동일하며, 동시에 페르세우스와 광개토왕이 유사할 수 있고, 바리가 어른이 되는 과정이 요즘 아이들이 어른이 되는 과정과 근본적으로 다르지 않다는 생각을 하도록 만든다. 또한 전 세계 문화와 문명의 이면에 인간의 보편적인 사고와 정신의 원형(原型)이 깔려 있다는 생각을 하도록 만들며, 그 안에서 새로운 미래를 창조할 때에도 이러한 원형과 보편성을 근본적으로 벗어날 수도 없다는 예견도 심어준다. 인간은 이러한 원형성을 신화에서 찾곤 하며, 그러한 원형성을 알려주기 위해서라도 신화가 다른 형해로 유지 계승되고 있음을 바라보아야 한다.

고대의 수많은 민족들이 신화를 만들고, 그 이후의 사람들이 종교와 과학을 만들었던 것도 보편성과 개성 사이의 길항 작용 때문이었다는 점을 기억할 필요가 있다. 신화는 세상을 설명하는 힘이지만, 그 내용으로만 세상을 설명하지는 않는다. 신화는 존재함으로써 그 차이를 드러낸다. 그리고 그 차이에도 불구하고 보편적 일관성을 잃지 않음으로써 인간 정신의 근원을 보여주고자 한다. 정신 의학이 아무리 발달해도 인간 심리의 가장 근원에 무엇이 있는지, 그 시작이 어떻게 현재의 심리적 상황을 구축하도록 만들었는지 설명하는 것은 쉽지 않다. 물론 물리적으로 뇌를 해부하고 가슴을 들여다본다고 해서, 이 문제가 해결되는 것도 아니다.

신화는 종교와 과학이 여전히 해결하지 못하는—한 때는 해결했거나 완벽하게 해결할 수 있다고 믿었던 적이 있었던—문제에 대해 접근하는 또 다른 길(목)이다. 과학이 원인과 결과 사이의 실증을 통해, 종교가 신과 자연의 측정할 수 없는 경외감을 통해 이 이러한 길을 찾고자 했다면, 신화는 인간이 쌓아놓은 흥미로운 이야기와 그 안에 숨겨진 지혜를 통해 이 길을 찾고자 한다. 그 길은 어느 한 편으로만 열려있지는 않을 것이다. 그래서 때로는 모호하고 허황된 것처럼 보인다. 하지만 분명한 것은 어느 한 가지만으로는 그 끝을 경험하기 쉽지 않을 것이라는 점이다. 그러한 측면에서 신화에 대한 상상과 모험은 그 길을 찾고 그 길에서 만난 결과를 보완하기 위한 과정과 하등 다를 바 없다. 그래서 반드시 필요한 세상의 기본 요건에 해당한다, 신화는.◈

10

신화 속의 문학 :
문학이란 본래 무엇이었나?

1. 문학(자)의 원형

그리스 신화 중에서 아라크네(Arachne)의 신화는 그렇게 널리 알려진 신화는 아니다. 평범하게 이 신화를 읽으면, 거미가 어떻게 탄생했는가라는 질문에 대한 신화적 대답을 얻는 데에 그칠 뿐이다. 지금까지 아라크네 신화를 신에 대항한 여인 혹은 교만함에 대한 신의 징벌 이상으로 읽는 신화 해석법을 보지 못했다.

하지만 이 신화는 그렇게 간단한 경고를 담고 있는 신화만은 아니다. 오히려 이 신화는 복잡 미묘한 문학과 예술의 경계를 보여주고 있고, 나아가서는 문학가와 예술가의 운명을 통해 우리의 창조 정신이 지향해야 할 바를 일러주고 있다.

일단 이 낯설 수 있는 신화의 내용을 한 번 훑어보자. 일부러 이 신화의 내용에 현대적으로 접근한 사전에서 관련 내용을 인용해 보겠다. 인터넷에서 서비스 되고 있는 『신화인명사전』은 대중들이 이 신화를 읽기에 여러 모로 편리하도록 이야기를 정리해 놓았다. 일단, 이 사전에서 정리한 대로 쫓아가 보겠다.

> "아라크네는 리디아의 콜로폰 출신의 베 짜는 여인이다. 빼어난 베를 짜는 솜씨와 자수 솜씨를 자랑하는 아라크네는 자신의 실력이 직물의 수호신인 아테네 여신에 못지 않다고 자만하여 여신과 내기를 한다. 아라크네의 실력에 신들도 감탄했지만 신을 조롱하는 대담한 장면을 그려 아테네 여신의 분노를 산다. 아테네 여신은 아라크네를 영원히 베를 짜는 거미로 변신시킨다."17)

이 사전에서 요약하고 있는 것처럼 아라크네는 아름답고 재주가 뛰어난 여인이었다. 베를 짜는 솜씨와 자수 솜씨가 뛰어났다고 하는데, 그 실력은 해당 분야의 최고 전문가라고 할 수 있는 아테네(여신)에 필적할 만했다. 이러한 평가는 일반적인 수준에서 용인되었다. 그것만 해도, 인간에게는 더할 나위 없는 찬사였다. 하지만 아라크네는 생각이 달랐다. 그녀는 아테네가 권력자이지만, 베 짜고 자수 놓는 실력은 자기만 못하다고 생각한 것이다. 적어도 자신이 아테네에게 밀릴 이유가 없다고 생각했다.

더구나 신화 속의 경쟁자였던 아테네는 지혜의 여신이기는 하지만, 아라크네를 현명하게 다루지는 못했다. 아테네는 신분을 숨긴 채(신화에서는 할머니로 변장하여) 아라크네를 찾아가, 신과 경쟁하고 스스로를 우월하다고 자랑하는 행위는 바람직하지 않다고 설교한다. 하지만 아라크네는 이러한 아테네의 설교를 부정할 뿐만 아니

---

17) 「아라크네」, 『네이버 지식백과 : 신화인명사전』, http://terms.naver.com/entry.nhn?docId=3397915&cid=58143&categoryId=58143

라, 불경스러운 발언을 서슴지 않아 결국 아테네의 호승심을 불러일으키고 만다. 아테네가 지혜의 여신인 것은 분명했지만, 그녀가 아라크네를 찾아가고 설득하고 결국에는 실패해서 내기를 시작하는 모습은 지혜로운 행동과는 거리가 멀었다. 나중에 설명하겠지만, 권력과 자만은 결국 지혜를 넘어서는 문제를 일으키고 만다.

지혜의 관문으로 해결할 수 없다고 생각한 아테네, 실력으로는 권력자에게 아부할 필요가 없다고 생각한 아라크네. 두 여인은 베틀 짜기 배틀에 돌입한다. 신과 인간의 명예를 걸고, 자신들의 자존심을 걸고, 그리고 자신들이 가지고 있는 세계관과 예술관을 벌인 한 판 승부였다. 그녀들에게 베틀과 자수는 펜이자 붓이었고 끌이자 현이었다. 남자들로 따지면 칼과 방패였고, 절대 물러날 수 없는 자긍심이었다.

경기는 막상막하로 진행되었다. 그녀들이 짠 자수와 베틀에 대해서는 다시 『신화인명사전』에서 정리한 바를 활용하도록 하자.

> "아테네 여신은 제우스를 중심으로 높은 왕좌에 근엄하게 앉아있는 올림푸스 12신의 위풍당당한 모습을 수놓는다. 그리고 신에게 도전한 인간은 어떤 벌을 받을지 예상할 수 있는 미세화를 네 귀퉁이에 짜 넣는다. 스스로를 제우스와 헤라라고 칭한 대가로 산으로 변해버린 트라키아 왕 하이모스와 그의 아내 로도페, 헤라와의 다툼에서 지고 학이 되어 자신의 백성에게 전쟁을 선포하는 키그마이이족의 여왕의 비참한 운명, 감히 헤라와 미모를 다투다 황새로 변한 라오메돈의 아름다운 딸 안티고네, 헤라의 저주를 받아 돌계단으로 변해버린 딸을 부둥켜안고 우는 키니라스의 모습 등 신의 권위에 도전한 인간들의 비참한 최

후를 수놓는다. 그리고 마지막으로 올리브 가지로 가장자리를 둘러서 마무리한다. 이렇게 아테네는 신성을 강조하고 신의 권위에 도전한 인간에게 경고의 메시지를 보낸다."[18]

아테네의 그림(자수)는 명백한 의도를 지녔다. 신의 권위를 격상시키고 인간의 분수와 한계를 이해시키려고 한 것이다. 세상을 다스리는 권력자의 형상을 찬양하고, 그 권력자에 저항하는 세력의 비참한 말로를 보여주고 싶었다. 이것은 명백하게 우상과 절대성을 섬기는 창작 행위였다.

만일 이 자수가 글이었다면 절대적 권력에 대한 찬양일 것이고, 만일 이 자수가 그림이었다면 다수의 합의를 이루고 있는 보편적 진리에 대한 맹신이었을 것이다. 당시 그리스 사람들이 올림포스의 12신을 절대적인 합리로 이해하고 있었고, 다신교를 중심으로 한 정치 사회 체제뿐만 아니라 여기에 덧붙여진 문화예술 체제에 합의하고 있었기 때문이다.

즉 아테네의 글과 그림, 즉 예술은 믿음을 더욱 강한 믿음으로, 권력을 더욱 강한 권력으로 완상하는 형태의 예술이었다. 예술이 사회의 전복이나 진리의 교정에 관여할 수 있다는 생각을 털끝만큼도 담고 있지 않다. 이러한 측면에서 아테네의 글과 그림은 우상―그것이 보편적인 문제를 양산하고 있지 않더라도―에 대한 맹목을 보여준다고 하겠다.

---

18) 「아라크네」, 『네이버 지식백과 : 신화인명사전』, http://terms.naver.com/entry.nhn?docId=3397915& cid=58143&categoryId=58143

그렇다면 그에 맞섰던 아라크네는 어떠한 자수를 수놓았을까.

"아라크네는 올림푸스 주신들의 애정행각을 화려하게 베틀에 펼쳐 놓는다. 황소, 독수리, 백조, 황금 소나기, 불, 목자, 뱀으로 변신하여 불륜을 저지르는 제우스, 사나운 황소와 숫양과 말과 돌고래로 변신하여 여성을 겁탈하는 포세이돈, 에리고네를 속이기 위해 포도송이로 변한 디오니소스와 헤라의 눈을 피해 말로 변신하고 오케아노스의 딸 필리라에게 접근한 크로노스 등을 묘사하고 담쟁이 덩굴과 꽃들로 가장 자리를 마무리한다."[19]

아라크네의 예술관 역시 명징했다. 그녀는 신들의 불륜과 치부, 비겁함과 속임수를 집중적으로 들추어낸다. 소위 말하는 절대자들이 자신의 욕망을 실현하기 위해서 펼쳤던 일들을 세상에 고발하고, 그 이중성을 명백하게 드러내고자 한다.

말이 좋아서 '애정행각'이지, 사실 '미성년자 약취'에 '사기' 혹은 '불륜'과 '강간'까지 포함하고 있다. 성과 섹스가 자유로워야 한다는 개방적 사고를 대입해도 도덕적으로 문제가 될 만한 요소를 담고 있는 이야기들이었다.

설령 애정행각을 남녀 사이의 문제로 치부하고 그 옳고 그름을 따지지 않는다고 해도, 이러한 애정행각을 숨기고 감추려고 하는 태도에서 위선을 읽어낼 수 있다. 아라크네는 절대자이자 권력자들에게 예술로 비판을 가한 셈이다. 그가 쓴 글은 권력자들의 이중성을 고발하고 있었고, 그가 그린 그림은 이러한 비겁함을 세상에 폭로하고 있었다.

---

19) 「아라크네」, 『네이버 지식백과 : 신화인명사전』, http://terms.naver.com/entry.nhn?docId=3397915& cid=58143&categoryId=58143

어떤 베틀이 더욱 훌륭한 베틀이었을까. 신화에서는 한 가지만 명확하게 기술하고 있다. 약점을 찾고 한계를 지적하려는 아테네의 눈에도 아라크네의 베틀 솜씨를 부정할 수 없었다는 점이다. 적어도 아라크네는 실력은 아테네의 아래가 아니었고, 그 이상일 수도 있었다. 당신이 아테네라면 어떻게 했을까.

그녀는 지혜의 여신이었고, 불필요한 문제를 조장할 만큼 절박한 처지도 아니었다. 그녀는 여신 중에서도 존경 받는 여신이었고, 자신에 대한 자부심도 매우 높았다. 최고의 신은 아니지만, 최고신의 반열에 육박하는 주요한 존재라는 사실은 함부로 의심받지 않았다. 그러한 그녀가 아라크네에게 어떻게 했을까.

2. 신의 저주, 문학가의 나락

아라크네의 자수관(예술관)은 민중적 '가치관 혹은 예술관'과 흡사하다. '좌파'라고 해도 좋고, '소수자'라고 해도 좋고, '독립예술'이라고 해도 좋다. 문학이 권력과 사회의 기생해서는 안 된다고 믿는 어떠한 신념의 복합체이자 투사체라고 보아도 좋다. 한 마디로 못 살고 못 배운 이들과 함께 해야 하는 문학이자 예술이었고, 무작정의 우상을 섬기기를 거부하는 날선 비판이었다.

신, 혹은 권력자, 내지는 이미 문학과 예술의 헤게모니를 장악한 이들이 이러한 비판과 고발을 묵과할 수 있었을까. 권력자의 대표자였던 아테네는 어떤 지혜를 발휘하고, 어떤 상식을 동원해서라도 아라크네의 자수를 짓밟아야 했다.

> "시합이 끝났을 때 아테네는 물론 질투의 여신 젤로스조차도 아라크네의 훌륭한 솜씨를 부정할 수 없었다. 제 아무리 여신이라 해도 도저히 흠잡을 데가 없었던 것이다. 금발의 처녀 신 아테네는 경쟁자 아라크네의 탁월한 손재주에 마음이 상한다. 결국 여신은 신들을 모욕한 불경스런 아라크네의 작품을 찢어 버린다. 그리고 회양목 북을 들고 아라크네의 이마를 서너 번 내리친다. 이드몬의 딸 아라크네는 억울한 마음에 들보에 목을 매고 만다. 아테네 여신은 불쌍한 생각이 들어 아라크네를 살린다. 하지만 목숨을 보존하는 대가는 아라크네에는 어쩌면 죽음보다도 더 가혹할 수 있다."[20](밑줄:인용자)

실수인지는 모르겠으나, 『신화인명사전』에서는 아라크네의 자수는 '작품'으로 표기되었다. 작품이란 무엇인가. '작품'의 사전적 뜻은 "1) 만든 물품, 2) 예술 창작 활동으로 얻어지는 제작물, 3) 꾸며서 만든 일을 비유적으로 이르는 말"이다. 그러니 아라크네의 자수는 '만든 물품'이면서도 동시에 '예술 창작 활동'의 부산물이 될 수 있었다. 왜냐하면 아라크네가 가지고 있는 분명한 세계관이 자수에 스며들어 해당 물건을 작품이자 예술품으로 격상시키는 창작관으로 발현되었기 때문이다.

---

20) 「아라크네」, 『네이버 지식백과 : 신화인명사전』,http://terms.naver.com/entry.nhn?docId=3397915&cid=58143&categoryId=58143

흥미로운 지점은 아라크네의 자수가 작품이 되는 시점이, 다름 아닌 '찢어 버리'는 순간이라는 점이다. 그러니까 아라크네의 자수는 아테네에게 찢김으로써 '만든 물품'에서 '예술 창작'의 부산물로 격상되고 있는 것이다. 그렇다면 아테네는 왜 아라크네의 자수를 작품으로 만들어버리는 실수(?)를 저질렀을까.

아테네는 공정하게 경쟁하고 그 평가를 기다려야 한다는 사실을 망각하고 공평해야 할 경쟁에서 '신들을 모욕한 불경죄'를 묻고 만다. 그리고 이러한 불경죄로 인해 '마음이 상한' 상태였던 것으로 묘사된다. 그러니까 아라크네의 자수는 지혜롭다는 아테네마저 마음이 상할 정도로, 신들을 모욕한 불경성을 지니고 있었고, 그로 인해 파괴와 훼손의 대상이 되어도 마땅한 어떤 것으로 전락하고 말았다. 하지만 아이러니하게도 아테네의 손길이 닿아 파손되는 순간 아라크네의 자수는 작품이 되었고, 예술이 되었다.

이러한 상황은 우리에게 예술이 무엇이고, 문학이 무엇인지에 대한 작은 힌트를 준다. 이 역시 세계를 이루는 거대한 진실 가운데 하나의 조각이라고 할 수 있다. 아무것도 아닌 베틀과 자수도 그 안에 세상에 대한 생각과 가치관을 담게 되는 순간 예술품이 될 수 있는 것이다. 나아가서 그 예술품은 기존의 권력, 이미 형성된 상식, 검증된 지혜를 넘어서는 힘이 될 수 있는 것이다.

아테네는 그 '기존'과 '검증'과 '이미' 존재하는 어떤 세상의 기준에 위치한 존재이다. 예술은 새로워야 하며, 그래서 기존의 생각을 뛰어넘고, 검증이 끝났다고 여겨지는 진리를 뒤집으며, 이미 확고하게 굳은 어떤 기준을 넘어서야 한다. 그것이 우상이다. 학문적으로든 현실적으로든 인간은 끊임없이 우상을 만들어 왔다.

어떠한 이유로든 대통령과 왕을 모욕할 수 없다고 믿던 시대가 있었다. 조선의 왕은 그 자체로 숭앙 받아야 할 대상이었고, 유신시대의 한 대통령은 신에 버금가는 존재이기를 바랐다. 이러한 왕은 사회 곳곳에 있었다. 이문열은 이러한 왕이 '국민학교'(초등학교가 아니라)에도 이미 있었다고 말한 바 있다. 그리고 그 왕이 존재하는 공간을 뒤집어 밝히는 것이 문학의 임무라고 말했다.

어떠한 우상도 그 자체로는 진리가 될 수 없다. 진리가 굳어 만들어진 우상이기에, 그 우상에 진리가 여전히 담겨 있다고 믿어서도 곤란하다. <홍길동전>은 그토록 당연하게 믿었던 가정에서의 아버지가 사실은 왕이 아니라는 사실을 보여주고 있다. 조선시대에도 왕을 고아라고 욕하는 선비가 있었고, 유신시대에도 서슬 푸른 권력에 대항하여 성삼문의 충절과 세조의 폭행을 말하는 연극이 있었다. 시대와 폭압에 관계없이 예술은 필요한 말을 할 수 있었고, 필요한 말을 하기 위해서는 시대와 폭력의 우상을 벗어나야 했다. 우상은 존재하는 순간 진리를 훼손시킨다. 어떤 것도 절대적으로 맞고 그 진리의 우월성이 강하다고 말하는 순간, 더 이상 맞지도 않고 우월하지도 않은 존재로 떨어진다.

아테네는 이를 증명하는 존재이다. 아테네는 세상의 모든 지혜를 결집시킨 인물로, 체계화 된 학문과 보편적 진실과 합의된 질서를 뜻한다. 아테네는 세상의 기준이고, 만인의 중심이다. 이성 그 자체라고 해도 무방하다.

　하지만 그 이성은 때로는 굳어서 유연성을 잃고, 권력에 밀착되어 진실로 중요한 지점을 간과하기도 한다. 아라크네의 비판은, 궁극적으로는 세상에 대한 발언이라는 점에서 누구든 간섭해서는 안 되는 지점이었다. 그 지점은 절대 권력으로도, 진리의 신성성으로도, 지식의 권위로도 눌리거나 침범 당하지 않을 권리가 있다. 그 지점이 예술이고, 그 지점을 방어해야 하는 사람들이 예술가였다. 아라크네가 예술가가 될 수 있었던 것은 그녀가 뱉어내는 불경(성)이 시대와 권력에 기생하지 않으려는 독립적 성향에서 발원했기 때문이다. 즉 그녀는 그 누구도 간섭도 받지 않음으로써, 그녀가 해야 할 일을 할 수 있는 존재가 된다. 그것이 예술가이다.

3. '거미'는 세상의 음지에서 세상을 위해 일하는 존재이다.

　신화 속 아라크네의 정체와 내력은 생각보다 복잡한 층위에서 문화와 사회, 예술과 권력, 문학과 비평 사이의 관계에 대해 묻도록 만든다. 그렇다면, 거꾸로 남들을 비판하고 치부를 들춰내고 악담을 퍼붓는 것만으로 문학과 예술이 될 수 있느냐고 물을 수도 있을 것이다. 아라크네처럼 어떠한 제약도 없이 마구잡이라 자신의 생각을 펼치는 것이 창작 행위가 될 수 있느냐고도 반문할 수 있다.

사실 이러한 질문은 이미 아테네가 자신에게 했을지도 모르는 질문이다. '저 애가 저렇게 뛰어난 테크닉을 가졌지만, 저에게는 세상을 보는 안목이 없어, 이 기회에 따끔하게 버릇을 고쳐주어야지!' 아테네는 자기가 저지르는 일이 정당하다고 믿었다. 세상을 어지럽히고 절대적인 진리를 훼손하는 아라크네 같은 인물은 빨리 사라져야 했다. 하지만 불쌍하기도 했다. 그것은 아라크네가 지닌 재주가 너무 뛰어났기 때문이었다. 재주가 그렇게 뛰어나지 않았다면, 사실, 아테네가 신경 쓸 이유도 그만큼 줄어들었을 것이기 때문이다. 하지만 아라크네는 뛰어난 재주에도 불과하고 너무 위험한 존재이기도 했다. 자신들의 존엄과 사회 체계의 근간을 뒤흔들 수 있는 잠재력을 지니고 있었다. 이 기회에 버릇을 고쳐 일벌백계로 삼아야 마땅했다.

　문화예술은 늘 정치권력과 이러한 길항 관계를 맺게 된다. 김현 말대로 하면, 문학은 현실적으로 힘이 없는 존재이기 때문에, 이를 강제로 억압하려는 힘도 상대적으로 미약해진다. 그래서 문학은 억압에서 비교적 자유로울 수 있고, 그 대가로 '억압' 그 자체에 대해 생각하도록 만든다.

　아라크네의 신화는 문학과 억압의 문제를 상정한다. 아라크네의 자수 실력은 너무 뛰어나서 많은 이들을 경탄시켰고, 그로 인해 많은 이들이 그녀의 자수에 유혹되거나 생각을 달리 먹을 가능성도 자연스럽게 증가했다. 그녀의 작품이 더 이상 사람들에게 기존의 체제와 권력의 행태에 대해 질문하도록 남겨두면 곤란해지는 상황도 연출되는 것도 당연했다.

자신이 사회와 국가와 질서와 문명을 수호하고 있고, 또 수호해야 한다고 믿는 사람(들)은 이러한 아라크네들을 의외로 좌시하기 힘들 것이다. 그들을 제거하고 추방해야 할 명분은 순전히 그들의 몫으로 남는다. 아니 남은 자들이 더욱 평안하고 행복한 세상으로 남으려는 이들을 제거해야 한다는 자연스러운 명분이 생성된다. 이러한 아테네들은 결코 '아라크네'를 아름답게만 볼 수 없다. 아테네들은 아라크네를 거미와 같이 취급했고, 추하고 부지런하지만 세상에는 별로 도움이 되지 않는 존재로 만들어버렸다.

추한 거미로 전락한 아라크네의 운명은 각광 받는 예술가가 되지 못한 소외된 예외자의 초상에 다름 아니다. 우리는 세상의 외곽으로 밀려나 추하고 거추장스러운 존재로 전락한 이들을 기억하지 못하도록 강요받는다. 마치 거미처럼 세상의 해충을 없애고 세상을 정화하기 위해서는 노력하지만, 이들을 바라보는 인간-절대자의 시선은 늘 경멸로 가득한 것이기 때문이다.

거미가 되고 만 예술가의 초상, 그녀들은 분명 우리 세계의 일각을 차지하고 끊임없이 자신에 대해 호소하려고 하지만, 그녀들을 외면하고 아테네처럼 유명하고 절대적인 존재에 더욱 관심을 기울이는 것이 세상이다. 그러한 측면에서 예술가는 할 일을 잃고 버려진 사람이라고도 할 수 있다. 권력으로부터 말이다.◆

11

신화 속의 권력 :
절대자의 분시(分屍)

1. 전대의 권력과 새로운 권력

신라의 건국 신화는 여러 개로 나누어져 전하고 있다. 그 중 하나가 혁거세(赫居世) 신화로, 해당 신화 속에서 혁거세는 신라 육부의 통일을 주도하는 인물로 등장한다. 여기에서 흥미로운 점은 혁거세의 신화가 단일 신화로 여겨지지 않고, 적지 않은 갈래의 신화 속에 하나의 신화로 존재한다는 사실에서 비롯된다. 그 안에 숨은 의미는 혁거세의 신화가 다른 신화들—그러니까 혁거세의 신화에 육박하는 창세(기원) 설화들에서 약간의 우위만 차지한다는 뜻도 담고 있다.

익히 알려진 신화이기는 하지만, 혁거세의 등장을 알리는 신화를 간단하게 요약해 보자. 신라가 아직 통일된 왕을 옹립하지 못하는 시절—왕으로서의 절대자를 생성하고 있지 못한 시설—신라는 육부로 나누어져 있었다. 이 육부의 수장들은 각각의 자제들을 데리고 논의를 펼쳤고, 그 논의는 백성과 자신들을 통합하여 다스릴 군주의 옹립을 논의하고 나아가 이를 촉구하는 내용이었다. 자신들의 자제를 데리고 논의를 펼치는 대목에서도 확인되듯, 그들은 집안의 조율자를 넘어, 그리고 각 지역의 지배자를 넘어, 보다 강화된 권력의 절대자를 꿈꾸고 있었다고 보아야 한다. 그래서 그들이 동반했다는 그들의 자제는 미래의 지배자와 절대자를 향한 그들 스스로의 강력한 의지를 표상한다.

그때 양산 나정에 신이한 현상이 일어났다. 느닷없이 신성한 백마 한 필이 나타나, 한 장소에 절을 올리는 일이 벌어졌다. 신기하게 생각한 육부의 수장들은 그 장소에 가 보았고, 그곳에 놓여 있는 범상하지 않은 알을 발견했다. 백마는 사람들이 몰려와 알을 바라보자, 그때서야 길게 울면서 하늘로 올라갔다고 한다. 이후 알에서는 아이가 태어났는데, 한눈에 보아도 광채와 향기로 둘러싼 이 아이가 보통 인물이 아닌 것을 알 수 있었다. 이후 사람들은 이 아이를 임금으로 삼았고, 이 아이는 신라 최초의 임금 혁거세가 되었다.

한국 사람이라면 대부분 이 신화를 알고 있을 것이다. 신화 속 혁거세는 신라 최초의 임금(당시 칭호는 거서간(居西干))이면서 동시에 박 씨의 시조가 된다. 그러니까 혁거세는 박혁거세라는 인물이 되어, 박 씨 가문의 선조가 된 것이다. 작게는 박 씨 가문의 창가 신화이고, 넓게 보면 신라 왕국의 탄생을 알리는 역사의 기원인 셈이다.

창세 신화의 관점에서 혁거세의 신화를 보면, 하늘에서 내려온 인물(아이)이고 그 신이함과 특수함이 어릴 적부터 유별났다는 사실을 강조하고 있음을 어렵지 않게 읽어낼 수 있다. 혁거세는 일반 사람들이 감히 범접할 수 없는 아우라를 지닌 인물이었기 때문에, 이러한 아우라는 일종의 신성(성)으로 수용되어 현실의 권력을 장악했던 육부의 귀족들과 그들의 권위조차 거역할 수 없었다.

그래서 우리는 이 신화를 읽을 때 혁거세의 신이한 출생을 읽어낼 수 있고, 그래서 유일한 신의 대리자라는 인상을 얻을 수 있다. 하지만 조금 더 냉정하게 이 상황을 살펴 볼 필요가 있다. 특히 육부의 귀족이 모여 그들의 왕을 결정하려는 자리였다는 점을 상기할 필요가 있다.

'그들—육부의 귀족들'은 이미 귀족으로서 더 이상 오를 수 없는 자리에 오른 인물들로 여겨진다. 그들이 모인 자리가 이러한 당시 상황을 간접적으로 보여준다. 그들은 한 분야의 절대자였으며, 왕이 없던 시절에 이미 왕의 권위에 근접한 지배자였다. 세계 역사를 보면, 한 지역을 통일한 패주는 그 이상의 자리를 두고 서로 경쟁하기 마련인데, 육부의 지배자들에게 그 자리는 육부 위에 건립될 어떤 전제 정권일 수밖에 없었다(육부 역시 처음에는 대등한 여섯 세력을 훗날 하나의 부서로 통칭한 명칭이었을 것이다). 모르긴 몰라도, 육부의 수장은—설령 자신들이 그 통합된 지위에 오르지 못한다고 할지라도—자신들의 아들이 그 자리에 오르기를 기대하고 있었을 지도 모른다. 비슷한 신분의 사람들 사이에서 그 이상의 자리를, 그것도 나머지 5부를 물리치고(아니면 타협하든) 얻기란 여간 어렵지 않았을 것이기 때문이다.

양보가 제대로 이루어졌을 리가 없고, 공정한 경쟁이 허용되었을 가능성도 상대적으로 크지 않다. 그들은 각축하면서 힘의 균형을 간신히 유지할 수 있었을 뿐, 그 이상으로 올라서지 못하도록 상대를 견제하기에 바빴다. 그때 한 아이가 나타난 것이다. 그리고 그 아이는 육부의 견제와 경쟁을 뚫고 왕이 되었다. 과연 이러한 상황에서 육부의 지도자들, 그러니까 신라 이전의 신라를 다스려나가고 있었던 지배자들이 이를 쉽게 용납할 수 있었을까. 자신들의 자식을 포기하고 이 아이를 세우는 일에 적극적으로 찬동할 수 있었을까. 어쩌면 그들은 내심 이 아이를 반대하고, 세상에서 지워버리고 싶지 않았을까. 그렇다면 강렬한 의문이 남는다. 그러한 반대와 위험 속에서 나타난 이 아이는 누구였고, 어떻게 살아남아 왕이 될 수 있었을까.

2. 하늘에서 내려온 아이 : 삶과 죽음의 기원으로서 하늘

지금까지의 대답은 육부를 누른 어떤 새로운 부족 혹은 말을 토템으로 하는 가문(토호)이었을 것이라는 추정이 우세하다고 해야 한다. 신화 속에서는 갑자기 나타나는 아이로 표현되어 있지만, 실제로는 육부에 버금가거나 그에 못지않은 또 다른 세력의 후예였을 가능성을 배제하지 못한다는 뜻이다.

이 세력은 물론 토착세력이 아닐 수도 있고, 어쩌면 소위 말하는 육부 중 하나일 수도 있다. 육부의 연합일 수도 있고, 육부가 그들 내부가 아닌 외부에서 골라온 희생양으로서의 왕일 수도 있다. 기존 육부에서 갈라져 나왔거나, 새롭게 추가된 어떠한 세력일 수 있었다는 뜻이다.

이러한 상황은 그리스와 로마 신화를 비롯한 각종 신화에서 관련 내용을 찾아낼 수 있다. 제우스가 등장하기 이전의 세상은 제우스의 아버지로 불리는 티탄족의 세상이었다. 혁거세와 제우스를 같은 위치에 놓을 수 있다면, 티탄족은 '기존 육부'에 해당할 것이다. 제우스는 티탄족의 압박 속에 죽어간—그리스 로마 신화 속에서는 제우스의 부친이 삼켜 버린—동지들을 규합하여 결국 기존의 지배 세력을 물리친다.

혁거세 신화는 기존 세력과 새로운 세력(혁거세로 대표되는) 사이의 어떠한 마찰이 있었는 지에 대해서는 설명하고 있지 않다. 하지만 암시와 행간을 통해 육부의 알력이 결국에는 내분으로 파급되었고, 결국 자신들이 예상하지 못한 일이 벌어졌을 가능성을 읽어낼 수 있다.

사실 육부는 이 젊고 새로운 젊은이를, '울며 겨자 먹기' 식으로 왕으로 옹립했을 가능성도 충분하다. 다른 가능성으로, 서양의 신화나 원시부족의 제의에서 나타나는 파르마코스(Pharmakos)일 확률도 함부로 배제하지 못한다. 어떠한 형태로든 혁거세는 육부의 동의와 묵인 하—어쩌면 패배와 복종 속—에 왕이 되었고, 이러한 왕으로서의 자격 또한 육부의 뒷받침을 통해 유지되고 또 견제되었을 것이다.

어떠한 일이 벌어졌는지는 제 각각 상상할 수 있지만 그리고 그어느 것도 가능성으로만 남을 수밖에 없겠지만, 결과적으로 그들은 구 세대와 새로운 세대 사이의 전쟁을 치른 셈이다. 이 전쟁은 인류의 역사와 함께 늘 반복된 전쟁이었다. 그리고 한 가지 지점은 명확해진다. 그것은 이 왕이 행복한 결말을 맞이하지는 못했다는 점이다. 신화 속에서 혁거세의 말로는 다음과 같이 기록되어 있다.

요약하면, "왕은 61년 동안 재위하다가 죽었다. 죽은 왕은 하늘로 올라가면서 자신의 본원(本源)으로 돌아가는 것처럼 보였다. 하지만 7일 후에 그는 그 시신이 흩어져 땅에 떨어졌다. 신라 사람들은 시신을 모아 장례를 치르려고 했지만, 큰 뱀이 이를 방해했고, 결국에는 흩어진 오제(五體)를 따로 장사 지내고, 그 능을 오릉이라고 했다."

이러한 신화 속에서 몇 가지 강력한 단서를 얻을 수 있다. 일단 이 왕이 된 아이는 죽은 이후에 다시 왕에서 물러나야 했다는 점이다. 왕은 죽어서 추앙되고—신화 속에서는 본원인 하늘로 돌아가는 것처럼 묘사—결국에는 신의 반열에 오르는 듯 했지만, 종국에는 신의 세계에서 추방되어 지상의 초라한 무덤으로—분시되어 땅에 떨어졌다—쫓겨나듯 돌아오고 말았다.

만일 왕이 신이 되거나 하늘에 오르는 것이 일종의 비유라면, 그는 죽어서 혹은 죽기 직전에 왕의 자리를 잃었다고 볼 수 있을 것이다. 실제로 사료를 바탕으로 오릉을 해석하는 이들은 다섯 개의 봉분을 둔 오릉을 혁거세 개인의 시체를 나눈 능이기보다는, 혁거세와 관련 있는 다섯 명을 거둔 능으로 해석하기도 한다.

이 다섯 명은 신라 초기 박 씨 혈통에 속하는 시조 혁거세, 알영부인, 혁거세의 아들이자 두 번째 남해왕(차차웅), 세 번째 왕인 유리 이사금, 그리고 다서 번째 파사 이사금으로 지칭되기도 한다. 이들은 모두 박 씨 일족이라는 공통점을 지니고 있다. 만일 이러한 사료적 해석에 의존한다면, 오릉은 몰락한 박 씨 가문의 가묘(家廟)일 수도 있다.

그렇다면 신화 속 뱀의 존재는 더 특별해진다. 누가 박 씨 가문을 무너뜨렸을까. 정적이라는 관점에서 보면, 박 씨 가의 몰락은 왕의 위치를 물려받은 세력들 혹은 왕위 이양을 종용한 세력들이라고 할 수 있다. 가령 박 씨 왕의 계보에 끼어든 석 씨 가문도 여기에 속할 수 있고, 이후 독점적으로 왕위를 이어간 김 씨 가문도 포함시킬 수 있다. 어쩌면 석 씨와 김 씨를 옹립하고 이를 조정한 또 다른 귀족들, 심지어는 육부로 대표되는 기존 세력들도 배제할 수 없다.

뱀은 동서양을 막론하고 사악한 존재를 뜻할 때 흔히 동원되는 상징이다. 이러한 뱀이 저지세력으로 등장하여, 박혁거세 혹은 그들의 가문을 매장하는 역할을 했다면, 이는 박 씨 가의 정적일 뿐만 아니라 국가적인 균열을 뜻한다고 하겠다.

이처럼 혁거세의 죽음은 그의 탄생이나 성자보다 더 큰 흥미를 끄는 요소이다. 이러한 죽음의 과정을 통해, 신이한 그의 출생과, 세상을 다스렸던 자격, 그리고 천상의 출신의 내력이 모두 무화되기 때문이다. 그는 죽어야 했고(신이라면 영생을 누려야 했음에도), 하늘로 돌아가고자 했지만 허락 되지 않았고(왕으로서의 권위도 곧 지워지는 듯 했다), 지상에서의 마지막도 결국에는 방해받고 비참하게 묻혀버렸기 때문이다. 그토록 대단했다는 왕에게는 어울리지 않은 결말이었다고 해야 한다.

3. 왕은 왜 죽었을까.

혁거세의 죽음은 사실 하나의 진실을 가리키고 있다. 그것은 혁거세가 존경 속에서 사라진 것이 아니며, 그의 죽음 자체가 일종의 기획된 것이라는 인상을 남기기 때문이다. 이를 혁거세 당대의 일이아니고, 그 이후 진행된 박 씨 가의 몰락으로 상정해도 이러한 해석은 별로 변하지 않는다. 그 누가 되었던 간에, 왕이 되고 절대자의 위치에 올랐던 누군가—여기서는 혁거세로 통칭해서 기술하고자 한다—가 정쟁으로 인해 참수를 당했을 수도 있고, 그의 죽음을 두고권력자들이 합의를 이루어냈을 수도 있다. 서양의 파르마코스처럼적정한 시점에서 희생양으로 누군가를 대신했을 수도 있다.

그 어떤 것도 정상적인 죽음이 아닌 어떠한 비참함을 의미하고 있다. 특히 오체로 분시되었다는 기록은 고대의 극형 중 극도의 참형(慘刑)을 상기시킨다. 이른바 거열형. 처형 대상(범죄자)을 달리는말에 매달아 시체를 찢어 죽이는 고대의 극형이 그것이다. 이 처형을 당하면, 죽는 이의 시체가 가닥가닥 끊어지게 마련이고 특히 사지와 머리가 분리되어 온전한 형체를 유지할 수 없다.

만일 이러한 참형이 혁거세 당대의 일이 아니라, 후대의 일이었다면, 부관참시를 생각할 수 있다. 부관참시는 죽은 뒤에 죄가 드러난사람에게 극형을 가하는 형벌로, 무덤을 파내고 시체를 꺼내어 목을잘라 거리에 내거는 극단적인 처형 방식이다. 죽은 이후라도 그 원한이나 죄목을 상쇄하겠다는 새로운 지배자의 의지가 드러나는 형벌이라고 하겠다.

만일 혁거세의 죽음이 부관참시(剖棺斬屍)에 해당한다면, 박 씨 가문에 강력한 원한을 지닌 자 혹은 박 씨 가문에 상당한 죄를 물어야 할 자(들)의 등장을 암시한다고 하겠다.

또 다른 한편으로, 오릉의 존재를 통해 테베의 크레옹 사례처럼 이렇게 비참하게 죽은 시체를 제대로 안장하지 못하도록 하는 어떠한 적대자가 등장했을 가능성도 점칠 수 있다. 그 적대자는 적어도 혁거세 사후의 막강한 권력을 쥐고 있었을 것이고, 그로 인해 사람들이 뱀처럼 그를 두려워했을 지도 모른다. 어쩌면 뱀을 토템으로 하는 부족의 등장을 의미할 지도 모른다.

중요한 점은, 혁거세가 어떠한 방식으로든 원하지 않는 죽음을 맞이해야 했고, 그러한 죽음의 뒤에는 또 다른 권력자로서 뱀의 형상을 한 이가 존재하고 있었다는 사실일 것이다. 이 뱀의 남자는 왕을 희생시켰고, 거열했으며 동시에 그 추모마저 제대로 이루어지지 않도록 그에 대한 기억을 강력하게 금제했다. 마치 혁거세의 모든 것을 지우기라도 하듯. 61년의 기억을 송두리째 빼앗아 가려는 것처럼 행동했다.

혁거세는 왕이 될 때부터 자율성이 강력하게 확보된 존재는 아니었다. 그는 육부의 귀족에 의해 발견되었으며, 왕으로 발탁되었으며, 경우에 따라서는 또 다른 '박 씨' 집안의 알영과 강제로 짝지어졌다. 그와 그녀는 그렇게 부부가 되었고, 왕이 되었고, 희생양이 되었으며, 결국에는 외따로 묻히는 신세가 되었다.

이 신화는 권력(자)이 왕을 만들며, 나아가서는 신화와 역사를 만든다는 사실을 은근히 암시한다. 하늘을 나는 말이나, 여자를 낳았다는 계룡은 모두 현실에 존재하는 어떤 것은 아닐 것이다. 하지만 그것은 강력한 상징이 될 수 있으며, 물리적으로 '리얼'한 것은 아닐지라도 현상적으로 실사에 가까운 것은 될 수 있었다.

신화는 이 사실을 넌지시 기록했다. 물리적으로 현존하는 현상만을 기록했다면—원천적으로 직설적인 형태의 기록이 불가능했을 가능성도 높다—아마 그 기록은 오래지 않아 폐기되거나 그 유효성을 상실했을 것이다. 왜냐하면 실제로 존재하는 누군가의 이름이나, 그 가문의 실상이나, 부족에 대한 묘사가 오랫동안 회자되어야 할 까닭은 아무래도 미약하기 때문이다.

신화가 담아내야 할 정작 중요한 사안은 '정치의 생리'이고, '왕의 운명'이고, '정쟁과 정권'에 대한 통찰이자 '관찰자로서의 기록'이다. 어떻게 귀족들이 왕을 결정해야 했으며, 그 왕은 귀족들의 요구에 응대해야 했으며, 왕과 귀족의 관계가 어떻게 분열되었고, 결국에는 왕의 비참한 최후가 현시되었는가에 대한 글 쓰는 이의 시각과 견해가 중요했다.

이 이야기가 대를 이어 계속 기록되고 나아가서는 누군가의 흥미를 끌기 위해서는 구체적 실상 너머에 있는 진리가 필요했다고 보아야 한다. 그 진리는 부분적으로 신라의 것이고, 또 부분적으로는 기록한 이의 필체에 종속되는 것이며, 결과적으로는 현상 너머의 존재하는 생각의 조각을 의미하는 것이었다. 이 조각을 기록하는 것이 신화였으며, 이 경우에는 '박혁거세의 분시'였다고 해야 한다.

4. 다른 왕들의 종말도 동일했을까?

왕은 기본적으로 범인(凡人)을 뛰어넘는 존재이다. 그들은 특수한 능력을 지니고 있고, 출생부터 일반인과 다르다. 하지만 그들 역시 영고성쇠를 경험하고 결국에는 죽음으로부터 자유롭지 못한 존재이기는 마찬가지이다. 그러한 측면에서만 놓고 본다면, 왕도 일반인과 크게 다르지 않다고 해야 한다. 결국 죽음의 순간은 동일하다고 해야 한다. 다만 그 존엄한 자리로 인해, 신화는 왕의 탄생 못지않게 죽음도 특수하게 기록하려고 애쓸 따름이다.

역사적으로 비참한 죽음을 맞이한 왕은 무수히 많다. 어쩌면 왕의 죽음 자체가 비참한 사실이라고 해야 할 지도 모른다. 현실의 영화와 무소불위의 권력을 두고 사라지는 삶 자체가 안타까워 보이기 때문이다.

제우스에게서 이러한 비참한 죽음의 역사를 엿볼 수 있다. 제우스는 아버지인 크로노스(Cronus)가 다스리는 제 2의 시대를 정리한 신이다. 부자간의 계보로 따지면, 제우스는 크로노스의 여섯 자식 중 막내이다. 신화학의 계보로 따지면, 크로노스는 누이 레아와 결혼하여 딸 헤스티아, 데메테르, 헤라를 낳고, 아들 하데스, 포세이돈, 제우스를 낳는다. 제우스는 막내로 크로노스에게 잡혀 먹지 않은 유일한 아들이었다. 제우스는 장성하여(힘을 길러) 아버지와 10년 간의 전투를 벌이고, 결국에는 승리하여 올림푸스의 지배자가 된다.

크로노스의 입장에서 보면, 자신의 왕위를 위협하는 아들이 있을 것이라는 예언을 방해하기 위하여 친자식마저 잡아먹었지만, 결국 아들 제우스와 그들의 형제에 의해 몰락하는 운명을 피할 수 없었다. 그러니까 새로운 지배자에 의해, 전대의 왕 크로노스는 거열된 존재이며, 신이었다가 결국에는 몰락한 신에 불과하다. 그는 결국 올림푸스(Olympus) 신의 반열에 오르지 못하고, 그리스 신화에서 '티탄족'의 수장으로만 기록된다. 진정한 신은 제우스부터였던 셈이다.

하지만 크로노스 역시 어느 시점에서는 새로운 왕이었고, 전대의 왕을 몰아낸 신진 지배자였다. 크로노스의 아버지는 우라노스(Uranus)였는데, 우라노스는 가이아와의 사이에서 크로노스를 비롯한 티탄족 12형제를 낳았다(우라노스는 이 외에도 키클로페스나 헤카톤케이레스 등을 낳기도 했다). 우라노스는 어머니이자 처였던 가이아의 바람을 무시하고(가이아는 대지의 여신으로 우라노스를 처녀 생식하고 훗날 남편으로 맞이한 이후에 크로노스를 포함한 18명의 자식을 낳는다), 자신의 아들들을 박대하고 타르타로스에 가두었다. 이에 분노한 가이아는 아들 크로노스와 협력하여 우라노스의 생식기를 자르고 그의 왕위를 박탈한다. 이때 남근을 잃은 우라노스는 지상으로 추락하는데(왕위의 권위를 잃고 사라진다), 우라노스의 남근에서 흐른 피가 지상에서 새로운 생명체를 탄생시킨다. 신화학에서는 이러한 생명체를 난폭한 복수의 여신들로 정의하는데, 그녀들은 뱀 머리를 하고 눈에서 피를 흘리는 끔찍한 형상으로 묘사된다.

우라노스의 입장에서 보면, 자신들의 아들을 가두면서까지 왕위를 지키려고 했으나, 결국에는 그 아들 중 한 아이에게 자신의 모든 것을 잃어야 했다. 왕위와, 존엄한 신분, 생체적 상징과 결국에는 목숨까지 말이다. 이러한 종말은 혁거세의 그것과 다르지 않다. 기묘하게도 우라노스의 죽음은 하늘에서 떨어졌고, 몸의 일부가 제거되었으며, 뱀의 형상을 가진 자가 등장하는 일치를 보여준다.

기본적으로 우라노스의 죽음(거열)과 혁거세의 분시 사이에는 우연이 겹쳐 있다고 해야 한다. 하지만 근본적인 동일성마저 배제되었다고는 할 수 없다. 세상은 늘 새로운 지배자의 출현을 정당한 것으로 여긴다. 승리한 자만이 지배자가 되겠지만(만일 크로노스 이전에 우라노스에게 대항한 이가 있었다면 그(들)의 혁명을 실패했기 때문에 특별히 기억되지 않았을 것이다), 기록이 되는 승리자는 늘 정당하게 남을 것이기 때문이다.

우라노스의 횡포(형제들을 감옥에 가둔 것)는 그의 아들 크로노스에게 심판당하고, 크로노스의 죄악(자식들을 잡아먹은 것)은 다시 그의 아들 제우스에게 단죄 당한다. 그렇다면 한 가지 궁금함이 남는다. 제우스는 최후는 어떠할까. 『그리스 로마 신화』를 보면, 제우스를 비롯한 올림푸스 신의 종말은 정확하게 기록되어 있지 않다. 하지만 올림푸스 이전의 신들 중 하나였던 프로메테우스의 예언이나 트로이 전쟁 이후의 상황 등을 고려할 때 이들의 운명 역시 영원한 신으로 남을 수는 없을 것으로 보인다.

무엇보다 이제는 그리스 로마의 신들을 종교적 절대자가 아닌 문화와 예술의 상징으로 보는 시각이 우세해지면서, 그들은 신의 반열에서 내려온 지 오래이다. 즉 그들 역시 신의 자리에서 신이 아닌 자리로 끌려내려 왔고, 실제로 신화를 통해 죽지 않는다고 해도 그 영속성을 잃어버린 상황이다. 그들 역시 비참한 최후에서 벗어나지 못했다고 해야 한다.

최근 할리우드 영화는 올림푸스 신의 마지막을 영화로 만들었다. 가령 아무도 신을 위해 기도하거나 기억하지 않는 시대를 묘사하기도 했고, 그들의 오랜 숙적인 티탄족 혹은 고대의 신들이 타르타로스에서 풀려나기도 했다. 그들은 제우스가 올림푸스를 장악하기 위해서 벌였던 세 번의 전쟁(크로노스와의 전쟁이 '티타노마키아', 기간테스의 반란인 '기간토마키아', 그리고 마지막 위기인 '티폰과의 전쟁')을 연상시키는 전투를 할리우드 영화 위에 형상화였다.

특히 기간토마키아는 흥미로운 상황이다. 사실 올림푸스 신들은 티탄족의 석방을 주장하며 기간테스의 반란을 부추긴 가이아의 힘을 당해내기 힘들었다. 이 전쟁에서 승리하기 위해서는 인간의 힘이 필요했는데, 그때 이 전쟁에 뛰어들어 그 역할을 수행하는 이가 인간 중의 영웅 헤라클레스이다. 비록 헤라클레스는 제우스를 몰아내고 새로운 왕으로 등극하지는 않지만, 그 자체로 신의 시대가 끝나고 인간의 시대가 도래했음을 증명하는 존재이다.

할리우드 영화 중에는 이러한 올림푸스 신들의 위기를 묘사하고 그 문제를 해결하는 신들의 아들을 주인공을 설정하는 기지를 보이고 있다. 즉 올림푸스 신들의 권좌가 어디로 이동할 것인가에 대한 관심을 영화로 형상화했다고 할 수 있는데, 이러한 영화적 관심은 곧 고대의 신화가 현대의 영화로 그 자리를 넘겨주었다는 표식이기도 하다.

결국 제우스도 몰락한 셈이다. 『그리스 로마 신화』의 구성 체제로 한다면, 기간토마키아를 통해 아들 헤라클레스를 인정해야 했고, 2000년대 이후 인간 세상의 새로운 도래와 권력의 이동을 표시한다고 해야 한다. 기간토마키아를 주도한 기간테스는 우라노스의 성기에서 흐른 피에서 연원한 괴물로, 결과적으로는 티탄족의 일원이었는데, 그 형상이 뱀의 형상을 닮은 존재였음을 확인할 수 있다.

결론적으로 신들의 계보에 속하는 한 시대의 왕도 결국에는 권좌에서 내려와야 했고, 그 길목에는 젊고 야심에 찬 아들이 존재하고 있었으며, 그 한 편에는 뱀의 형상을 한 탐욕스럽고 무서운 존재도 자리 잡고 있었다. 권력이란 늘 '늙은 아버지(세대)'에서 '젊은 아들(세대)'로 흐르는 물줄기 같은 것으로, 그 위치가 달라지면 과거의 물은 곧 혼탁하고 버려져야 할 어떤 것으로 배척되는 양상을 보인다. 그리고 그 물의 변화는 좋든 싫든 그 물에서 살아야 하는 뱀 같은 존재의 출연을 부르기 마련이다. 그 존재가 성공하든 그렇지 않든 간에, 뱀은 우리 곁에 있게 마련이다.

특수한 죽음은 사실상 그 안의 구체적인 비참함을 숨기려 하는 경우가 적지 않다. 박혁거세의 죽음 역시 이러한 비참함을 숨기고 있는 신화이다. 그런데 이 비참함은 사실 권력을 잃은 상태에서 발원한다. 권력을 잃은 자는 권력을 얻은 자의 그것으로부터 내쳐지면서,

비참한 죽음(권력 상실의 비참함)으로 내몰리는 셈이다.

　이러한 비참함은 비상과 영속을 꿈꾸는 이들의 바람과, 비극적 결말을 가급적 미화하려는 이들의 바람이 어울려 만들어진 결과이기도 하다. 사실 이러한 욕망을 종말의 관점에서 본다면, 다른 이들의 죽음과 그 이후의 이야기에서 동일하게 나타나지 말란 법도 없는 셈이다. 그래서 신화 속 주인공, 즉 신과 왕의 최후는 그다지 아름답지 않다.◆

12

신화 속의 추락 :
너무 높게 날지 말아야 하는 이유

1. 하늘을 날다

아이들이 뛰어노는 모습을 보면, 인간의 한 가지 특징을 인정할 수밖에 없어진다. 아이들은 숨김없이 자신의 욕망을 드러내곤 하는데, 그 욕망의 모양은 성인들의 그것과 다르지 않다는 것이다. 가령 아이들은 망토를 등에 두르고 '슈퍼맨'을 흉내 내며 동네를 뛰어다닌다. 그들이 슈퍼맨을 닮으려 하는 가장 큰 이유는 날 수 있기 때문인데, 또래모임 속에서 그리고 그 놀이 시간 내에서 그들은 망토를 두르면 나는 것으로 약속되어 있다.

아이들은 망토를 두르고 집안과 거리 그리고 놀이터를 뛰어다니며 자신들이 날고 있다는 점을 강조한다. 물론 그들을 바라보는 어른들의 의견은 다르다. 집안을 어지럽히고 있고, 위험한 차들을 제대로 주시하고 있지 못하다. 하지만 아이들은 이러한 어른들의 시선을 신경 쓰지 않는다. 날고 있는 자신들에게 그런 것은 근본적으로 사소하기 때문이다.

전 세계의 신화에서 '비행(날 수 있는) 능력'은 주인공을 특별하게 만드는 능력이다. 페르세우스는 메두사를 처단하기 전에 먼 거리를 날 수 있는 신발을 선물 받았다. 페가수스는 하늘을 날아야 하는 벨레로폰에 꼭 필요한 수단이었다. 고대의 영웅들은 스스로 혹은 무언가의 도움을 받아서라도 날아야 했고, 날 수 있을 때에만 진정한 영웅이 될 수 있었다. 그러한 측면에서 보면, 어른들 혹은 어른이 되고자 하는 이들 내지는 비상을 통해 자신을 정당한 삶의 주인으로 만들고자 하는 거의 모든 이들, 이른 바 성인들도 날고 싶어 하는 욕망을 가지고 있었다는 사실에서는 다를 바가 없었다고 해야 한다.

망토를 두른 아이들의 꿈과 세상을 비상하려는 어른의 꿈이 근본적으로 다르지 않으며, 두 꿈은 결국 하나의 욕망을 가리킨다는 점을 의미심장하게 보여주는 신화가 '이카로스(Icarus)' 신화이다.

2. 이카로스의 비상과 추락

이카로스는 그리스의 대표적인 명장 다이달로스(Daedalus)의 아들이다. 다이달로스는 크레타 미궁(迷宮) 라비린토스(Labyrinth)를 만든 장인으로, 크레타의 왕 미노스의 치부를 가리는 데에 혁혁한 공을 세운 신하이기도 했다. 미노스의 아내이자 크레타의 왕비 파시파에(Pasiphae)는 포세이돈의 황소(혹은 포세이돈)와 사통하여, 머리가 황소이고 몸이 거대한 미노타우로스를 낳았다. 이를 감추기 위해서 미노스 왕은 미궁을 만들어 미노타우로스를 그 안에 가두었다.

하지만 다이달로스는 그 명예롭던 지위를 박탈당하고 비참한 처지로 내몰린다. 그가 미노타우로스를 처치하러 온 테세우스에게 탈출법을 가르쳐 준 사실(전달은 아리아드네가 함)과 왕비 파시파에에게 황소와 정사를 나누는 방법을 알려준 사실이 발각되어, 자신의 미궁에 자신이 갇히는 벌을 받게 된다. 하지만 그리스 최고의 명장답게 그는 미궁을 탈출하는 또 다른 방법을 개발한다. 그것은 하늘을 나는 것이었다.

다이달로스는 날틀을 준비했다. 신화 속에 보면, 다이달로스는 새들의 깃털을 모아 날틀을 만들었으며, 모은 깃털을 밀랍으로 봉합하여 날개와 흡사한 장치를 발명했다고 기록되어 있다. 그때 이카로스는 아버지의 작업을 옆에서 지켜보며 장난을 치던 어린아이로 묘사되어 있다. 짐작하건대, 이카로스는 자신에게 닥친 위기(미궁에 갇힌)의 심각성을 제대로 파악하지 못하는 미성숙한 자아였고, 다이달로스는 이러한 아들을 보호해야 하는 다급한 성인이었다. 두 사람은 우여곡절 끝에 새의 깃털로 봉합한 날개를 달고 미궁을 날아오른다.

최초 그들의 여행(비상)은 순조로웠다. 지상의 인간은 그들의 탈출을 막을 수 없었고, 신들도 그들의 탈출을 방해할 이유가 없었다. 높이 날아오르는 여행은 단순한 탈출 이상의 기쁨을 주었을 것이다. 막힘없이, 방해 없이 그들은 인간이 그토록 염원하는 비상의 삶과 꿈을 즐길 수 있었다. 모든 것이 순조로웠고, 또 평온했다. 그때 문제가 발생했다.

문제의 원인은 의외로 간단했다. 이카로스의 장난기가 발동한 것이다. 호기심이라고 해도 좋다. 이 어린 소년은 더 높이 날고 싶은 욕망에 몸을 맡겼다. 너무 높이 날아 태양 가까이 가면 안 된다는 아버지의 충고 쯤은 잊은 지 오래였다.

그는 더 높이 올라갔다. 올라가면 올라갈수록 더 많은 것이 보였고, 더 빠르게 날 수 있었다. 어쩌면 자신의 욕망이 더 많이 채워진 나고 믿었는지도 모른다. 그러자 밀랍으로 봉합된 부분들이 떨어지기 시작했다. 소년은 당황했지만, 방법은 없었다. 소년은 추락했고, 아버지는 슬픔에 잠겼다. 아들을 잃었다는 아픔은 그의 아버지마저 인생에서 패배자로 추락시키고 말았다.

3. 다이달로스의 충고와 인간의 숙명

다이달로스는 날기 직전에 아들에게 유명한 당부를 한다. 당부는 비행 도중 발생할 수 있는 문제에 대한 사전 안내였다.

> "이 날개는 임시방편으로 만든 것이기 때문에, 너무 높이도, 그렇다고 너문 낮게도 날아서는 안 된다. 너무 높이 날면 태양의 열과 빛에 밀랍이 녹을 것이고, 너무 낮게 날면 바닷물에 젖어 날아오르지 못할 것이다"

이카로스는 동네를 뛰어다는 아이들과 다를 바 없는 상태였다. 그는 아버지의 작업이 신기했고, 그 날개를 달고 나는 자신이 신기했다. 그는 아버지의 충고를 듣지 않았고, 더 높이 오르는 자신에 감탄하며 위험을 자초했다. 아버지 역시 이러한 아들의 호기심을 말릴 수 없었다. 자신의 꿈을 실현시킨다고 믿는 아이들이 세상을 뛰어다니듯, 막무가내로 비행하는 아들을 제어할 방법이 없었기 때문이다.

다이달로스의 충고는 사실 아들 이카로스에게만 통용되는 조언은 아니었다. 이 조언은 인간들의 행동 일반에 적용되는 보편성을 그 기저에 깔고 있다. 즉 인간들 모두는 너무 높게 나는 것에도, 반대로 너무 낮게 나는 것에도 늘 경각심을 갖고 있어야 하는 존재이다.

후대의 많은 화가들이 영감을 받아 이카로스, 더 정확하게 말하면 추락하는 이카로스를 그린 이유도 여기에 있다. 모험과 비상에의 동경이 인간 본연의 욕망이었다면, 추락하는 현실은 인간의 숙명과 한계를 보여주는 상징적인 사건이기 때문이다. 우리는 무언가를 원하고 얻으려 애쓰지만—그래서 때로는 그 무언가를 넉넉하게 확보했다고 생각하지만—종래에는 그 무언가로 인해 비상 못지않은 추락을 경험해야 하는 일들이 종종 벌어진다.

더 빨리 승진한 사람이 갑작스럽게 퇴사한다든지, 더 많이 돈을 번 사람이 빈털터리가 되는 현상이 그러할 것이다. 이렇게 극단적인 예를 꼽지 않는다고 해도, 삶과 인생은 늘 비상할 수만 없으며, 그렇다고 늘 추락할 수만 없다는 점도 이미 공인된 사실에 가깝다.

이카로스는 어린아이로 즐겨 묘사된다. 아버지의 충고를 듣지 않았고, 세상의 어려움을 몰랐다는 주변 정황이 '그-이카로스'를 당연한 듯 어린아이로 몰아갔을 것이다. 하지만 이카로스만이 추락의 위험에 직면한 것은 아니었다. 어른이라고 자부하는 이들 역시 망토만 두르지 않았을 뿐이지, 날 수 있다면 언제든지 날아보겠다는 생각을 가지고 있는 점은 다르지 않기 때문이다.

4. 자유의지의 상징으로서 이카로스 :
이카로스의 일기

이카로스의 정체를 어린아이라는 생각에서 해방시켜 보자. 아니 어린아이에게도 나름대로의 주견이 있고, 그 주견이 인간의 보편적인 주견과 다르지 않다고 생각해보자. 그러니까 아이들이 망토를 두르고 거리를 뛰어다니는 모습에서, 인간이 멋진 차를 타고 비상하듯 도로를 질주하는 모습을 찾아보자. 의외로 두 개의 풍경은 다르지 않다. 왜냐하면 그들은 다른 이들이 갖지 못한 비행능력을 원하고 있기 때문이다.

이카로스 입장에서 보면, 하늘을 나는 일은 그-이카로스가 경험한 가장 멋진 일 중 하나였을 것이다. 그는 평소부터 따분하고 복잡한 인간 세상의 일에는 별로 관심이 없었다. 아버지의 작업을 지켜보며 이것저것 참견해 보았지만, 기본적으로 만드는 일은 자신-이카로스의 의지와 관련 없는 일이었다.

이카로스의 일기

: '그-이카로스'의 관점이 아닌 '나-이카로스'의 관점에서

하지만 '아버지-다이달로스'가 만든 날개를 달자, 세상이 바뀌었다. 온 몸에 희열이 넘쳤고, 살아 있다는 의욕이 끓어올랐다. 먼 곳, 높은 곳 을 동경했던 내적 욕망도 한꺼번에 피어올랐다. 누구의 간섭도 없이 자신만의 인생을 꿈꾸던 나의 의지를 새삼 확인할 수 있었다.

지상에서의 삶은 미궁 같았다. 어디가 어디인지 알 수 없었고, 그곳에 서 상대적으로 안전하게 살기 위해서는 지켜야 할 것이 많았다. 아버 지가 날기 전에 알려준 수칙처럼, 결국 그것들에 얽매이면 비상이라는 순수한 욕망을 충족할 수 없었다. 그래서 무시하기로 마음먹었다.

지상에서의 삶은 안전했지만, 그렇다고 인생의 기쁨을 동반하지는 못 했다. 미궁 같은 일상은 어둡고 답답했지만, 그로 인해 결정적인 어려 움도 없었다. 아무도 우리를 방해하지 않았다. 괴물이 살았다는 소문으 로 인해, 우리의 거처에는 누구 하나 얼씬하지 못했다. 사실 온다고 해 도 그 복잡한 길을 헤쳐고 들어올 수도 없을 테지만 말이다. 아버지와 나는 그곳에서 외부와 단절된 채, '그냥' 살았다. 즐거움도 없었지만 위태로움도 없었다. 일상이었고 생활이었다. 정말 '그냥' 살 수 있었다.

하지만 아버지와 나는 그곳을 탈출하기로 결정했다. 여기에서의 삶은 모든 것이 많지도 적지도 않은 중간의 상태였지만, 그 중간의 상태가 우리를 못 버티게 만들었다. 어중간한 세상에서 우리는, 우리 모습을 잃어 가고 있었다.

하늘을 날자 우리는 달라졌다. 환호작약하는 기쁨이 찾아왔고, 우리는 그 기쁨을 한동안은 마음껏 누렸다. 지상에서의 삶을 포기한 대가가 무엇인지 모르겠지만, 대신 그 대가로 위험에의 접근을 알게 되었다. 너무 안전한 것이 싫어 미궁을 탈출했듯, 너무 평탄한 것이 싫어 태양 가까이 올라가 보기로 했다.

아버지는 말렸지만 나의 의지는 확고했다. 우리가 만일 안전한 삶만을 원했다면, 애초부터 비행 따위는 하지 않았을 것이다. 나는 위험을 무

룹쓰고라도, 내가 원하는 삶을 선택하기로 했다. 더구나 별로 위험하지도 않았다. 그 일이 일어나기 전까지, 높은 비상은 희열 그 자체일 따름이었다.

모든 것은 지나치게 익숙해지면서 발생했다. 높이 오르는 일에 대한 경각심이 사라지자, 나는 곧 그 이상을 원하기 시작했다. 내가 안전하다는 것은 아직은 한계 안에 있다는 것을 뜻했다. 나는 그 한계를 넘어서기로 했다. 그 한계는 아마 이 위험해보이지만 안전하기 이를 데 없는 여행에 종지부를 찍을 지도 모른다.

하지만 인간들은 늘 그 한계를 넘어서고자 한다. 거기에 신이 있어 에베레스트를 오른 이들조차 위험을 넘어 오른 그 산에 만족하는 법을 보지 못했다. 그들은 에베레스트의 최고봉을 다녀온 이후에도, 또 다른 봉우리를 찾아 세계를 헤맨다. 다시 최고봉을 찾기도 하고, 최고봉은 아니지만 가장 위험한 봉우리를 상정해서 오르기도 한다. 그들은 계속 오른다. 어쩌면 그들은 그 봉우리에서 최후를 마칠 때까지 올라야 하는 운명을 이어받았는지도 모른다.

언젠가는 추락할 것이고, 언젠가는 더 이상 오를 수 없는 비상의 한계를 경험할 것이다. 하지만 인간은 그 한계까지 올라야 할지도 모른다. 그것인 '나-이카로스'뿐만 아니라 '인간-세상의 모든 이들'이 지닌 기본적인 욕망일 것이기 때문이다.

13

신화의 재발견과
현대적 변용

1. 고전의 현대화

그리스의 아름다운 해안도로를 질주하는 자동차가 한 대가 있다. 그 자동차는 마치 검은 관처럼 닫혀 있었고, 그 안에는 한 젊은 청년이 절규하듯 노래를 부르고 있었다. 자동차는 속도를 높여 도로를 질주해나갔고, 차선마저 넘나들며 무언가에서 도망치듯 위태로운 질주를 고집했다. 하지만 위태롭던 질주는 오래가지 못했다. 맞은편에 괴물처럼 달려오는 거대한 트럭이 나타났고, 속도를 이기지 못한 자동차는 해안 절벽 아래로 쳐 박힌다.

피를 흘리며 자동차를 운전하는 젊은이는 노래를 부르고 있었는데, 그 노래는 저주받은 자신의 인생을 한탄하면서 죽어가는 자신에 대한 절규가 담겨 있었다. 하지만 묘하게도 이 절규는 한 사람의 이름으로 끝난다. 길게 꼬리를 끌며 사라지는 여인의 이름. 페드라(phaedra).

1962년 줄드 다신 감독의 흑백영화 <페드라(phaedra)>에서 페드라를 사랑했던 남자의 마지막 모습이다. 고전 희곡과 그리스 신화 <페드라>에서 말을 타고 가던 히폴리투스는 아버지가 요청한 괴물(포세이돈이 그 응답을 듣고 보낸)에 의해 죽음을 당하지만, 현대판 영화 <페드라>에서는 아버지가 선물한 스포츠카에 실려 바다 아래로 떨어진다. 그리고 더욱 깊숙하게 닮은 점이 있다면, 그것은 그 이유가 아버지의 저주 때문이라는 사실이다.

현대판 영화에서 아버지의 이름은 '타노스'이지만, 신화와 원작 희곡에서는 '테세우스'이다. 테세우스는 그리스를 대표하는 영웅으로 헤라클레스에 필적하는 모험을 한 인물로 알려져 있다. 그는 아테네를 중심으로 하는 일대의 괴물과 악인을 퇴치하고 아버지를 도와 국가의 기틀을 잡은 재사였다. 특히 아리아드네의 도움을 받아 물리친 미노타우르스에 대한 공적은 지금도 높게 치하되고 있다.

아테네를 기반으로 하는 테세우스의 활동지는 현대판 영화에서 타노스를 그리스 조선 사업가로 변신시키는 계기가 되었다. 그는 그 옛날의 테세우스처럼 순식간에 백성들의 신망을 받는 사업계의 영웅으로 격상했으며, 그의 장인의 위력을 물리칠 수 있는 강력한 호적수로 등장했다. 타노스는 자신의 사업을 끌어올리기 위해서 장인의 기반을 어느 정도 필요로 했고, 그 과정에서 장인의 아름다운 둘째 딸 페드라와 약혼하는 파격을 단행했다.

문제는 타노스가 유력자의 딸인 페드라와 결혼하는 과정에서, 전처의 아들이었던 알렉시스(라신느의 <페드라>에서는 히폴리투스)와의 관계가 악화되면서 발생한다. 타노스의 아들 알렉시스는 페드라를 싫어하고, 현재 친모의 국가였던 영국에서 유학을 하고 있다. 타노스는 이러한 아들을 그리스로 데리고 오고 싶어 하며(방학만이라도), 훗날 자신의 사업(조선과 해운)을 물려주고 싶어 한다. 그래서 바쁜 일정에도 불구하고 아내 페드라를 보내 아들 알렉시스를 만나도록 한다.

줄스 다신의 영화에서 타노스는 간절하게 페드라에게 아들 알렉시스를 만날 것을 간청하는데, 그 과정은 페드라의 난처한 얼굴과 겹쳐지면서 상당히 의미심장한 사연을 예고한다. 실제로 만나 본 알렉시스는 멋지고 아름다운 청년이었다. 한 눈에 사랑에 빠진 페드라는 양모와 아들이라는 관계를 처음부터 인정하지 않는다. 더구나 페드라는 타노스의 부탁대로 아들을 데리고 오기 위해서, 결혼반지마저 그 대가로 치르고 알렉시스에게 자신과 아버지를 만나러 와달라고 간청한다.

이 영화에서 간청은 플롯을 연계하는 중요한 구실을 한다. 신화나 고전주의 희곡에서는 그들의 만남이 운명처럼 설계된다. 아리아드네의 도움으로 미노타우르스를 물리치고 미노스(크레타의 왕)의 횡포를 저지한 테세우스는 아리아드네를 버리고 아테네로 귀국했고 그 공로로 왕위에 오른 다음에 히폴리테와 결혼했으며 그 사이에서 히폴리투스를 낳았다.

이후 현대판 영화의 플롯처럼, 타노스(테세우스)는 히폴리투스를 장성한 아들로 둔 상태에서 크레타 왕(미노스의 아들 데우칼리온)의 요청대로 왕의 여동생이었던 젊은 파이드라(아리아드네의 여동생이

기도 한)와 재혼한다. 라신느의 희곡 <페드라>에서는 페드라가 히폴
리투스를 처음보는 순간 사랑에 빠지지만, 히폴리투스는 이러한 페
드라의 마음에 응하지 않으면서 비극이 생겨났다.

하지만 줄스 다신은 이러한 플롯을 변화시켰다. 다시 만난(과거의
만남은 보여주지 않지만) 페드라와 히폴리투스는 눈부신 상대의 매
력에 눈을 떼지 못하고, 모자 관계가 아닌 연인 관계로 상대를 인식
한다. 특히 결혼반지를 던지면서 알렉시스를 자신의 거처(자신의 집)
로 유도하는 페드라의 말은 팜므파탈의 유혹을 연상시킬 정도이다.
마지막 히폴리투스의 말대로 페드라는 24살의 젊은 청년을 유혹한
사악한 힘이었을 지도 모른다.

2. 운명의 날, 타오르는 불길

영화 <페드라>는 여러 가지 측면에서 충격적이지만, 그중에서도
비오는 파리에서의 밤은 운명의 날로 부를 수 있을 것이다. 아버지
타노스는 급한 용무를 집을 비우고, 영국에서 어렵게 찾아온 아들 알
렉시스는 페드라와 단 둘이 집에 남아야 하는 상황에 처한다. 당황한
알렉시스는 급하게 영국으로 돌아갈 비행기를 예약하지만, 비오는 날
늦은 시각에 출발하는 비행기 표를 구하기는 어려워 보인다.

더 당황스러운 것은 아무렇지도 않을 수 있는 상황에서 두 사람이
당황하고 있다는 점이다. 알렉시스는 자신이 떠날 테니 페드라에게
먼저 자라고 말하고 있고, 페드라는 벽난로의 불을 지피라며 알렉시

스를 주변에 붙들어둔다. 그리고 페드라의 한 마디로 두 사람의 사랑이 불을 지핀다.

영화는 두 사람의 사랑을 꺼져가는 벽난로의 불길로 시각화했다. 창 밖에는 비가 오고 사람들은 떠났다. 알렉시스는 아들의 위치를 지키기 위해서 영국으로 돌아가려고 하고, 페드라 역시 알렉시스의 제안대로 잠자리에 들 것 같았다. 금방이라도 거실의 화톳불은 사그라질 것 같았다.

그때 페드라는 용기를 낸다. 신화와 비극의 여주인공과 마찬가지로 그녀는 아들에게 숨겨진 자신의 욕망을 건넨다. 처음에는 화톳불을 일으켜 달라고 부탁한다. 알렉시스는 꺼져가는 불에 장작을 넣고, 불은 다시 살아난다. 벽난로의 불이 살아나면서, 페드라의 불길은 더욱 타오른다. 그녀는 남자에게 다가갔고, 금기로 삼아야 하는 중대한 선을 넘었다.

애욕의 선을 넘은 두 남녀의 환희와 절망을 그린 <페드라>의 포스터

<페드라>의 포스터[21]

당시 포스터는 선을 넘은 남녀를 적극적으로 부각시키고 있다.

두 사람의 정사는 다음의 말로 촉발되고 또 마무리된다.

> "과거에는 너를 아들로 미워했지만, 지금은 너를 남자로 미
> 워한다는……."

페드라의 고백은 신화와 고전 희곡에서 낯선 것이 아니다. 그녀는 히폴리투스를 사랑했고, 히폴리투스는 이를 거절하면서, 그녀가 죽고, 히폴리투스에 대한 저주(아버지에 의한)가 시행되곤 했다. 자신의 사랑을 거절당한 페드라가, 수치심과 복수심에 눈이 멀어 히폴리투스가 자신 유혹하거나 겁탈하려 했다는 거짓을 지어낸 것이다.

하지만 줄스 다신은 이와는 다른 방식을 택했다. 그는 일단 히폴리투스(현대의 알렉시스)에게 자유 의지를 불어넣어, 페드라를 선택하는 모험을 하도록 허용했다. 히폴리투스는 자신의 의지에 의해 페드라를 사랑했고(물론 페드라의 유혹은 작용했다), 어린 나이이기 때문에 아버지와 양모 사이에서 상당한 갈등을 경험했으며, 결국에는 페드라에게 자신을 놓아달라는 간청할 정도로 심리적 혼란에 처하고 말았다.

줄스 다신은 페드라에게도 상당한 자율 의지를 부여했다. 페드라는 알렉시스를 유혹했고, 이에 성공했으며, 또 그를 사랑하는 자신의 마음을 알렉시스에게 전달하는 데에도 성공했다. 하지만 알렉시

---

21) http://movie.naver.com/movie/bi/mi/basic.nhn?code=17762

스를 영원히 자신의 곁에 둘 수 있다는 생각을 한 것은 아니었다. 그녀는 사랑에 빠진 여자였지만, 자신의 모든 것을 내줄 정도로 어수룩한 여자는 아니었기 때문이다. 그래서 그녀는 파리에서 이별을 고할 때 제법 냉정하게 알렉시스의 간청을 물리쳤고, 그리스로 오지 말라는 경고를 남기기까지 했다. 이러한 점은 신화와 고전의 페드라와는 다른 점이다.

하지만 그녀에게는 질투심이 남아 있었다. 타노스의 개입으로 알렉시스가 그리스로 찾아오고, 언니 아리아드네의 딸 에르시(페드라의 조카)가 알렉시스의 약혼자로 물망에 오르자, 그만 세상을 포기할 수도 있다는 절망감을 품게 된다. 그녀-페드라는 집안사람들과 이 문제(알렉시스와 에르시의 결혼)를 상의하지만, 심지어는 자신의 아버지조차 이 결혼에 찬성하고 있다.

결국 그녀에게 남은 것은 자기 파괴이다. 마침 자신의 이름을 딴 선박이 난파 좌초되면서 초상집이 된 타노스의 회사로 쳐들어오듯 찾아온 페드라는 공격하듯 자신의 비밀을 털어놓는다. 자신이 알렉시스를 사랑하고, 그는 이전부터 자신의 연인이었다는 비밀을 말이다. 이러한 토설이 과연 무엇을 할 수 있을 것인가에 대해서는 장담하지 못하겠지만, 그만큼 페드라는 질투에 눈이 먼 상태였다. 거꾸로 말하면 히폴리투스에 대한 페드라의 집착은 놀라울 정도로 강력한 것이기도 했다.

이 선언은 고대의 저주처럼 아버지가 아들을 추방하고, 계모가 아들을 떠나 영원히 잠드는 결말을 불어왔다. 포세이돈이 보냈다는 바다 괴물은 거대한 트럭으로 바뀌었고, 히폴리투스가 타던 말은 현대의 스포츠카로 바뀌었지만, 그가 죽고 페드라가 죽는다는 사실만은 변하지 않았다고 해야 한다. 아버지의 저주는 사실, 화물로 운반되어 오는 알렉시스차가 무엇이냐는 마을 사람들에 질문에, 관이라고 대답하는 순간부터 예비 되어 있었던 것이다.

3. '나'를 규정하는 방식

그리스 신화, 고전 희곡, 그리고 현대판 영화에서 발견되는 기본적인 공통점은 전처의 아들을 사랑한 계모의 집착과, 이 집착으로 인해 젊은 나이에 세상을 떠난 젊은이의 억울한 말로로 요약될 수 있을 것이다. 페드라는 젊은 아들 히폴리투스를 사랑했고, 이에 대해 테세우스는 저주로 응징했으며, 그 사이에서 히폴리투스는 자신의 생을 잃은 참사를 경험해야 했다. 그나마 줄스 다신의 영화에서는 히폴리투스의 강렬한 애정 행각이 그러한 억울함을 희석시키고 있기는 하다.

페드라의 입장에서 보면 테세우스는 애증의 대상이다. 그는 자신의 아버지의 권위를 망친 남자이고, 자신의 언니를 꾀어서 이용하고 버린 남자이다. 자신 역시 그러한 남자에게 어린 나이로 시집을 가야 하는 운명에 처했다. 현대판 영화에서는 페드라의 아버지를 '선박왕'으로 설정했고, 그의 사위(타노스)는 아버지의 조력을 빌어 새롭게 일어나는 신흥 사장쯤으로 묘사했다. 장인과 사위의 관계이지만 선박계와 조선계에서는 먹고 먹힐 수 있는 관계로 묘사된다. 과거 그리스 도시 국가 사이의 힘의 우열 관계를 묘사하고 있으며, 신흥국 아테네로서는 전통적인 강국 크레타의 눈치를 보지 않을 수 없는 상황을 빌려온 것이다.

결국 혼자 있는 시간을 보내야 했던 페드라는 사랑 없는 결혼이라는 필연적인 입장에 처하게 되고, 결국에는 곁에 남아 시와 음악을 들려주는 젊은 히폴리투스를 사랑하게 되는 자연스러운 과정을 밟게 된다. 그때 페드라는 자신에 대해 이렇게 생각했을 것이다.

그녀-자신은 타노스의 아내이지만, 타노스는 기본적으로 자신과 자신의 가문에 적대적인 존재이다. 더구나 자신의 집안을 경쟁자의 집단으로 생각하고, 자신의 언니와 염문을 뿌린 남편-타노스를 무한 긍정하거나 절대 신뢰할 수 없다.

그렇다고 페드라가 타노스를 증오했다고는 말할 수 없다. 그러한 측면에서 페드라는 당시 상황(그리스 식으로 말하면 운명)에 복종하는 존재였다. 그녀는 선택권이 별로 없었으며 사실 히폴리투스(알렉시스)를 만나기 전까지는 그러한 운명에 대한 불만도 거의 없었다. 조카의 말대로 세상 남자들의 사랑을 받고 그들의 마음을 조정하는 것을 당연한 일로 여겼다.

그런 그에게 좀처럼 이해할 수 없는 감정이 찾아왔다. 그리고 그 감정은 함부로 접근할 수 없는 남자에게서 발산되는 것이었다. 양아들 알렉시스. 그것도 자신을 싫어하는 거의 유일한 남자. 하지만 그 남자는 인세에 보기 드문 멋진 청년이었고, 그 청년에게 향하는 마음을 자신도 주체할 수 없게 되었다.

그때 그녀는 자신이 누구인가를 망각해야 했다. 자신이 어머니(자신을 어머니라고 부르지 말라고 하는 데에서 드러나듯)라는 사실을 부인하고 자신의 남편이 상대의 아버지라는 사실을 미루어둔 채, 자신의 의지와 욕망을 앞세운다. 욕망을 불길이 되어 파리의 비오는 밤을 불태우고, 두 사람은 연인이 될 수 있었다. 페드라는 이제 비밀스러운 하나의 관계를 더 맺을 수 있있다. 알렉시스의 연인이라는.

사람들 사이의 관계는 '나'를 규정하는 최소한의 힘이다. 나는 누구의 아들이라는 말로 자신을 남에게 소개하는 그리스의 풍습은 사실 전 인류가 기본적으로 가진 습관에 불과하다. 한국에서는 자신의 어떤 성 씨인지를 잊지 않는다. 세상에서 그 유래를 찾기 힘든 족보가 만들어졌고, 여자들이 시집을 가도 본연의 성 씨는 변하지 않았다. 현대의 관습에도 한 사람을 정의하는 방식 중 주요한 하나가 누구의 아들이고 누구의 가문인지를 확인하는 방식이다.

'나'와 연관된 사람이 누구이고, '내'가 누구의 핏줄이며, '나·자신'과 '그/그녀'의 관계가 어떻게 될 것인가에 대한 기본 사항은 '나'의 정체성을 생성하고 확립하고 견지하는 데에 상당한 기반이 될 수 있다 .즉 '나'는 '너'나 '그' 혹은 '그녀'와의 관계 속에서 어느 정도 실체를 드러낼 수 있다.

알렉시스의 입장에서 보면, 자신은 페드라의 양아들이 되어야 하고, 에르시와 연애를 하는 편이 정당했지만, 운명은 그에게 페드라의 연인이라는 숨겨진 욕망을 부여했다. 결국 아버지는 아버지가 되지 못하고, 어머니는 어머니가 되지 못하면서, 나-알렉시스는 세상에서 돌아갈 곳을 잃어버리고 만다. 그리스 신화와 고전 희곡에서는 히폴리투스의 욕망을 인정하지 않았지만, 줄스 다신은 이 점을 인정하여 히폴리투스에게 한 가지 질문을 허용했다. 그것은 "나에게 페드라는 과연 어떠한 존재인가?"였다.

4. '너'를 규정하는 방식

영화 <페드라>에서 알렉시스의 해안 추락 장면은 깊은 여운을 남기는데, 그것은 금지된 사랑을 넘어서려 했던 애절함과 처참한 결말 때문일 것이다. 페드라를 부르는 단말마의 비명 속에는 그녀에 대한 사랑이 들어 있기 때문에, 알렉시스는 상대를 어머니가 아닌 연인으로 규정했다고 보아야 한다. 물론 그 비명에는 증오로 보이는 감정도 들어있지만, 페드라의 말대로 알렉시스는 페드라를 진심으로 사랑하고 있었던 것이다.

그것은 그리스 비극이나 고전 희곡에서 나타나지 않았던, 어쩌면 고의로 감추어두고자 했던 히폴리투스의 '열망'이다. 그 열망은 그의 죽음을 재촉하지만 그로 인해 그는 산다는 것의 진정한 느낌을 얻을 수 있었다. 현대판 영화에서도 히폴리투스는 죽게 되지만, 그 죽음은 그 이전의 맹목적이고 수동적인 죽음은 아니었다. 그러니까 그는 삶의 의미를 알고 그 이후에 죽음을 맞이했다고 할 수 있다.

알렉시스는 히폴리투스처럼 포세이돈의 바다괴물에 의해 죽지 않고, 자율적인 의지로 자동차로 자살하는 방식을 선택했다. 신화와 비극 <페드라>에서 히폴리투스가 바다의 종속된 삶과 선택에 갇혀야 했다면, 영화 <페드라>의 알렉시스는 기꺼이 바다로 들어가는 모험을 감수했다고 해야 한다. 전자가 지배자로서의 바다를 암시한다면, 후자는 바다 자체를 선택하는 인간의 능동성을 강조하고 있다. 신이 아닌 의지를 믿었고, 겁박된 형벌이 아닌 자율적 선택을 취한 셈이다.

당연히 죽음에 이르는 과정에서 주목해야 할 점은 히폴리투스(알렉시스)가 자신을 스스로 결정했다는 점이다. 그는 자신이 페드라의 양자가 아니라, 연인이기를 희망했다. 공경하는 아들이 아니라, 사랑을 나눌 수 있는 남자가 되기를 선택하면서(물론 그 결정을 후회하거나 관계를 단절하려고 했지만), 그는 자신이 누구여야 하는가에 대한 해답을 스스로 결정할 수 있었다.

앞에서 말한 대로, 사람은 누구나 타인과의 관계를 통해 자신의 입장과 위치를 결정하는 일이 필요하다. 히폴리투스에게는 그 타인이 예비 엄마였으며, 결과적으로 연인이었으며, 함께 생을 마치는 동반자였던 것이다.

사실 가족 간의 근친상간과 그에 따른 저주 받은 운명은 그리스 신화와 비극의 단골 소재였지만, 그렇다고 해서 다른 시대에 없었던 것은 아니었다. 셰익스피어 비극 <햄릿>에는, 분노한 햄릿은 그의 어머니 거투르드 왕비를 거의 강간할 뻔 한 장면이 들어있다. 햄릿은 어머니가 선왕이 죽은 후 선왕의 동생 클로디어스에게 몸을 맡긴

것을 추궁하며, 부정한 행실을 비난한다. 그 와중에 이해할 수 없는 것은 왕비의 침실에서 그녀의 옷을 강제로 벗기며 수치심을 끌어올렸고, 그 결과 선왕의 유령이 나타나서야 그 행위를 멈출 수 있을 만큼 햄릿의 행위는 격렬했다. 그 과정에서 거투르드 왕비는 흥분한 햄릿에게 몇 번 씩이나 자신이 왕비이며 친모라는 사실을 주지시켜야 했다.

고전주의 시대의 라신느는 비극의 절정인 <페드라>를 창작하여 셰익스피어가 사라진 시대의 연극이 무엇을 추구할 것인가를 보여주었다. 그런가 하면 20세기 초엽의 중국인 작가 조우는 그리스 비극을 혼합한 듯한 작품 <뇌우>를 통해 저주 받은 집안의 근친상간을 폭로하고 그 집안이 망하는 과정을 그려내고 있다.

이러한 근친상간은 왜 중요한 연극이나 문학 그리고 영화의 소재가 되어야 했을까. 그것은 일단 근친상간이 가지는 이중적 의미에서 찾아야 한다. 금기는 기본적으로 욕망을 내포하기 마련이다. 조르쥬 바타이유는 금기가 존재하는 이유는 그것이 강렬한 희구의 대상이기 때문이라고 밝히고 있다. 그의 주장에 따르면, 근친상간이 깊고도 오랜 금기가 되어야 했던 이유가 그것에 대한 강렬한 매혹 때문이라고 보아야 한다.

근친상간을 금지하는 이유는 여러 가지가 있을 수 있다. 지금까지 문화인류학자가 밝혀낸 이유만도 실로 다양하기 이를 데 없을 정도이다. 그 중 하나가 인간들의 관계, 즉 누가 누구의 아들이고 누가 누구의 타인인지를 명확하게 구분 짓기 위해서라는 주장이다. 어머니와 아들의 섹스는 가족의 항렬과 관계 그리고 위상과 거리를 무마 시킬 수밖에 없다.

아버지가 아버지의 위치에 있기 위해서는 아들이 아들의 위치에 있어야 하는데, 이것은 공유할 수 없는 여자들에 대한 경계로 결정 지을 수밖에 없다. 만일 이러한 관계가 무너지거나 훼손되면, 자신 을 누구의 아들인지 혹은 자신을 누구의 아내인지 밝힐 수 없게 될 것이다. 이 문제는 경제적 소유권, 사회적 위직, 법적 질서, 내가족 내에서의 주도권, 타인과의 관계 등에 커다란 위해를 가하지 않을 수 없다.

다시 말하면 내가 나로서 타인과의 관계를 정리하기 위해서는 내 가 누구의 아들이고, 내가 누구의 남편이며, 내가 누구의 아버지이 고, 내가 누구와 별개의 존재이고, 내가 누구의 연인일 수 있는지를 결정할지 않을 수 없다. 근친상간은 이러한 기본적 질서를 무너뜨리 는 행위이기 때문에, 자칫하면 가족과 집단 그리고 왕국과 사회의 근간을 붕괴시킬 수 있다.

그렇다면 연민과 함께 공포를 조장해야 할 그리스 연극의 기본 특성 상 사회 질서의 근간을 뒤흔들 수 있는 이러한 위험 가능성은 드라마 (연극)의 매혹적인 소재가 되기에 충분했다. 더구나 근친상간은 그 자 체로 인간들의 유혹을 자아내는 대상이기도 했다. 근친상간의 금기와 그 위반은 이러한 측면에서 자아와 타자, 가족과 적수, 그리고 사회와 집단의 문제를 살필 수 있는 중요한 관찰 지점을 제공할 수 있었다.

5. 해양영화와 〈페드라〉의 감추어진 면모

〈페드라〉는 인류 문학의 고전이고, 희곡 유산의 최고봉 중 하나이면서, 동시에 인간의 기원과 욕망을 보여주는 신화이기도 하다. 이 작품에는 섬뜩하지만 확연한 진실이 잠재되어 있고, 앞으로도 원천 소스로서 변용 가능성도 충분히 지니고 있다. 줄드 다신 이후에 본격적으로 영화화 된 사례를 찾기는 힘들지만, 그 모티프만큼은 여러 영화에서 활용된 바 있다.

이러한 측면에서 〈페드라〉는 부인할 수 없는 명작임에는 틀림없다고 해야 한다. 하지만 〈페드라〉가 해양영화일 수 있다는 전제나 결론은 다소 이견이 있을 수 있다. 일단 〈페드라〉 자체의 공간적 배경에서 바다는 부수적인 요소로만 사용되기 때문이다.

알렉시스가 머무는 공간은 대부분 육지이고, 아버지의 간청과 페드라의 설득으로 돌아온 그리스를 제외하고는 바다의 존재는 거의 등장하지 않는다. 페드라와 정사가 시작된 날, 비가 내리긴 했지만 바다와의 근원적인 관련성을 갖고 있지는 않다고 해야 한다.

이를 위해서, 몇 가지 간접적인 인연을 짚고 넘어갈 필요가 있다. 일단 알렉시스 아버지가 경영하는 회사는 선박회사이고, 그리스에 사업 기반을 두고 있다. 실제로 타노스는 선박 사업의 확장을 위해 동분서주하는 존재이고, 자신보다 더 큰 재력과 사업 기반을 가진 페드라의 부친과 동맹 혹은 경쟁 중인 사업가이다.

이러한 설정은 타노스의 원형인 테세우스를 참조해도 크게 어긋 나지 않는다. 테세우스는 아테네의 왕으로, 당시에 크레타 섬의 공물로 바쳐져 미노타우로스를 해치우고 미궁을 탈출한 전력을 가진 용사였다. 테세우스는 아테네의 왕으로 봉해지기 이전에도 헤라클래 스에 버금가는 용사로 활약하였고, 미궁에서 돌아 온 이후에는 아마 조네스 부족을 정벌하고 여왕 히폴리테를 잡는 무공을 과시하기도 했다. 아마조네스는 흑해 연안에 있었다고 알려져 있는데, 이러한 지리적 특성을 감안한다면 테세우스는 크레타 해와 에게 해 그리고 흑해 주변을 휩쓴 해상영웅에 해당한다고 하겠다. 특히 그가 해양강 국으로 이름이 높던 크레타의 반기를 들고 그들의 압박을 저지한 사건은 그가 이 일대 해상국가의 판도를 좌우한 인물임을 증빙한다고 하겠다.

이러한 테세우스의 위상은 영화 <페드라>에서 선박왕에 오르는 과업으로 표현되었으며, 이러한 사업가의 위상은 알렉시스에게도 이어져 그-알렉시스가 선박회사를 경영할 후계자임을 명확하게 한다.

하지만 신화의 희곡에서 히폴리투스는 포세이돈이 보낸 바다 괴물에 의해 죽음을 당한다. 물론 포세이돈이 괴물을 보낸 것은 아버지 테세우스의 저주 때문이고, 포세이돈이 테세우스의 실질적인 아버지라는 신화적 혈맥에 따른 설정 때문이다. 실제로 테세우스는 해상영웅의 기질을 갖추고 있어, 제우스가 아닌 포세이돈의 문화적 영향권에 어울리는 인물이었다고 해야 한다.

이러한 측면에서 테세우스 신화는 해양신화에 가깝고, 그의 일차적 변용인 희곡적 설정도 이러한 측면을 수용하는 방향으로 이루어 졌다. 나아가서 줄루 다신의 고전영화 <페드라> 역시 바다와 선박, 그리고 선박회사의 경영 등을 이유로 해양과의 관련성을 강도 높게 설정하고 있었다. 더구나 알렉시스가 질주하는 해안도로는 바다를 빼놓고는 설명되기 어려운 죽음의 장소로, 포세이돈이 보냈다는 바다 괴물을 연상시키는 조건이라고 하겠다.

그럼에도 이 영화가 근본적으로 지향하는 해양성에는 아직 도달 하지 못한 인상이다. <페드라>는 모티프와 배경, 혹은 각종 사건의 기초에서는 바다를 이용하고 있지만, 그 본질적인 속성에서는 아직 바다의 그것을 수용한 흔적을 찾기 어렵다. 그렇다면 이 영화는 해 양영화가 아닐까.

6. 바다의 숨겨진 성향과 질주하는 삶

바다는 근원적으로 물의 고향이고, 생명의 원천이다. 페드라와 알 렉시스는 이러한 원점으로서의 바다를 체현하는 일련의 행위에 몰 입한다. 그것은 섹스이고 불륜이며 또 혼합이다. 페드라가 늙은 테 세우스가 아닌 젊은 히폴리투스에게 마음을 빼앗기는 것은 자연스 러운 삶의 양태이다. 상대의 젊음과 아름다움을 쟁취하고 싶고 소유 하고 싶은 욕심을 부자연스럽다고 할 수는 없을 것이기 때문이다.

다만 부자의 벽을 넘어 모자의 관계를 유지하기 위해서는 최소한 의 인륜이 필요했고, 이를 지키기 위한 도덕과 절차가 필요한 것도 사실이었다. 그리스 신화에서 욕망에 충실했던 이는 페드라였고, 최소한의 절차를 지키고자 한 이는 히폴리투스였다. 고전 영화 <페드라>에서 페드라의 위치는 비슷하지만, 알렉시스의 역할이 달라지면서 영화는 신화나 희곡과 다른 결말을 향해 비틀린다. 알렉시스의 동조는 근원적으로 최소한의 절차와 도의에 대한 배신이라고 할 수 있고, 이로 인해 경계가 무화되고 관계가 뒤섞이는 결과를 낳았다.

아늘은 어머니와 사통하게 되고, 질투심에 놋 이긴 연인들은 기존의 관계를 무시하게 된다. 절규와 복수가 혼용되는 가운데, 위와 아래, 남성과 여성, 부모와 자식의 경계까지 훼손되고 만다. 이러한 혼란은 그 자체로 환영할 것은 아니다. 문명화된 사회에서 이러한 무화와 혼잡은 곧 전체 사회의 붕괴나 훼손으로 직결된 가능성도 크기 때문이다.

그래서 신화와 고전은 이러한 현상의 원초성을 인정하면서도, 그러한 행위가 사회적 보편성을 지향하지 않도록 단속해 왔다고 해야 한다. 하지만 그 결과는 사뭇 다르다. 이러한 현상은 바다의 그것처럼 대의적인 포용 아래에서 혼용되어야 할 그 무엇으로 발현되곤 한다. 그 속성이 비록 멀리 있어 분명하게 보이지 않는다고 해도, 그 연원이 동일하다는 진실까지는 외면할 수 없도록 말이다.

14

바람과 바다의 시간

애니메이션 <모아나(Moana)>(2016년)는 신화의 시간을 탐험하는 여성 영웅의 모험담을 그린 작품이다. 모투누이 섬의 왕녀(공주)였던 모아나는 어려서부터 바다에 대해 관심이 풍부했던 소녀였다. 하지만 모아나의 아버지(투이 추장)는 육지에서의 시간을 강조하는 족장인지라, 바다에 대한 금기(출항 금지)를 강조하며 모아나의 호기심을 차단하고자 애써 왔다. 모투누이 족은 일찍부터 대양으로의 항해를 금지했고, 오랫동안 섬 안에서 사는데 익숙해져서 암초 너머 세상으로 나갈 능력까지 상실한 상태였다. 그럼에도 모아나는 자신의 신분을 버리면서라도, 대양으로의 항해를 포기하지 않는다.

<모아나>는 오프닝 시퀀스(opening sequence)부터 모아나의 탈출 욕구를 보여주는 데에 주력하고 있다. 그러면서 잊힌 대양의 신화를 들려준다. '대륙의 신화들'이 그 후손의 번성과 함께 오랫동안 인구에 회자되면서 현대 문명과 문화의 기반으로 자리 잡은 것과 달리, 해양문화의 근간을 형성했던 '대양의 신화들'은 초라한 형해로 우리 앞에서 사라져 가고 있는 형편이다. 지구상의 사람들은 이제 하와이의 신화가 존재하는지, 남태평양에 어떠한 신이 존재하는 지에 대해

굳이 기억하려고 하지 않는다. <모아나>를 외면할 수 없는 까닭 중 하나는 이렇게 망각되고 있었던 대양의 신화와 신들의 업적을 상기시키는 데에 있다. 그 중심에 '폴리네시아(polynesia)의 영웅' 마우이 (Maui)가 위치한다.

모투누이 족의 여사제이자 족장의 어머니인 '탈라'의 입으로 전달되는 마우이 신화는 해양 신화답게 만물의 근원을 '물'로 파악하고 있다. 신들이 지배하던 세상에서 마우이는 인간을 위해 육지를 끌어 올렸고(본래 신화에서는 단단한 낚시 바늘을 구해 섬을 낚아 올렸다), 인간에게 항해술과 바람을 이용하는 법을 알려주면서(영화에서는 다루지 않았지만 하늘을 들어 올리고 바람을 풀어놓은 이도 마우이였다), 해양문명의 기초를 닦고 해양민족을 이끄는 수호신의 반열에 오를 수 있었다. 마우이는 '반인반신'의 존재였고, '바람과 바다'를 지배하는 신이었으며, 인간에게 '항해를 가르친 선도자'이기도 했다.

하지만 마우이는 만물의 근원이자 신들 중 '최고 여신(생명)의 심장'을 훔치는 실수를 저질렀고, 이로 인해 불과 재앙의 신 데카를 깨우고 말았다. 이로 인해 세상에 어둠의 기운이 창궐했고 혼돈과 재앙이 몰아쳤다. 본래 마우이 신화에서는 심장을 훔치다가 마우이는 그만 사망하고 마는데, <모아나>에서는 이러한 마우이를 죽지 않고 부활하는 존재로 그려냈다.

흥미로운 것은 바다의 신이 육지를 일으키고(하늘의 신이 육지를 세우는 것이 아니고), 물의 기운이 불의 재앙에 침범 당한다는 대양 신화적 사고이다. 대륙의 문명은 천상의 신이 육지로 강림해서 대륙을 통치하는 창세의 과정(창세 신화의 개요)을 거치기 마련인데, 마우이 신화에서는 오히려 물에서 육지를 끌어올린다는 해양 중심 사고를 표출하고 있다. 육지의 근원이 바다이며, 만물의 기원을 바다로 삼는 사고를 표출한 셈이다.

그래서 만물의 여신은 바다 한 가운데 엎드린 섬의 형상으로 표현되고, 대지의 배꼽인 옴파로스(Ompharos)는 이 섬의 중앙(그러니까 바다의 한 가운데)에 위치하게 된다. 이 섬이 바다의 중심이자 세상의 중심인 셈이다. 높은 산이나 신성한 계곡 등을 세상의 중심인 옴파로스로 상정하는 대륙의 신화오는 근본적인 차이를 보이는 셈이다.

불에 대한 생각도 달랐다. 우선 '물'이 중심인 세상에서, '불'은 물을 오염시키는 재앙으로 간주된다. 생명의 여신이 심장을 잃고 사라지자, 불로 무장한 악령이 출몰하는데, 그때 그 악령은 불을 던져 세상과 영웅을 위협한다. 여기서 불은 세상의 질서를 파괴하고 폭력을 조장하는 불길한 기운이었다. 이 불에 맞서려는 이들은 물의 조력을 구해야 하는 처지에 놓인다. 그 결과 모아나는 시간이 흐른 이후, 테피티의 심장을 돌려놓아야 한다는 물(대양)의 소명을 부여받게 되고, 이를 위해 침몰 유폐된 해양의 신 마우이를 조력자로 얻어야 하는 과제를 떠안 게 된다. 물론 마우이는 불의 신 데카와 싸워야 하며, 그를 물리쳐야 한다(본래 신화에서 불을 인간에게 전하는 이도 마우이였다).

그러니 파괴하고 제어해야 할 악으로서의 불과, 질서를 회복하고 문명을 일으켜야 하는 소명으로서의 물이 맞서는 <모아나>의 대립구조가 더욱 선명해질 수 있다. 이것은 다분히 해양 중심적 사고이다. 사실 대륙문화에서는 이러한 불/물의 도식이 대개 반대로 나타난다. 일단, 인간은 불을 통해 신의 영역에 도전할 수 있었다. 프로메테우스는 신들의 세계에서 불을 훔쳐 인간에게 전함으로써, 인간의 성장과 문명의 번성을 촉진할 수 있는 능력을 넘겨주었다. 대륙의 신화에서 불을 얻기 이전의 인간은, 신들의 능력을 무한히 경배

해야 하는 하잘 것 없는 피조물로 묘사되기 일쑤였다. 게다가 불은 흔히 문명의 상징으로 기능하는데, 그 이유는 제련을 통해 철을 다스릴 수 있는 재료이기 때문이다. 철은 무기를 만들고, 무기는 정복과 국가를 불러왔다. 현 시점에서도 철은 인간의 문명을 이끄는 핵심 요소이다. 과거부터 인간과 동물을 구별하는 수단이었으며, 대륙문명을 전파하는 빛과 같은 존재였다. 결과적으로 인간은 불을 통해 적과 악을 제압했고, 신의 위엄에 육박하는 신분적 반열에 오를 수 있었다. 그러한 측면에서 대륙 문명에서의 불은 인간의 능력이었고, 중요한 조력자였으며, 선의 상징이었다.

반면 물은 항상 인간에 대한 조력만을 일방적으로 의미하지는 않았다. 기본적으로 물은 만물의 근원이자 생명의 시작이기도 했지만, 동시에 파괴와 멸망 그리고 살육의 위험이기도 했다. 대홍수로 대변되는 물의 범람은 각종 신화(심지어는 기독교 신화까지 포함)에서 인간과 문명 심지어는 자연까지 위협하는 폭력과 위험의 신호였다. 큰 강과 깊은 호수는 인간이 용기를 무릅쓰고 건너야 하는 고난을 뜻하는 경우가 많았고, 거대한 폭풍우와 바람은 예측할 수 없는 신의 힘을 각인시키는 경고로 여겨졌다. 결국 물의 속성 중에는 통제되지 않는 위험과 재앙의 근원도 포함되어 있었다. 그러니 해양문명의 관점으로 물의 전반적인 우위를 인정하고 불과의 대립을 공표하는 행위는, 기존 대륙문명의 성향과는 한층 차별화된 고유성과 차이를 선택하는 행위와 다르지 않다. <모아나>에 현대 문명에 반하는 문명적 개념이 투여된 점은 어찌보면 당연하다고 하겠다.

다시, 모아나의 이야기로 돌아가자. 해양문명의 기초 위에 설립된 폴리네시아의 크고 작은 섬(나라)들은 해양에서 문명의 근본을 찾기 때문에, 신화 속 (여)영웅의 모험 역시 해양에서 이루어진다. 모아나는 부족의 반대(금기)에도 불구하고 해양으로 나갔고, 그곳에서 불의 신 데카와 문명의 생사를 건 전투를 펼쳤다. 물론 데카가 분노한 테피티였음을 깨닫는 순간은, 물과 불의 대결이 결국 자신과 내면 속의 길항과 대립이었다는 사실을 확인하는 순간과 다르지 않았다. 물과 불이 별도로 분리된 존재가 아니라는 메시지는, 모든 세계의 신화가 공통적으로 견지하고 있는 진실이기도 하다.

그러니 불의 '악', 물의 '선' 역시 하나의 체제 내에 통합되는 세상의 양 극단을 가리키고, 그래서 떼려야 뗄 수 없는 존재의 이중성을 상기시킨다. 인간이 성장하고 문명이 번성하기 위해서는 선과 악, 창조와 파괴, 자연과 문명이 공존해야 한다는 평범한 진실까지도 말이다. 문명은 자연을 파괴하고(<모아나>에서는 테피티의 심장을 훔치는 사건으로 비유) 그 위에 악의 한 축인 인간의 세상을 건설하는 데에서 출발하지만, 결국에는 이러한 파괴와 문명의 역할도 자연의 한 부분을 거스르지 않고 세계 속에 공존시키는 데에 있다는 사실을 알게 된다.

테피티가 돌아서면 데카가 되고 그러한 데카가 불의 힘으로 세상을 파괴하지만, 그렇게 생성된 문명과 인간의 문화는 결국 테피티를 복원하고 창조하는 또 다른 힘으로 작용할 수 있다는 묘한 견해를 대변한다. 그러니 문명은 자연을 파괴하지만 만들기도 하고, 인간은 자연의 시련에 괴로워하지만 결국에는 자연을 존중해야 한다는 모순적 가르침인 것이다.

'모투누이'는 고대의 사라진 섬일 뿐만 아니라,
현재 우리 시대 문명의 상징이기도 하다[22]

<모아나>는 이러한 신화적 가르침을 우리의 시간 속에서 실천하고
자 했다. 모투누이 족이 처한 재앙이 현대 문명의 파괴와 오염 그리
고 일탈과 근본적으로 동일하다면, 모아나가 살고 있는 공간은 현재
의 공간과 다르지 않은 셈이다. 21세기 현생 인류가 처한 멸망과 오
염의 공간이 모투누이에도 예외 없이 실현되고 있는 셈이다.

이러한 모투누이의 위기는 모아나가 펼치는 신화 속 시간으로의
여행으로 해소된다. 모아나는 신화 속 영웅 마우이를 불러내어 그의
힘과 지혜와 기술을 습득하고 자연을 제자리로 돌려놓을 수 있는 방
책을 고민한다. 이러한 여정은 마우이와 겪는 모험으로 표현되며 결
국에는 신화의 재현으로 간주된다. 마우이는 현재의 공간에 바다의
시간과 시각을 들여오는(도입하는) 신화의 촉매제였다. 그리고 마우
이를 따라 여행하고 경험하는 모아나의 시간은 신화의 시간에 대한
미래적 체현이다.

엘리아데는 신화의 시간이 미래의 시간이라고 했다. 신화는 '지나

---

22) 사진은 나무위키에서 인용-https://namu.wiki/w/%EB%AA%A8%ED%88%AC%EB%88%84%EC%
9D%B4

간 과거'가 아니라, '사라진 역사'만이 아니며, 어쩌면 다시 재현될 반복의 원형이며 위기와 해소 사이의 가르침을 응축한 대안의 지혜라는 뜻일 것이다. 따라서 <모아나>에서 펼쳐지는 해양으로의 모험과 경험은 미래에 필요한 신화적 가르침의 미래적 체험이라고 해도 좋을 듯하다. 그러니 우리는 <모아나>를 통해 과거의 시간을 본 것이 아니라, 인류의 미래와 대안으로서 미래의 시간을 간접 체험한 것이다.◆

15

확장으로서 (현대) 영화 :

원류(原流)와 미래(未來)를
찾아 떠나는 지적 모험

1. 버려진 아들에서 부랑자의 딸로 : 여성 전사의 탄생과 대체

신화 속 주인공의 근원적 공통점은 '버려진 아이'에서 출발한다. 모세도 버려졌고, 주몽도 버려졌으며, 예수도 아버지를 정확하게 특정할 수 없다는 점에서 버려진 존재이다. 그래서 그들은 그들이 속한 사회에서 낮은 계급에 속하게 되며, 근본을 모른다는 점에서 비천한 자로 취급된다.

현대 영화 <스타워즈(star wars)> 시리즈에서도 이러한 '버려진 아이'의 구도는 변함없이 유지된다. 임무 수행 중이던 콰이곤(마스터)는 은하계 외곽에서 노예의 신분으로 살아가는 한 모자를 만난다. 어머니는 평범했고, 아들은 출신을 짐작할 수 없었다. 가장 커다란 이유는 그들 모자에게 중심으로서의 가장, 즉 남편이자 아버지가 부재한다는 사실이다. 하지만 아이는 특출한 재능을 가지고 있는데, 어찌 보면 부재하는 아버지로 인해 부여된 재능일 수도 있다는 생각이 들 정도로, 소년의 환경은 극단적이다.

당대의 예수를 보는 사람들의 시선은 어떠했을까. 그에게 요셉은 진짜 아버지가 아니었다. 그렇다면 근원을 모르는 인간에게 가해지는 고대 사회의 압력을 고스란히 받을 수밖에 없었다. 마구간을 지키는 주몽과 다를 바가 없었다고 해야 한다. 실제로 15살까지 소년 예수는 마을을 전전하며 평범한 청년으로 성장할 것이라고 믿어지는 그저 그런 젊은이였다.

훗날 다스베이더(Darth Vader)가 되어 은하계를 호령하는 아나킨(Anakin Skywalker)이라는 이 젊은이 역시 누군가의 노예로 살면서, 인간이 하지 않은 일을 도맡아야 했다. 그리고 그렇게 성장한다고 해도, 결국에는 어머니와 같은 인생을 살아야 한다는 사실을 부인할 수 없는 처지였다.

주몽의 어머니는 아들을 잉태하고 금와(왕)에게 끌려가 갖은 고초―노예나 첩으로서의 신분 하락과 감금의 처지―를 겪은 바 있기 때문에, 아들이 가야 할 길을 정확하게 알고 있었다. 그녀-주몽의 어머니는 아들의 탈출―세상으로의 진입, 신화 속의 모험―을 장려했고, 결국 함께 하지는 못했지만 결국에는 아들의 성장을 지켜볼 수 있었다.

아나킨의 어머니(슈미 스카이워커) 역시 마찬가지였다. 미디클로리언 수치만으로는 요다(Yoda)를 능가하는 아들을 낳은 여인이었지만, 그녀-아나킨의 모친은 결국 노예의 상태에서 벗어나지 못했고, 노예 이상의 삶을 구가하지 못하는 상태로 죽고 말았다.

아나킨은 어머니의 죽음에 분노했지만, 작은 복수를 대신하는 것으로 그녀의 삶을 위로할 수밖에 없었다. 그리고 이러한 결말은 신화 속에서 일반적이었다. 그-신화 속의 영웅은 사회라는 거대한 틀을 완전히 뒤집는 모험을 하기에는 지나치게 이성적이었다.

≪스타워즈≫ 시리즈의 세 번째 구간에 해당하는 <깨어난 포스(Star Wars:The Force Awakens, 2015)>(에피소드 7)과 <라스트 제다이(Star Wars:The Last Jedi, 2017)>(에피소드 8, 외전 격인 <로그원(Rogue One:A Star Wars Story, 2016)>을 제외한다면)는 새로운 버려진 아이를 등장시키고 있다. 첫 번째 구간(에피소드 1~3)에서 아나킨을, 그리고 두 번째 구간(에피소드 4~6)에서 아나킨의 버려진 아들 루크(Luke Skywalker)를 등장시킨 것에 대응하는 설정이며, 고대의 그 숱한 신화들에 등장하는 버려진 비천한 존재로서의 아이(소년)에 해당하는 조치이다. 하지만 에피소드 7으로서 <깨어난 포스>에서는 달라진 점이 있다. 그것은 그 아이의 성별과 신분이다.

레이(Rey)는 버려진 행성 자쿠(Jakku)에서 홀로 살아가는 여인(소녀)이다(레이의 이름은 'Ray'를 연상시키는데, 이 빛은 스타워즈 시리즈에서 중요한 메타포로 사용된다). 완전히 성숙하지 않은 여인이라는 점에서 특정되듯, 그녀는 일반적인 신화 속 영웅으로서의 남성(성)을 거부하는 존재이다. 물론 신화에도 여성 영웅이 존재하지 않는 것은 아니다. 이 책의 8장에서도 언급했듯, 여성도 영웅이 될 수있고, 전래 신화에는 여성 영웅을 다룬 신화도 적지 않다.

하지만 레이는 일반적 신화 속 여성 영웅의 운명과 행로를 따르지 않고 남성 영웅, 즉 버려진 아이에서 성장하는 모티프를 깊게 취하고 있다. 즉 레이는 현대로 확장된 신화관에서 남성(성)에의 매몰을 해결할 요량으로 선택된 인물이다. 남성만이 '성장하는 영웅'이 될 수 있다고 믿어지는 신화의 세계에 고의적으로 들여놓은 '성장하는 여성(상)'인 셈이다.

그녀-레이는 버려진 존재이다. 그녀의 기억 속에서 그녀의 부친은 그녀에게 돌아오겠다는 약속을 남기고 있다. 은밀한 사연을 숨긴 존재로 자신을 간주하고 있으며, 아버지의 부재는 그녀의 삶을 고귀하게 만들 수 있는 요소로 전제되어 있다. 그녀는 버려진 전투함의 무덤에서 하루하루를 버티면서, 그 아버지가 돌아와서 자신을 구원하고, 그토록 원하던 혼자에서 다수의 가족으로 돌아갈 수 있기를 염원한다.

레이의 상황을 이해하기 위해서는, 그녀의 스승이 되는 루크의 삶을 참조할 필요가 있다. 루크 역시 은하계 외곽에서 중심의 삶을 동경하며 농사를 짓고 있다. 루크는 레이보다는 안온한 삶을 살고 있는데, 그것은 아버지와 어머니가 부재하지만, 대신 삼촌과 숙모가 곁에 있기 때문이다. 하지만 그루크는 아버지의 부재(아버지가 사망한 존재라고 알고 있다)에 대해 근원적인 결락(감)을 느끼고 있고, 언젠가는 자신이 삼촌의 그늘을 떠나 전투 조정사로의 아버지의 삶을 이어받을 것이라고 다짐하고 있다.

그의 꿈은 쉽게 이루어진다. 그의 삼촌과 숙모는 적의 습격에 죽음을 당하고, 그는 그의 선택을 가로막던 친인들을 한꺼번에 잃은 덕분에 스스로 선택해야 했고, 그래서 모험을 떠날 수밖에 없는 여건을 맞이할 수 있었다. 홀가분해진 처지로 인해 세상으로 나가야 하는 소년의 입장은 모험에의 소명으로 흔히 설명된다. 소년은 공주의 메시지를 전달하기 위해서 은하계의 외곽에서 전쟁의 중심으로 뛰어든다.

레이 역시 마찬가지였다. 그녀는 처음부터 그녀의 선택을 가로막는 그 어떤 친인도 없는 상태였다. 루크보다 외로웠고, 그래서 루크보다 홀가분했다. 하지만 그녀 역시 쉽게 떠나지 못하고 있었고, 모처럼 찾아온 기회─핀과의 만남, 솔로의 동행 제의─마저 외면한 채 자신의 섬(고향) 자쿠로 돌아가려고 한다. 나중에 밝혀지지만, 그녀의 선택은 기다림이 아니라 두려움이었다. 자신이 기다릴 것이 없다는 사실을 인정하기 싫어하는 내면의 방어막이었다.

하지만 자쿠로의 귀환은 그녀의 뜻대로 단 기간 내에 성사되지는 못한다. 그녀는 비록 모험을 거부하였지만, 모험에의 사명이 그녀를 내버려두지 않았기 때문이다. 계속되는 사고와 인연─크고 작은 모험에의 소명─덕분에 끊임없이 어딘가로 떠나야 했다. 그중에는 그녀와 비슷한 처지에 있는 한 악당과의 만남(더 정확하게 말하면 납치)도 포함된다. 한 솔로의 아들 벤(벤 솔로, 카일로 렌(Kylo Ren))은 슈프림 리더(Supreme Leader, 일종의 '총통')의 제자로 들어가서 새로운 제다이(다크 제다이)의 모험을 떠나는 또 다른 수련생이기도 했다.

결국 둘은 누군가로부터 보호받지 못한 자신들의 인생을 스스로 개척해야 하는 운명을 따르게 되고, 그 운명의 도정에서 서로를 인지하고 만나고 결국에는 대결한다. 에피소드 8에 해당하는 <라스트 제다이>에서는 그 누구보다도 강한 유대감을 느끼지만(이것은 마치 에피소드 4-6에서 나오는 루크와 레아의 유대감과 기본적으로 유사하다), 결국에는 칼을 맞잡고 상대와 싸워야 하는 적으로 귀착된다.

결국 둘은 샴쌍둥이처럼 닮은 존재이다. 그렇다면 벤과 레이의 구별 즉 차이는 고대 신화와 현대 영화 사이의 차이도 포함하고 있다고 해야 한다. 퍼스트 오더(First Order) 즉 제국 제 1기사단의 지휘자인 벤 솔로 역시 전형적인 버려진 아이의 행색을 띠고 있으며(희대의 영웅인 루크에게 주살될 위험에 처한 처지), 《스타워즈》 시리즈가 추구했던 아버지와 대결하는 아들의 운명을 떠안은 자이다.

아나킨은 스승이자 제 2의 아버지인 오비완 케노비(Obi-Wan Kenobi) 그리고 군주로서의 다스 시디어스(Darth Sidious, Sheev Palpatine)와 결국에는 대결해야 했으며 두 사람을 모두 죽이는 운명을 따르는 존재였다. 그는 선(제다이)의 편에서는 오비완과 맞서야 했고, '악'(다크 제다이)의 편에서는 시디어스(펠퍼틴)와 맞서야 했다.

고대의 영웅들은 스스로 아버지(성인 혹은 완성된 인간)가 되는 과정에서 자신의 보호자였지만 나중에는 강력한 적이 되는 아버지와 대결해야 했다. 아나킨은 그러한 고대 영웅의 운명이자 인간 세상의 기본 철칙을 극명하게 보여주는 캐릭터였다.

그의 아들 루크 역시 마찬가지였다. 잘 알려진 대로 루크는 아나킨을 다스 베이더에서 자신의 아버지로 돌려놓는 존재이다. 루크와 다스베이더 사이의 심리적 대결 역시 에피소드 5와 에피소드 6을 통해 두 차례 이루어진 바 있다. 루크는 벤에게 다시 보자는 말을 남기는데, 이는 재대결을 상정할 수 있는 대목이다. 《스타워즈》 시리즈에서 숙적(특히 부자) 간의 재대결은 고정화 된 설정이기도 하다.

광선검(Lightsaber) 결투로 집약된 루크 부자 대결의 추이를 보면, 루크는 에피소드 5에서는 패배하고, 에피소드 6에서는 승리한다. 즉 수련생으로서의 결투에서는 아버지를 극복하지 못하지만, 완성된 인간의 행로에서는 결국 아버지를 극복하고, 그 아버지의 아버지 격인 황제마저 격파한다. 황제를 직접 죽이는 존재는 아나킨 스카이워커이지만, 그러한 심리적 동기를 현실에서 가능하게 하는 존재는 루크 스카이워커이다.

스카이워커의 피는 계속 이어져 결국 레아 스카이워커와 한 솔로의 아들인 벤 솔로에 이른다. 벤 솔로 역시 끊임없이 아버지(세대)와 갈등을 겪는 인물이다. 그는 첫 번째 스승인 루크를 떠났고(<라스트 제다이>에서는 그 책임의 일부를 루크에게 돌리고 있지만, 이것은 그 자체로 영웅의 숙명이다), 두 번째 스승이라고 할 수 있는 스노크(Snoke)를 죽였다. 에피소드 8 <라스트 제다이>에서는 루크의 허상과 대결하는 수고를 아끼지 않았다.

그 역시 고대의 영웅이나 《스타워즈》 시리즈의 주인공(주로 남성 영웅)과 마찬가지로 아버지와 대결하고, 결국에는 살부의 의식을 치루는 수련자의 형상을 지니고 있으며, 어떠한 방식으로든 살부의식을 통과한 이후에 완전한 성인으로 올라서고 있다. 이것은 비단 제다이만이 아니었다. 다스 시디어스 역시 그의 스승 다스 플레이거스(Darth Plagueis)를 죽일 때에만 진정한 시스 군주가 될 수 있는 운명을 지닌 자였다.

벤 솔로는 이러한 운명의 끝에서 영웅의 사명을 이어받은 자이다. 이러한 사명은 실제로 아버지를 죽이고 죽이지 않고의 문제는 아니었지만, <깨어난 포스>는 벤 솔로에게 이러한 숙명을 더욱 강하게 부과한다. 즉 벤 솔로는 물리적인 아버지를 죽였고(<깨어난 포스>), 정신적인 아버지 중 하나인 스노크를 죽였으며(<제다이의 귀환(Star Wars Episode VI : Return Of The Jedi, 1983)>에서 다스 베이더의 운명을 이어받았다), 그리고 <라스트 제다이>에서 하나 남은 제다이인 자신의 또 다른 스승이자 아버지(생물학적으로 (외)삼촌)와 죽음을 앞둔 전투를 벌인다. 루크는 결국 벤 솔로와의 전투 이후에 죽게 되는데, 그의 죽음은 아들 격인 인물 앞에서 죽음을 보여준다는 의미에서 오비완 케노비의 그것과 흡사하다. 죽음과 함께 육체가 산화하고 법복만 내려앉는 모습도 동일하여 같은 이미지를 형상화하고 있다는 사실을 알 수 있다.

요약하면 '다스 시디어스-다스 베이더-루크-벤 솔로'는 모두 살부의식과 관련된 모험과 도정을 겪고 스스로 하나의 개체이자 인간이 되는 과정을 겪는다. 그 결과가 선이냐 악이냐, 악당이냐 영웅이냐라는 갈림길은 존재하지만, 그들 모두가 선한 면도 있고 악한 면도 있다는 점에서 결국에는 갈등하는 존재이고, 어떠한 방식으로든 자신을 완성하거나 선택해야 하는 존재라는 점에서는 역시 동일하다.

<깨어난 포스>와 <라스트 제다이>에 등장하는 레이는 이러한 남성적 영웅의 계보와는 다소 다른 위치에 놓인다. 그녀-레이 역시 버려진 아이이고, 모험의 소명을 인지하며, 결국에는 수련(모험)을 통해 완성되는 개체라는 점에서는 남성 영웅(들)과 하등 다를 바 없다. 하지만 레이는 아버지와의 대결에서 살아남아야 한다거나, 그로 인해 자신을 최종적으로 완성하거나 규명해야 한다는 임무에서는 빗겨 서 있다. 즉 그녀는 살부의식을 면제당한 영웅이라고 할 수 있다.

레이는 대신 동료와의 경쟁 혹은 협력을 일구어내어야 한다는 사명을 부여받고 있다. 그녀를 실질적으로 키운 인물은 루크가 아니라, 벤이다. 레이는 벤에게 납치되고 그의 고문(염력)을 통해 자신의 내면에 잠들어 있는 힘(포스)를 일깨운다. 에피소드 7의 제목 '깨어난 포스'는 스노크를 가리키기도 하면서 벤을 동시에 지칭하며 넓게는 잠들어 있던 루크의 등장까지 의미하지만, 가장 근본적으로는 레이의 내면에 깃들어 있던 힘과 모험의 싹을 뜻하는 것이기도 하다. 이를 가장 즉발적으로 촉발한 이는 벤이다. 그렇다면 벤은 레이의 정신적인 스승이라고 할 수 있는데, 레이는 이러한 벤과 대결할지언정 그를 이기거나 파괴하려는 의도를 앞세우지 않는다. 오히려 그-벤과의 정신적인 교류를 통해 '다크 사이드'에서 '빛의 세계'로 옮겨오려는 실천을 감행하는 인물이라고 할 수 있다.

이러한 레이의 상징성은 일정 부분은 루크 스카이워커에서 나오고 있다. 이미 레이가 루크 스카이워커의 제자가 되려고 한다는 점에서도 시사되고 있지만, 레이는 어둠(dark side)으로 돌아선 친인(레이에게는 벤 솔로, 루크에게는 아버지 아나킨 스카이워커)을 빛의 세계로 돌려놓으려는 의도를 지닌 인물이었고, 이러한 유화적 힘은 결국 적의 소굴(레이에게는 스노크와 벤의 기지, 루크에게는 황제와 아나킨의 전투함)로 자진해서 들어가는 선택을 감행하는 인물이었다.

레이는 루크와 달리 아버지와 대결하지는 않는다. 하지만 그녀의 정신적인 아버지 중 하나로 벤 즉 카일로 렌을 설정할 수 있다면, 그녀 역시 친인과 대결해야 하는 인물일 수는 있다. 문제는 현대의 신화에서 이러한 역할을 아들이 아닌 딸에게도 용인하기 시작했다는 점이다. 또 다른 측면에서 보면, 레이는 아들이 아니고 딸이었기 때문에, 전통적인 서사 구조에서 아들이 짊어져야 했던 짐을 지면서도, 살부의식이 아니 화해와 융합의 힘을 보여줄 수 있는 새로운 영웅으로 탄생한 것이다.

특히 레이에게서 고귀한 핏줄의 가능성을 지운 <라스트 제다이>의 설정은 놀랍다. <깨어난 포스>에서만 해도 레이는 고귀한 신분을 가졌지만 운명적으로 버려진 아이이고, 그 신분과 가계가 드러나는 순간 더욱 위대한 자질을 가진 영웅으로 환골탈태할 수 있는 가능성을 가진 존재로 설정되는 듯 했다.

하지만 벤은 그녀-레이의 내면에서 하등 남다를 것이 없는—그래서 고대의 신화에서 도저히 고귀한 핏줄로 인정할 수 없는—부랑자의 가계를 보았고, 그녀의 처지가 버려진 아이—그래서 신화의 이상적인 핏줄이 결국 허망한 현실을 대체하려는 노력 그 이상이 될 수 없다는—그 이상이 될 수 없다는 사실을 알았으며, 이를 잔인하게 그녀-레이에게 상기시키고 만다. 진정한 어른이 되고, 인생의 영웅이 되기 위해서는, 어쩌면 우리는 이 사실을 먼저 깨달아야 한다. 우리는 본래부터 고귀하거나 위대한 존재의 후손이 아니었고, 사실은 특별할 것이 없고 어쩌면 미천하기 이를 데 없는 존재임에도 불구하고, 그 '바닥'에서 일어날 때에만 진정으로 완성된 인생의 영웅이 될 수 있다는 전언을 이해해야 한다.

<라스트 제다이>는 제목부터 그러한 전언을 분명히 한다. 이제 제다이라는 특별한 존재들은 사라졌다. 루크는 스스로를 죽이고(오비완이 루크를 위해 그러했던 것처럼), 세상과 제자(레이를 그렇게 부를 수 있다면)를 위해 자신을 지워야 하는 자의 운명을 깨달았다. 제다이라는 고귀하고 위대한 존재들이 그 명맥과 사명을 앞세워 세상과 질서를 조율하는 시대가 끝났음을 깨달았으며, 자신들이 사라진 세상에서 새로운 세대(벤까지 포함하는)가 새로운 질서와 기풍이 일어나야 한다는 사실을 깨달았다. 그의 은거는 그러한 깨달음의 산물이며, 제다이가 다시 다크 제다이가 되고, 세상을 어지럽히는 악의 세력으로서의 어떠한 실체가 될 가능성을 막아야 한다는 지혜에 도달한 결과였다고 할 수 있다.

레이라는 존재는 그 지혜의 산물이다. ≪스타워즈≫ 시리즈가 발전하면서, '제다이와 시스족' 혹은 '제다이와 제국' 내지는 '제다이와 퍼스트 오더'의 싸움만이 아니라, 제다이를 특별한 존재라고 믿는 자들끼리의 싸움이기도 했다는 사실이 제다이의 전통이 끊어져야 하는 이유가 되었다고 하겠다. 그것이 제다이의 끝에 레이가 나타난 이유이기도 하다.

2. 주류 민족에서 소수자로

《스타워즈》 시리즈는 세 명의 주요 젊은이로 구성되는 경우가 일반적이었다. 에피소드 4-6에서는 루크, 레아, 한 솔로가 그 젊은이들에 해당하고, 에피소드 1-3에서는 아나킨, 아미달라(파드메 나베리 아미달라 Padmé Naberrie Amidala), 그리고 오비완 케노비가 그 위치를 이어받고 있다. 오비완은 비록 아나킨과 니이 차가 있지만(신분상으로 스승), 이 세 젊은이들의 얽히고설킨 인연으로 영화의 서사 대부분이 구축된다는 점에서는 이러한 범주에 놓고 생각할 수 있는 인물이다.

이들의 기본적인 공통점은 인간이며, 그것도 백인이라는 점에서 찾을 수 있다. 할리우드 영화의 특성상 영화의 주요한 매력을 가져오는 주인공들에게 백인 이미지를 덧씌우는 것은 특별한 일이 아니었다. 문제는 에피소드 7-9로 가는 과정에서 나타난다.

앞에서 말한 레이와 벤 솔로(카일로 렌)은 이러한 구도를 그대로 따르고 있다. 하지만 핀은 백인이 아니며, 엄격하게 말하면 독립적인 인간인가에 대해서도 의구심을 품을 수 있는 인물이다. 핀은 퍼스트 오더의 병사인 스톰트루퍼(Stormtrooper)였다. 비록 스톰트루퍼가 클론은 아닐지라도, 인간으로서의 개성이 거의 발현되지 않은 부속품 같은 존재였다고 할 수 있는데, <깨어난 포스>에서는 그러한 스톰트루퍼 가운데 한 인물을 골라 주요 젊은이들 가운데 하나로 격상시킨다. 이 젊은이가 군번 'FN-2187'인 '핀(Finn)'이다. 그의 이름 핀은 저항군 장교 포 다메론이 군번을 응용해서 지은 이름이다.

더욱 주목되는 점은 이렇게 탄생한 스톰트루퍼 배반자인 핀이 흑인이라는 점이다. ≪스타워즈≫ 시리즈에는 다양한 외계 종족이 등장하지만, 인간과 구별된다는 점에서만 그들의 존재감은 확연해지곤 했다. 즉 인간 내에서의 인종 문제는 여전히 백인에 기울어져 있었고, 인간 대 비인간의 구도는 백인 대 외계인의 구도로 한정된 인상이었다. 하지만 핀의 등장은 이러한 구도를 바꾸어 놓는다.

핀의 등장이 지니는 의미를 보다 면밀하게 살피기 위해서는 레이의 등장도 다시 살펴야 한다. 루크-레아-한 솔로의 구도는 벤 솔로(카일로 렌)-레이-핀으로 계승되었다. 앞의 두 인물이 포스를 다루고 있는데 반해, 한 솔로나 핀은 포스를 전문적으로 다루지는 못한다. 하지만 그에 육박하는 능력을 지니고 있어, 한 솔로는 막대한 전공을 세우고 핀은 광선검(라이트 세이버)을 다룰 수 있을 지경이다.

그렇다면 여성으로서 두 남성 사이에 있는 레아나 레이는 이러한 남성들 사이의 균형을 맞추는 인물이었다고 보아야 한다. 즉 남성 위주의 서사로 매몰되지 않도록 전체 구도를 조절하고, 적절한 로맨스를 추가할 수 있는 요소라고 해야 한다. 이것이 두 남성 젊은이와 그 가운데 위치한 여성 캐릭터의 전체적인 구도라고 해야 한다.

물론 레이와 레아는 그 위치가 다르다. 레아는 포스의 잠재력을 가졌지만, 영웅의 표상으로 올라와 전장에 나서는 남성 영웅의 아우라는 갖지 않는다. 그녀 역시 저항군의 지도자이고 높은 신분의 공주였지만, 그녀는 후방에서 작전을 짜고 외교를 관장하는 전형적인 모성상의 여인으로 등장한다.

레아에서 레이로의 변화는 ≪스타워즈≫ 인물(영웅) 구도에 전체적인 변화를 짚어준다. 레아와 달리 레이는 보다 강화된 기능을 부여받게 되는데, 그것은 포스를 전문적으로 숙련하여 전사로서의 기능을 강화시키는 점이다. 그러니까 레이는 모성으로서의 캐릭터가 아니라 전사로서의 캐릭터도 흡수하게 되는데, 이러한 변화는 전쟁 영화의 장르에서는 레이를 제 1 주연으로 만드는 이유가 된다.

종합하면, 레이는 남성 캐릭터가 독점하던 전사의 이미지를 선취하여 이를 바탕으로 서사의 중심을 담당하는 주인공으로 격상된 캐릭터였다. 물론 이 과정에서 가장 주목되는 점은 그녀가 여자라는 점인데, 고대의 신화에서도 이러한 여성 전사의 이미지는 희귀하다고 할 때 ≪스타워즈≫ 에피소드 7~8(9)의 변화는 혁신적이라고 해야 한다.

이러한 변화의 형세에서 핀 역시 주목되지 않을 수 없다. 남성들이 독점하던 전사의 이미지를 레이가 변모시켰다면, 백인들이 점유하던 주연의 위치를 핀이 바꾸어놓았기 때문이다. 더구나 그 핀은 백인 남성이 아닌 상태에서, 백인 여성으로서의 우상(영웅)인 레이의 연인으로 설정된다.

레이와 핀의 등장은 소수자의 서사를 존중하는 ≪스타워즈≫의 변화를 이끌고 있다. 사실 ≪스타워즈≫ 시리즈 내에서 백인 남성이 가지는 권위는 너무 막강하게 등장하고 있다. 콰이곤 진-오비완 케노비-아나킨 스카이워커-루크 스카이워커-벤 솔로에 이르는 제다이 계보에서 백인 남성 영웅은 중심에 놓여 있다. 물론 요다와 같은 외계인도 있고, 메이스 윈두 같은 흑인도 간혹 보이지만, 제다이 집단 내에서도 백인 남성의 영웅상은 강력하게 자리 잡고 있다.

시스족 역시 마찬가지로 다스 시디어스와 그의 제자 격인 두쿠 백작 역시 인간 남성으로 백인의 형상을 가지고 있다. 이러한 전체적인 구도는 신화 속 세계관이 백인 중심으로 이루어졌다는 간접적인 증명이 될 것이다.

이보다 더 직접적인 증거도 존재한다. 백인 남성은 타 종족에 비해 우월한 위치에 있으며, 외모나 형상으로도 우대받는 종족의 이미지를 지니고 있다. 공화국은 다양한 행성과 은하계의 연합이었지만, 결과적으로 백인 남성의 통치권 안에 있는 조직으로 묘사되는 것도 그러한 증거이다.

《스타워즈》 시리즈는 이러한 제국주의적 시선을 타파하기 위해서 적지 않은 노력을 시도한 바 있다. 《스타워즈》 에피소드 1에서는 나부 행성의 다양한 종족을 동등한 위치로 올려놓는 설정이 나타나고, 인간 중심의 육지 왕국과 해저의 외계인 종족(건간족, Gungan)의 공조와 협조를 보여주는 설정을 주요 서사로 끌어올리기도 했다. 그 결과 자자빙크스(Jar Jar Binks)라는 독특한 캐릭터가 등장했지만, 그 결과는 그다지 긍정적이지 않았다. 많은 관객들과 팬들은 자자빙크스의 비중 증대를 달가워하지 않았고, <보이지 않은 위험>의 위험 요소로 지적하기까지 했다.

《스타워즈》 에피소드 7~8에서는 여성 전사와 흑인 주인공을 내세워 에피소드 1~6에 이르는 백인 남성 편중성을 덜어내고자 했다. 이것은 신화 그 자체의 본질로 회귀한 결과라고 할 수 있다.

신화에서 주인공 혹은 영웅은 특정 종족의 그것으로 환원할 수 없다. 물론 각 민족마다 혹은 국가마다 신봉하고 계승하는 신화가 있기 마련이고, 이에 따라 주인공이 되는 영웅의 이야기는 그 신화를 공유하는 민중과 동일하다는 막연한 전제는 유지된다. 켈트족의 신화는 켈트족에게 영향력을 끼치고, 그리스 신화는 그리스 민족에게 우선적으로 작용한다.

하지만 켈트족의 신화가 켈트족이 사라진다고 진실로 사라지는 것은 아니며, 그리스라는 국가가 예전만큼 성세를 누리지 못하다고 해서 그리스 신화가 유명무실해지는 것은 아니다. 켈트족의 신화는 켈트족이 없다고 해도 여전히 신화로서 가치를 지니며, 그리스 신화는 과거부터 그리스만의 것은 아니었다. 신화는 본래 세계를 이해하는 수단이었고, 그렇게 이해한 지식을 축적하는 장치였다. 그 안에는 세계와 인간에 대한 기본적인 통찰이 담겨 있고, 그 통찰은 현재와 미래의 사회와 역사를 이해하고 조율하는 데에 유용한 지혜로 활용될 수 있다.

그러니 누구만의 신화이거나, 어떤 중심만을 강조하는 지혜일 수 없다. 현대의 서사체로서 영화는 백인 편중의 시선에서 벗어나고 있으며, 남성이 정의하는 여성(상)의 일방적인 구현에도 반론을 제시하고 있다. 여성이 전사로서 부족하다거나, 흑인은 세계의 중심에서 활약할 자격이 없다는 통념은 사라진지 오래이며, 이러한 통념을 파괴하는 작업에서 더 큰 통찰뿐만 아니라 심지어는 흥행 가능성이 창출된다는 인식마저 확산되는 상태이다.

≪스타워즈≫ 에피소드 7~8은 이러한 변화된 세계관을 바탕으로 하고 있으며, 이를 통해 21세기 신화로서의 영화 ≪스타워즈≫가 더욱 정밀하게 보완해야 할 점에 대해 생각하도록 만들었다. 더 나아가서 이러한 변화는 '소수자'의 부상, 즉 '소수민족', '빈자', '약자', '소외된 계층', '피지배인'들의 권리와 위상 회복을 위한 인문학적 통찰을 담고 있다. 세계 역사에서 남성에 의한 여성 지배나, 백인에 의한 유색인종 통치, 부자에 의한 빈자의 억압, 혹은 인간에 의한 자연의 파괴 등은 늘 존재하는 현상이었다.

<라스트 제다이>에서 핀을 사랑하는 여인으로 동양 여인이 등장하고, 그 여인이 올바른 가치관으로 세계(우주) 평화를 위해 자신을 헌신하며, 학대 받는 아이와 동물을 구하는 이야기는 이러한 맥락에서 이해 가능하다. 아직 ≪스타워즈≫가 소수자와 약자에 대한 분명한 세계관을 내놓고 있지는 못하다고 해도, 여성성의 새로운 주목이나 흑인 남성의 위상 증가 내지는 다양한 소수(민족)자들의 처지를 돌보려 한다는 점에서는 긍정적인 변화를 시도한다고 보아야 한다.

3. 빛과 어둠의 대립

≪스타워즈≫ 시리즈 중에서 에피소드 1~3은 오히려 에피소드 4~6보다 후에 만들어졌다. 이로 인해 에피소드 4 이전의 이야기를

들려주는 전사(前史, 혹은 前事)에 해당하는 것처럼 보인다. 사실 이러한 해석과 판단은 잘못된 것은 아니다.

하지만 몇 가지 더 참고해야 할 사항이 있다. 그것은 두 부분을 잇는 과정에서 무리한 설정이 있었고, 이것이 뒤의 이야기를 연결하는 중요한 모티프가 되었다는 점이다.

일단 ≪스타워즈≫ 에피소드 3에서 살아남은 제다이들이 은거한 이유는 대표적인 경우에 해당한다. 요다는 다코바라는 행성으로 잠입했고, 오비완은 벤 케노비라는 이름으로 타투인(Tatooine) 행성으로 향한다. 이러한 행로에서 의문은 왜 그들, 그러니까 요다와 오비완이 저항군(반란군)의 일선에 나서지 않는가이다. 물론 그 대답은 아나킨 스카이워커의 두 자식(루크와 레아)를 돌보기 위해서이며, 이미 기울어진 은하계의 질서(황제의 통치)에 대항할 수 없어서라고 되어 있다. 그럼에도 그들의 은거는 여전히 의문으로 남는다. 은거한 그들이 적극적으로 스카이워커 가문의 생존자들을 가르치지도 않기 때문이다. 그 이유 역시 위험(배반) 가능성이 높았기 때문이라고는 둘러대고 있다.

특히 요다가 은거한 행성 다코바는 흥미로운 별이다. 나중에 루크가 찾아왔을 때, 요다는 그 행성에서 가장 은밀한 한 곳으로 루크를 들여보낸다. 어둠이 쌓여 있는 동굴. 그곳에서 루크는 자신의 적이자 희대의 악당인 한 사람을 만나고 결투까지 펼치게 된다. 이러한 루크를 바라보는 요다는 미진함으로 인한 한숨을 흘리고, 결국에는 아직 루크가 준비(세상으로 나아갈)가 되어 있지 않다는 자신의 판단을 확인하게 된다.

<깨어난 포스>와 <라스트 제다이>에서도 석연치 않은 이유로 루크는 은거에 들어간다. 자신의 핏줄(조카)이자 제자였고 후계자이자 다음 세대의 전수자였던, 그래서 거의 아들이나 마찬가지였던 벤 솔로를 죽이려 했다거나, 결국 잘못 가르쳐 악의 편으로 넘겨주었다는 속사정을 털어놓기는 하지만, 이러한 설정은 요다의 은거만큼 설득력이 높지 않기는 마찬가지이다.

물론 1절에서도 거론했지만, 최종적으로 루크는 제다이의 전통을 말살하고 그 명맥과 권위를 해체해야 한다고 믿는다. 그래서 그는 제다이의 사원과 책(권위)을 스스로 파괴하고자 했다(실제적인 방화는 요다가 했지만, 요다의 실천은 루크의 내심을 수용한 것이다). 다만 이러한 선택과 결단은 은거를 통해 도달한 결론이고, 은거 이전에 이러한 결론에 이미 도달했다고는 할 수 없다(다만 제다이의 역사를 담은 책은 레이에 의해 보존된다).

그렇다면 그들-루크와 요다는 왜 은거를 선택한 것일까. 이 문제에 접근하기 위해서는 <라스트 제다이>에서 레이가 본 섬(제다이 사원, 아치토 행성)의 실체를 재고할 필요가 있다. 포스의 실체를 감지하던 레이는 제다이 사원 밑에 검은 공동(空洞)이 있으며, 그 안에 정체를 알 수 없는 또 다른 힘이 넘실거리는 인상을 받았다. 루크는 그 공동으로 접근하려는 레이를 제지하지만, 영원히 레이의 접근을 막을 수는 없었다.

레이는 자신과 포스 그리고 세계의 운명을 이해하기 위해서는 그 공동에 내려가야 한다는 사실을 직감적으로 깨닫는다. 그리고 그 공동은 벤의 변절이나 루크의 좌절, 혹은 베이더의 갈등 심지어는 다크 시디어스의 인생 같은 중요한 지점과 관련이 깊다는 사실도 직감한다.

요다의 은거와 그 은거지에서 나타난 악의 힘(어둠)은 다소 우연적인 것이었을 수도 있다. 하지만 이미 잘 알려진 ≪스타워즈≫ 시리즈를 어떻게 해서든 이어가려는 작가(창작자)들에게 이러한 빛과 어둠의 대립과 분열은 흥미로운 소재가 아닐 수 없다. 제다이의 사원의 원형이 다코바 행성이고, 그 자리에 은거하고 죽어간 인물이 제다이(요다와 루크) 중에서도 최고의 성취를 이룬 자(들)이라고 할 때, 그들 사이의 공통점은 그 어둠, 즉 동굴이나 공동 속에 담겨 있는 어두운 기운이 아닐 수 없다 .

레이는 그 공동에서 흔하디흔한 설정을 만난다. 그곳에는 루크가 광선검을 뽑고 대결해야 할 정도로 분명했던 악의 기운은 존재하지 않았고, 대신 동굴 벽에 기묘하게 걸린 깨지고 일그러진 거울 앞에 마주할 수 있었다. 그 앞에 서기 전에는 거울이라고 말하기 어려울 정도로 혼탁한 거울이었다. 레이는 자신을 돌아, 그 앞에 선다. 영화는 멀리서 걸어오는 희미한 그림자를 먼저 보여주고, 그 그림자가 실은 레이였다는 사실을 이후에 보여준다. 거울, 그 안에는 다른 누구도 아닌 자신이 서 있었다. 가족(부모)을 보여 달라는 염원에 돌아온 답은 결국 그 자신이었다.

엄격하게 말하면 다코바 행성에서 루크가 대결을 벌인 존재는 가면을 쓰고 있는 다스 베이더가 아니라, 그 안에 몰래 잠겨 있는 자신이었다. 가면을 헤집고 나타난 인물은 다름 아닌 자신이었다. 악이자 친인이자 적수이자 조력자였던 인물이 다름 아닌 자신이라는 전언이 아닐 수 없다.

레이의 경우에도 마찬가지이다. 시간이 지난 이후 벤은 말한다. "너(레이)는 특별한 존재가 아니다. 다만 그럼에도 특별한 존재가 될 수 있다면 그것은 바로 너 때문이다. 다른 누구도 아닌, 자신!"

이러한 전언은 사실 다코바와 제다이 사원이 내면의 풍경이며, 그 안에서 스스로를 인정하는 작업이 이루어져야 한다는 사실을 시사하고 있다. 즉 다코바에서 루크는 자신을 죽임으로써, 혹은 대결함으로써, 자신 내부에 걸쳐 있는 어둠을 이해하고 인정할 수 있었다. 레이 역시 그토록 어둠이라고 단정했던 악이 사실은 자신의 내부에도 존재한다는 사실을 알게 되었다. 두 사람은 내면으로의 여행을 통해 빛과 어둠의 문제가 비단 분리된 문제가 아님을 이해했고, 자신 안의 또 다른 자신(다크 사이드)이 엄연히 존재한다는 사실을 인정해야 했다. 그때에만 그들의 일차 수련은 완성될 수 있었다.

서구 영화에서 악은 물리적인 형체로 재현되곤 한다. <제 5원소>를 보면 그 악은 다가오는 행성의 얼굴을 하고 있다. 심리적이고 내면적인 형체로서의 악보다는 가시적이고 물리적인 실체로서의 악에 익숙했다고 보아야 한다. ≪스타워즈≫ 시리즈도 계속해서 그러한 물리적 실체로서의 악을 보여주는 데에 집중해 온 것이 사실이다.

시스, 제국, 퍼스트 오더가 그러하고, 다스 시디어스부터 시작된 다크 제다이(시스)의 계보가 그러하다. 즉 보이는 위협과 위험으로서의 악을 창조하는 데에 일정한 힘을 투여하고 있었다.

반면 보이지 않는 악에 대해서도 어느 정도는 접근을 하고 있는데, <시스의 복수(에피소드 3)>에서 베이더의 돌변(배반)에 작용하는힘이 그러하고, <제다이의 귀환(에피소드 6)>에서 베이더의 재돌변에서 파괴되는 힘(악)이 그러하며, 앞에서 말한 <제국의 역습(에피소드 5)>에서 동굴의 비유에서 그려진 이미지로서의 어둠이 그러하다. 이러한 악의 힘들은 인간의 내면에서 파생되는 것으로 설정되고 있고, 그래서 늘 인간의 주변에 떠돌며 인간의 심성과 내면에 침투할수 있는 힘으로 그려져 있다.

제다이 사원이 악의 힘, 그 불길한 어둠을 딛고 세워졌다는 점은의미심장하다. 더 정확하게 말하면 제다이의 사원은 빛의 세력에만속한 장소가 아니라, 그 아래 어둠이라는 상반된 힘과 공간과 공존하는 곳이다. 이러한 특성을 지닌 곳이 우리의 내면이기 때문에, 제다이의 사원 역시 빛과 어둠이 혼재된 공간일 수밖에 없는 것이다.

빛과 어둠은 인간의 숙명이다. 왜냐하면 어둠은 없고 빛만 가득한인생은 만들어질 수 없기 때문이다. 그럼에도 제다이들은 자신들이순수한 빛의 세계에 있을 수밖에 없다고 믿었던 적이 있다. 다크 제다이들 역시 자신들이 절대적인 어둠으로만 뭉쳐야 한다고 믿고 있다. 이러한 믿음은 사실 온전한 세상의 믿음이 되지는 못한다. 선과악은 말처럼 쉽게 분리되는 존재가 아니다. 그것은 혼재, 공존, 삼투,

융합되는 힘이며, 결국에는 선도 악도 아닌 상태로만 존재할 수밖에 없다.

벤과 레이는 그러한 상태를 보여주는 인물이라고 할 수 있다. 일방적으로 레이는 정당하고 밝은 측면에 서 있는 것처럼 보이지만 그녀 역시 내적 갈등과 모순된 역사로부터 자유롭지 못하며, 그로 인해 끊임없이 고통을 당하는 인물이다. 벤 역시 고정된 성격을 발견하지 어려울 정도로 극단적이고 이율배반적인 선택을 거리낌 없이 자행하는 인물이다. 빛도 어둠도 아니며, 그 자체로 빛과 어둠을 간과하려는 점이지대와 다르지 않다.

본래 신화는 선과 악을 분명하게 보여주는 의도를 지니지 않았었다. 세계를 설명하고 내면을 보여주는 데에는 이러한 이분법이 마땅하지 않기 때문이다. 하지만 세상의 진리를 단순한 구도로 파악하려는 이들에게 이러한 이분법은 유용한 측면이 있었는데, 결국 이전의 ≪스타워즈≫는 이러한 이분법의 유용성을 최대한 이용했던 셈이다. 신화의 또 다른 변형인 동화 역시 크게 다르지 않다.

하지만 새로운 ≪스타워즈≫는 이러한 이분법에 의문을 제기하고 그 진정한 실체를 찾으라고 충고한다. 그래서 아버지를 직접 죽이는 아들을 보여주는가 하면, 그러한 극단적인 선택에 담겨 있는 살자의식(殺子意識, 이러한 말이 있을 수 있다면) 또한 숨기지 않는 셈이다. 결국 빛과 어둠의 전쟁은 '나'와 '또 다른 나'의 대결이며, 사회 내에서는 '나의 세대'와 '나 다음 세대'의 주도권 쟁탈전과도 상통한다.

4. 이전 세대에서 다음 세대로

"But you can't stop the change,
no more than you can stop the suns from setting."
"해 지는 것을 막을 수 없는 것처럼 변화는 막을 수 없단다."
―길을 떠나는 아들 아나킨 스카이워커에게

이전 ≪스타워즈≫ 시리즈가 빛과 어둠의 대결로서의 공간을 그리려고 했다면, <깨어난 포스>와 <라스트 제다이>는 그 혼재로서의 공간을 인정하려는 변화를 추구했다. 한 인간의 내면에서 벌어지는 극심한 대결 양상을 비유적으로 표현하기 위해서이다. 그렇다면 이러한 공간과 대결 양상은 신진 세대와 그 이전 세대와 전투를 벌이는 공간(대결) 역시 포괄할 수 있다. 즉 세대 간의 마찰 역시 이러한 빛과 어둠의 공간과 대결에 속한다고 하겠다. 그 대표적인 예가 벤과 레이, 핀과 포이다.

벤과 레이는 자신들의 이전 세대, 즉 부친의 세대에서 남겨 놓은 유산으로부터 자유롭지 못하다. 벤은 자신의 어둠을 치유하기는커녕 이를 공격한 부친 세대(스승 루크 스카이워커)에 대한 적개심을 가지고 있고, 이러한 자신을 이용하여 야망을 달성하려는 슈프림 리더(스노크)에게도 역시 동일한 반감을 가지고 있다. 그야말로 벤은 스스로 일어나려는 수련자의 성장 과정, 혹은 미성숙한 개체의 성숙의 과정을 보여주는 대표적인 존재이다.

벤의 이러한 성향을 보다 면밀하게 이해하기 위해서는 ≪스타워즈≫ 전편을 돌아볼 필요가 있다. ≪스타워즈≫ 시리즈는 빛과 어둠으로 요약되는 선과 악의 대결을 축으로 삼아, 제다이 대 다크 사이드의 대결을 극화하는 형식을 고수했다. 하지만 이러한 빛과 어둠의 전쟁은 시리즈가 지속되면서 내면의 문제로 굴곡되면서, 외부적인 형태의 대립보다는 내면적인 충돌로 향하기 시작했다.

가장 논란이 되는 지점이었던—그래서 시리즈 전체가 에피소드 4~6을 본편으로 하고, 에피소드 1~3을 프리퀄로 삼게 된다—아나킨 스카이워커의 변절(빛의 세력에서 다크 사이드로의 전향)을 해명하고 설득하기 위한 방편이기도 했다.

≪스타워즈≫ 에피소드 1~3은 이 변화의 지점을 보여주기 위해서 내내 고심했다고 해도 좋을 것이다. 다크 사이드의 수장인 펠퍼틴의 교묘하고 강력한 영향력을 계속 보여주어야 했고, 아나킨의 성장 과정에서 나타나는 불완전한 요소를 주지시켜야 했다. 가령 불안정한 신분, 자유롭지 못한 어머니, 광폭하고 모험적인 성격, 심지어는 금기에 대한 도전과 사랑에 대한 충동 등을 모아서 아나킨이 기존의 제다이와 어떻게 다른가를 계속 설명해야 했다.

그리고 ≪스타워즈≫ 에피소드 3 <시스의 복수>에서 제자들을 차례로 잃은 암흑의 군주 다스 시디어스의 결정적인 책략에 넘어가는 장면을 삽입할 수 있었다. 이러한 면밀한 전환 과정—아나킨 스카이워크의 변절—을 통해 선인에서 악인으로의 변화는 관객들에게 그리고 일반인들에게 상당히 설득력 있게 전달되었다고 볼 수 있다. 영화사상 가장 어려운 난제 가운데 하나를 해결했으며, 에피소드 3에서 에피소드 4로 넘어가는 서사의 연결을 자연스럽게 이루어내었고,

그 결과 ≪스타워즈≫는 보다 탄력적인 서사—고대 신화의 현대적 대체물—로 격상될 수 있었다.

문제는 이 과정에서 신화가 말하고자 하는 한 가지 중요한 사실이 간과되었다는 점이다. 그것은 세대교체의 문제였다. 신화의 중요한 본질 가운데 하나는 세대교체의 문제를 해결하는 데에 있었다. 고대 그리스 신화를 보면, '누구-누구의 아들 누구'라는 식의 자기소개가 나오는가 하면, 동시에 과감하게 부모(아버지) 세대와 절연하고 자신의 왕국을 건설하는 영웅—가령 오이디푸스나 오레스테스—의 행적도 나타나고 있다.

한편에서는 아버지로 상징되는 혈통과 가계를 전면에 내세우면서도, 그러한 내력과 맥락을 일거에 뒤엎는 문제적 행동도 서슴지 않는 셈이다. 이러한 극단적인 차이는 결과적으로는 아들의 이단적 행위—패륜이나 중대한 착오—로 얼버무려지지만, 그럼에도 신화는 이러한 이중성 혹은 공존성을 보여주는 데에 인색하지 않다. 결국 신화가 말하고자 하는 본질 가운데 하나는 아버지로 상징되는 과거의 역사를 바탕으로 새로운 세대가 태어나지만, 그 세대는 자신만의 역사를 만들기 위해서 그 전통 위에서만 성장하지 않는다는 점이다.

젊은 세대는 시간이 지나면, 자신의 세상을 이루어야 하고, 이를 위해서는 이전 세대의 몰락을 획책할 수밖에 없다고 해야 한다. ≪스타워즈≫의 아나킨 스카이워커의 변절은 비단 빛에서 어둠으로의 변화이기만 한 것이 아니라, 이전 세대의 영향력으로 벗어나기 위한 새로운 세대의 자연스러운 투쟁 욕망(인정 투쟁)의 필연적 결과이기도 하다.

　관점을 바꾸어 보면, 이러한 새로운 세대의 선택과 모험은 결국 이전 세대에게는 위협이자 범죄일 수밖에 없다. 자신이 이룬 모든 것을, 아무리 자식이지만, 젊고 새로운 이들에게 모두 내주어야 한다는 사실은 좀처럼 인정하기 어려운 생의 압력일 수밖에 없기 때문이다. 결국 부자 대립, 혹은 빛/어둠의 전투 내부에는 과거 세대와 젊은 세대의 보이지 않는 암투 역시 포함되어 있는 셈이다.

　이것은 신화가 보여주는 보편적인 진실이다. 그렇다면 인간 세상의 구도 역시 그러하다는 뜻이 된다. 조선 왕조의 최대 비극 중 하나였던 영조와 사도세자의 비극은 이러한 세대교체의 실패와 공존에서 발생했다. 사도세자는 자신에게 주어진 운명을 따라 왕이 되어야 했지만, 아쉽게도 그 앞에는 전세대의 권력을 쉽게 내어주지 않는 아버지가 있었다. 그-아버지를 물리치지 않고는 도저히 그-사도세자는 왕이 될 수 없었다. 조선의 권력자로서의 왕이 될 수 없었을 뿐만 아니라, 성숙한 개체로서의 왕 역시 될 수 없었다.

　이러한 부자 대결―'올드 제너레이션'과 '뉴 제너레이션' 사이의 대립―은 비단 과거의 유산만은 아니다. 2010년대 한국 사회에서 이러한 단초를 찾을 수도 있다. 과학과 의료 기술의 발전으로 사회는 고령화로 접어들었고, 기존 세대는 자신이 가지고 있는 권력―사회적 지위, 개인 재산, 가정의 권위, 직업―을 보다 오랫동안 유지해야 하는 압박감에 시달리고 있다. 이에 젊은 세대는 일자리를 찾아야 하고, 기존 세대의 영향력에서 벗어날 수 없는 절망감에서 좀처럼 벗어나지 못하는 상황에 처했다. 이미 사회에 나가 새로운 주역이 되어야 할 많은 젊은이들이 경제적 독립마저 못하고 외톨이나 1일 생활자로 전락해서 사회의 외곽을 겉돌아야 하는 처지에 빠진다. '4포 세대'니 '88만원 세대'니 하는 자조적 용어들은 이러한 비정상적 세대교체의 후유증이다.

신화는 일찍부터 사회의 보전과 운영을 위한 하나의 원칙을 제시했는데, 그것은 세대교체의 일정한 패턴과 룰이었다. 명문화된 규율로서의 세대교체 이론은 비록 없지만, 신화 속에는 아버지로부터 이어지는 권력이 어떻게 아들에게 전달되어야 하는가에 대한 통찰이 담겨 있다. 또한 정상적이지 않은 정체가 지속될 경우, 어떻게 이 문제를 해결해야 하는가에 대한 과감한 조언까지 포함되어 있었다.

아버지로 상징되는 기존의 세대는 이러한 기록과 독서를 통해 자신들의 위치를 가늠해야 했고, 아들로 대변되는 다음 세대는 자신들의 운명과 사회의 운명이 연결되어 있다는 전제를 어떻게든 수용해야 했다. 평화롭지는 않지만 묵계에 따라 세대교체는 일어났고, 그 교체는 젊은 세대의 순환과 성장을 기본적으로 뒷받침했다.

이제 ≪스타워즈≫ 시리즈로 돌아가자. 암흑의 군주 다스 시디어스뿐만 아니라, 공화국의 수호자인 제다이 평의회 역시 이러한 세대교체 문제에서 정체를 보여주는 집단(세대)이라고 할 수 있다. 요다는 900년이나 제다이 세계의 1인자로 군림하고 있고—이것은 일종의 권력 독점이다—권력을 쥔 제다이 원로들은 이후 세대에게 자신들의 권력을 나누어 줄 의향이 비교적 적은 편이다.

이에 강력 반발한 인물이 아나킨 스카이워커이다. 아나킨은 파다완이 되는 과정에서부터 제다이 평의회와 원로 수장들과 마찰을 겪어 왔다. 콰이곤이 죽지 않았다면, 콰이곤의 의지 역시 무력화되었을 가능성이 높았을 정도로, 그-아나킨 스카이워커의 제다이 진입(사회로의 진입 과정에 비유될 수 있을 만큼)은 어려웠다.

아나킨의 스승 오비완과의 대결 역시 젊은 스카이워커에게는 부담이었다. 자신이 더욱 뛰어나다고 믿었지만, 나이 든 수장들은 이를 인정하지 않았다. 아나킨은 스승인 오비완에게, 자신이 그-스승의 목숨을 여러 차례 살렸다고 강조한 바 있다. 심지어는 검술과 전투기 조정 등의 기본 소양뿐만 아니라 업무 수행 능력과 실적에서 자신을 따를 자가 없다고 자위하고 있다.

이러한 젊은 세대(아나킨 스카이워커)에게 나이 들고, 무능해 보이고, 심지어는 말만 많은 기존 세대(요다와 오비완으로 대변되는 제다이 마스터들)는 타파해야 할 적이 아니었을까. 한국의 젊은이들은 그들의 위 세대(스승이나 아버지)를 즐겨 '꼰대'라고 부른다. 희한하게 이 단어는 세대를 건너면서도 사라지지 않아, 꼰대라고 불렀던 젊은이가 그 꼰대가 되는 현상도 낳고 있다. 아나킨은 그 꼰대를 향한 도발을 감행한 것이고, 그것은 어떤 세대에게는 악의 반란으로 이해될 것이며, 경우에 따라서는 어떤 세대 혹은 세력에게는 권력 투쟁과 사회 진입 과정으로 이해될 것이다.

아나킨 스카이워커의 반항적인 도발과 과감한 투쟁은 <깨어나 포스>나 <라스트 제다이>에서 벤 솔로(카일로 렌)로 이어진다. 벤 솔로는 일그러진 가면으로서 다스 베이더를 기억하고 있으며, 그의 행적과 선택을 본받으려고 노력하고 있다. 그리고 그 이면에는 선과 악의 문제를 넘어서는 세대교체의 문제가 도사리고 있다.

벤 솔로의 물리적 아버지는 한 솔로이지만, 정신적인 스승은 루크 스카이워커였다. 루크는 성공한 제다이로서, 전 사회의 영웅이자 모델이 되는 인물이지만, 벤 솔로에게는 '꼰대'로서의 이미지에서 벗어나지 못하는 인물이다.

벤의 입장에서 보면—<라스트 제다이>에서 벤과 루크의 대립은 각자의 관점에서 형상화되고 있다—루크는 자신-벤의 재능을 시기하고 격하하는 잘못된 품성을 지닌 인물이었다. 자신 내부에 도사린 힘을 간파하고 이를 몰래 파괴하려는 부도덕한 경쟁자이기도 했다. 결국 자신의 길을 막고 성장을 방해하는 적이었던 셈이다.

사회적 관점에서 보면, 루크는 자신의 제자에게 물려주어야 할 것들을 불합리하게 고수한 혐의가 있다. 제자의 내면에 깃들인 어둠은 사실상 위협이자 위험이고, 이전 세대가 경고하는 불안이자 우려일 것이다. 결과가 나오지 않은 것에 대해 미리 걱정하고, 자신과 다른 다음 세대(젊은이)들에 대한 불평일 수도 있다. 그리고 미처 자라지 못한 싹을 누르고 자신의 방식으로 통제하려는 나쁜 습성일 수 있다.

사도세자는 어려서 영민했지만, 더욱 영민해지기를 바라는 영조의 눈에는 자신의 재능을 낭비하고 엉뚱한 일만 일삼는 삐뚤어진 아들이었다. 조용히 지켜보기 어려워 항상 간섭하고 책망해야 하는 불완전한 대상일 수밖에 없었다. 내부의 불안이고 사회의 곤란일 수 있었다.

결국 이러한 우려와 불신, 책망과 간섭이 쌓이고 쌓여 부자간에는 넘어설 수 없는 벽과 골이 생긴다. 누구 하나가 죽어야 문제가 해결되는 극단적인 기로만 남게 된다. 루크와 벤 솔로의 운명 역시 다르지 않았다. 그들 역시 상대를 이겨야만 자신이 살 수 있고, 자신이 살아야만 세대와 사회의 질서가 유지된다는 착각에 빠져 있다. 벤은 자신의 생각을 실천하기 위해서 퍼스트 오더에 들었고, 루크는 자신의 선택을 어떠한 방식으로든 용인 받기 위해서 제다이 사원으로 향했다. 벤이 자신의 미래를 걸고 모험과 도박을 펼쳤다면, 루크는 정당성을 입증하기 위하여 은둔과 칩거를 결정했다. 둘은 그렇게 서로 다른 방향으로 향했고, 그 방향은 극단적으로 달라 화해가 불가능한 상태를 격화시켰다.

<라스트 제다이>에서 둘은 결국 버려진 행성—과거의 저항군의 기지였다가—에서 재회한다. 루크는 은거지를 나와—비록 환영으로서의 루크였지만—벤 앞에서 마주서고, 그의 폭주를 막고자 한다. 이러한 루크의 의지에 따라, 벤은 퍼스트 오더의 강력한 방어막 아래에서 나와 마지막 결투를 자청하지 않을 수 없다.

≪스타워즈≫ 시리즈에서 이러한 부자간의 결투는 몇 차례 반복된 바 있다. 에피소드 3 무스타파에서 용광로처럼 끓는 아들의 분노와 이를 제어하려는 스승의 대결(아나킨과 오비완), 거의 20년 만에 재회하여 전투선 아래에서 펼친 재대결(오비완의 죽음), 스승의 죽

음에 분노한 아들의 복수(다스 베이더와 루크 스카이워커, 루크의
패배), 새로운 권력을 향한 아버지와 아들의 대결(아버지로 돌아온
아나킨과 루크 스카이워커) 등이 그러하다. 《스타워즈》는 이러한
부자 대결을 통해 젊은 세대와 기존 세대의 갈등이 계속된다는 사실
을 은근히 강조했다. 사실 이러한 갈등과 불화는 의심할 수 없는 인
간의 진실이다.

더욱 주목되는 점은 이러한 갈등과 불화가 나타나는 시점이다. 젊
은이들의 나이는 20~30대로 자신만의 인생을 설계하고 그 길을 걸
어가야 하는 입장에 놓여 있다. 물론 그 앞에 한 세대를 격하고 서
있는 이들은 이 젊은이들의 아버지 혹은 스승의 세대로 역시 20~30
년 간격을 유지하고 있다. 이들은 결국 인생의 길목에서 부딪치고
한쪽은 과거의 영광('원류')을 위해 다른 한쪽은 새로운 성장('미래')
을 위해 다투게 된다. 그 결과는 늘 새로운 세대의 전진과 과거 세대
의 퇴보였다.

루크는 그 기로에서 자신의 깨달음을 전한다. 루크는 레아에게 자
신이 젊은이와 싸우러 왔지만, 그-젊은이를 바꾸지는 못할 것이라고
말한다. 다시 말해서 그-루크는 최선을 다해 젊은이와의 세대 전쟁
을 이어가겠지만, 결국에는 그-벤의 성장과 선택을 막을 수는 없다
고 말하는 듯 하다.

이러한 내심은 루크의 은둔과 과오 그리고 과오를 돌아보게 만든
다. 결국 루크가 깨달은 것은 세대교체의 문제는 빛과 어둠의 전쟁
이 아니었다는 전언은 아니었을까. 누구에게 빛은 결국 누구에게 어

둠일 수 있다. 제다이는 세계를 수호하고 법과 질서를 지키며 인간과 세상에 공평했다고 자부하지만 결국 그것은 제다이와 그 세계(관)을 신봉하는 이들 사이에서 통용되는 원칙일 따름이다.

사실 《스타워즈》는 제다이가 승할 때에도 제다이의 힘과 권위 심지어는 정당성을 의심하는 많은 종족들을 등장시키곤 했다. 공화국 역시 누군가에게는 선이지만, 어떤 다른 이에게는 악일 수 있다는 암시도 끊이지 않고 전하고 있었다. 루크는 결국 자신들이 선이라고 믿는 힘과 권위와 정당성이, 어쩌면 누군가(들)의 착각이거나 오판이거나 맹목일 수 있다는 두려움과의 조우는 아니었을까.

은자의 섬(제다이 사원)에서 루크는 불교 수행승이나 도교 수련자와 같은 행색과 행동을 보여준다. 그-루크는 인간사의 문제에 집착하지 않고 고매한 품성을 닦는 일에 골몰하는 듯 했다. 마치 무위자연을 보듯 그는 자연 내에서만 살려고 하는 듯 했고, 그래서 도피자가 아닌 은둔자의 형상을 따르는 듯 했다.

그의 이러한 변모는 사실 본편이라고 할 수 있는 에피소드 4-6을 기대했던 이들에게는 충격이 아닐 수 없다. 영웅은 사라졌고 자책과 냉소로 일그러진 중늙은이만 남은 것처럼 보이기 때문이다. 아니 교묘한 자기변명으로 자신의 실수를 덮는 교활한 꼰대의 형상일 수도 있었기 때문이다.

중요한 것은 이러한 루크가 결국에는 삶의 위대한 진실인 세대 다툼에 끼어들어야 한다는 사실이다. 젊은 세대의 발호에 대응하는 기존 세대의 입장에 서야 한다는 맹목적인 진리에 동의하기는 어렵지만, 어떠한 방식으로든 세상의 질서와 미래 건설에 관여해야 한다는 대전제마저 거부하기는 힘들기 때문이다.

영화 <라스트 제다이>는 이러한 사유와 선택 그리고 결단을 광선검 대결로 요약했다. 하지만 빛과 빛이 부딪치고 빛의 파편이 튀며 누군가의 팔과 다리를 자르는 결투는 이루어지지 않았다. 착각처럼 벤은 루크의 환영과 싸운다(루크의 환영은 흔히 '포스의 영(靈)'으로 불리는 정신적 현현에서 변화된 수련법으로 이해된다). 루크는 이길 수 없는 전투(세대교체)에서, 물리적이고 육체적인 힘이 아닌 정신적이고 신화적인 유연함(일루젼)으로 버틴다. 낡은 세대의 가치는 옳고 그름을 떠나 새로운 세대의 도전으로부터 승리할 수 없다. 더 정확하게 말하면 승리할 권리가 없다.

대결은 존재하지만 그 대결의 끝은 자연스러운 세대 이전과 그 이후의 공존이다. 반군이든 저항군이든 공화국의 희망이든 간에 그들은 언젠가는 다시 승리할 것이다. 옳기 때문에 승리한다기보다는 새로운 믿음과 세대가 나타날 것이기 때문이다. 반대로 구 공화국에 반기를 든 퍼스트오더 역시 승리할 것이다. 승리는 교대로 누군가에게 넘어갈 수밖에 없기 때문이다. 벤이 루크에게 승리하듯, 루크가 아나킨에게 승리했듯, 그 이전에는 아나킨이 오비완에게 승리했듯, 그들은 자신들이 치러야 하는 세대전투에서 언젠가는 승리했고, 또 언젠가는 승리를 넘겨주어야 할 것이다. ≪스타워즈≫ 시리즈는 그 어떤 시리즈보다 이러한 승리의 교대를 일찍부터 보여주었다고 해야 한다.

≪스타워즈≫ 에피소드 9가 어떠한 결말을 선보일지는 알 수 없으나, 이 시리즈가 신화의 후손임을 자청하고 신화가 지닌 진실의 매개체로 여전히 작동하고자 한다면, 그 결말에서 승리와 패배는 어김없이 나누어질 것이고, 곧 그 자리가 바뀔 것이라는 암시 역시 남을 것이다. 왜냐하면 어떠한 승리든 세대를 지나면, 그리고 빛과 어둠에 대한 해석이 변화하면, 또 다른 승리에게 자신의 자리를 내주어야 할 것이기 때문이다. 적어도 그렇게 암시해야 할 것이다. 빛과 어둠의 전투이든, 과거 세대와 새로운 세대의 대결이든, 인간사의 원류와 그 미래 사이의 보이지 않는 대립이든 간에, 영원한 승리는 없기 때문이기도 하다. ◆

김남석(金南奭)

1973년 서울에서 출생하여 1992년 고려대학교 국어국문학과에 입학하였고 이후 동대
학원 국어국문학과에서 수학하였다. 1999년 중앙일보 신춘문예에 문학평론 「여자들이
스러지는 자리―윤대녕 론」이 당선되어 문학평론가가 되었고, 2007년 동아일보 신춘문
예에 「경박한 관객들―홍상수 영화를 대하는 관객의 시선들」이 당선되어 영화평론가
가 되었으며, 대학원 시절부터 틈틈이 써 오던 연극평론을 지금도 이어서 쓰면서 연극
평론가로 활동하고 있다. 지금 부산에서 살고 있으며, 2006년부터 국립부경대학교 국
어국문학과에 재직하고 있다. 학생들에게 주로 영화와 연극의 기본과 이론에 대해 가르
쳐왔는데, 이 책은 그 기본으로서의 신화와 문법으로서이 규칙을 실명하는 바탕이 되지
않을까 싶다. 영화 관련 저서로 『영화, 어떻게 읽을 것인가』(2006년), 『한국 영화의 미
학과 경계』(2009년), 『영화와 사회』(2013년), 『빛의 향연』(2013년)이 있다. 최근 해양
과 영화 관련 저서로, 『해양영화의 이해(부경대인문사회과학연구소 총서 4)』와 『해양
영화의 의미와 미학』 그리고 『해양문화와 영상문화』를 발간한 바 있다. 이러한 책을 발
간하면서도 새삼 느꼈지만, 세상 이야기(서사)이 근간이자 최초 완성품은 신화가 아닐
까 한다. 이야기(서사)에 대한 막연한 동경과 질문을 스스로에게 상기시키고자 그 원형
적 조각을 간직한 신화에 대해 정리해 보고 싶었다.

신화, 세상의 조각

초판인쇄 2018년 8월 27일
초판발행 2018년 8월 27일

지은이   김남석
펴낸이   채종준
펴낸곳   한국학술정보㈜
주소   경기도 파주시 회동길 230(문발동)
전화   031) 908-3181(대표)
팩스   031) 908-3189
홈페이지 http://ebook.kstudy.com
전자우편 출판사업부 publish@kstudy.com
등록   제일산-115호(2000. 6. 19)

ISBN   978-89-268-8541-3 93330